UNIVERSITY OF NORTH CAROLINA
STUDIES IN THE ROMANCE LANGUAGES
AND LITERATURES

A CRITICAL EDITION OF *CIPERIS DE VIGNEVAUX*, WITH INTRODUCTION, NOTES, AND GLOSSARY

By
WILLIAM SLEDGE WOODS

CHAPEL HILL

1949

Copyright, 1949
UNIVERSITY OF NORTH CAROLINA
Chapel Hill, N. C.

FOREWORD

The present edition of *Ciperis de Vignevaux* was begun by Mr. W. B. Napier at the University of North Carolina. At the time of his death, his notes were made available to the present editor by members of his family. To them I am very grateful.

I should like to express my gratitude also to Dr. Robert W. Linker and to Dr. Urban T. Holmes, both of the University of North Carolina, for their assistance, encouragement, and suggestions. Without their help the work would have been much more difficult.

TABLE OF CONTENTS

INTRODUCTION.. 1
  Plot of the Poem.. 1
  Structure of the Poem....................................... 2
  Language and Syntax... 2
  Composition of the Poem..................................... 3
  Handwriting of the Scribe................................... 6
  The Text.. 7
  Appreciation.. 7
TEXT.. 8
NOTES... 209
TABLE OF PROPER NAMES... 211
GLOSSARY.. 219
BIBLIOGRAPHY.. 228

INTRODUCTION

The present edition of *Ciperis de Vignevaux* is based on the only existing manuscript of the poem, f.fr. 1637, now in the Bibliothèque Nationale at Paris. Until the present no other edition has been made.

As it survives the poem is in an incomplete form. It is useless to try to guess how many pages are missing from the beginning of the poem and in the various internal lacunae. It may be safely assumed, however, that the lost pages of the beginning covered such introductory material as the poet used and all of the first episode, which must have treated of an expedition to England by Ciperis and Dagoubert, their victory, and the crowning of Guillame as king of England. Lines 99–104 and 3984–3997 furnish us with a clue as to the events which are covered in the beginning and hint at other events which it is impossible to reconstruct.

PLOT OF THE POEM

The plan of the work is fairly simple. Ciperis, nephew of King Dagoubert of France and husband to Dagoubert's daughter Orable, has seventeen sons. For various reasons, usually justifiable vengeance, he sets out on a series of conquests. He thus wins a kingdom and a wife for each of his sons. However, the poet does not develop all of the episodes. It is possible that he intended to include an episode for each of the sons. If so, the author must have seen that the work was becoming too long to hold the attention of his audience and cut his material short. The last nine sons are disposed of in a rather hurried fashion.

The story opens with the crowning of Guillame as king of England and his marriage to Hermine. They return to France. Galadre, brother of the deceased king of Norway, swears to wreak vengeance on Ciperis and calls on all his friends to help. The sons of Ciperis distinguish themselves in a tourney at Paris. Lacuna. Galadre has captured all of England and sails for Vignevaux. Ciperis hears of the attack and leaves with Dagoubert's promise of help. Galadre is defeated and retreats. Lacuna. Another battle is ending in England and Canterbury is captured. London is then recaptured and the French all prepare to leave for Denmark. They pass through Scotland and Amaurris marries Aeslis, princess of Ireland; Paris marries Symonne, princess of Scotland. Andrieu of Scotland joins the expedition. Denmark is captured and Gracien marries Salemonde and becomes king of Denmark. Dagoubert has defeated the Norwegians and marries Flourette, the queen, to Bouchiquaut. Frise is captured and Enguerran becomes the ruler of Frise and the husband of Avice. Oursaire, emperor of Germany, decides to help his defeated friends but is defeated by Dagoubert and Ciperis. He joins forces with them. Louis is married to his daughter Aragonde. Hellie, a former charcoal burner, is one of the most valiant French knights. These forces are divided; Oursaire goes to help Phillippe of Hungary and Dagoubert goes to recapture France and Paris from the king of Navarre. Ciperis goes to Vignevaux, then on to Paris which he helps Dagoubert to recapture. Louis, son of Dagoubert is entrusted to Ciperis to raise but he is poisoned through the treachery of Robert d'Aumarle. Dagoubert thinks that Ciperis has killed his son in an effort to get the throne and swears vengeance. In the attack on Ciperis he is taken prisoner by Ciperis but refuses all peace offers. Oursaire learns that Phillippe is the father of Ciperis and sends for him to come help. Hellie reveals the true murderer of Louis, and Ciperis, Dagoubert, and his brother Ludovis join forces. Dagoubert has to subdue Guy of Provence who has treacherously seized Paris. Guy escapes to Hungary and renounces Christianity. The expedition into Hungary is successful and Phillippe marries Clarisse, mother of Ciperis. Ciperis then goes to Scotland. During this time Dagoubert dies and Ludovis ascends the throne. Ciperis is annoyed over this and makes war on Ludovis. Ludovis' wife Baudour effects a reconciliation. Salatrie, a pagan princess attacks Cologne and takes it. Ciperis goes to the rescue. Salatrie decides to become a Christian and marries the young Ciperis. The French return home. Ludovis dies. Ciperis conquers Spain. Bouchiquault becomes king of Navarre, Sanson, king of Gascony. Ciperis becomes king of France. He is succeeded by Thierri and then Clovis. Allart gets Artois; Louys gets Vignevaux; Sanson gets Flanders; Amadas, Noyon, and Ferrans, Brittany.

Structure of the Poem

The poem is written in rimed alexandrines with the caesura occurring after the sixth syllable. The total number of surviving lines is 7895. There are 250 *laisses* of unequal length. The frequency of the *laisse* rimes is as follows:

-ent 35, -on 25, -a 25, -ie 23, -és 22, -é 21, -ant 20, -er 17, -ier 13, -ee 10, -oit 8, -is 7, -oix (ois) 4, -ons 2, -ans 2, -aux 2, -iés 2, -our 2, -i 2, -oient 1, -aigne 1, -el 1, -al 1, -aille 1, -art 1, -ens 1, -age 1.

Language and Syntax

The dialect of the scribe is basically Picard. More specifically it seems to come from the district of which Arras is the center. The following examples will show such Picardisms as occur frequently in the poem.

1. Initial *c-* fails to palatalize before *-a-*: *caché* (4438) for *chassé, caille*

(5402) for *chaille, cars* (81) for *chars, acquievee* (534) for *achievee, callans* (580) for *challans*.

2. Initial *g-* survives as *g-* before *-a-*: *gambez* (227) for *jambez, resgouys* (1623) for *resjouys, goirés* (6399) for *joirés, menga* (2179) for *menja, sergant* (82) for *serjant*.

3. The sibilant sound is written *ch* in many cases: *che* (1446) for *ce, chilz* (1686) for *cilz, chiel* (1695) for *ciel, cheans* (1815) for *ceans, merchis* (2484) for *mercis, anchiennement* (2598) for *anciennement, lanche* (726) for *lance, commencha* (825) for *commença, raenchon* (842) for *raençon, plache* (217) for *place, menache* (173) for *menace*.

4. The ending *-ellu* gives *-iaux: praiaux* (781), *biaux* (57), *chembiaux* (778), *dansiaux* (2526), *reviaux* (767).

5. *-our* remains as *-our: lours* (450), *honnour* (2548), *flour* (2592), *creatour* (5391), *errour* (5383).

6. The dipthongs *-ai-, -ei-, -oi-* are confused: *mains* (less) (1739), *avaine* (1749), *chainde* (335), *solail* (72), *verois* (truly) (542), *fois* (burden) (547).

7. *-n-* is frequently written *-nn-: plainne* (746), *mennache* (625), *unne* (543).

Other characteristics of the scribe which are less general and more personal include the following:

1. An effort is made to indicate the lengthening or doubling of a consonant by use of an *-s-: brester* (2370) for *bretter, josne* (834) for *jone, esme* (4716) for *emme, jesme* (4716) for *jemme, esrer* (1277) for *errer, esrement* (382) for *errement*. This confusion is further exemplified by the opposite happening in *nottrés* (321) for *nostrés* (666).

2. *-r-* and *-s-* are confused: *marles* (1649) for *masles, merlee* (713) for *meslee, merlés* (2048) for *meslés, varlet* (3024) for *vaslet*. The similarity of the sounds of these two letters is attested by the fact that the poet rimes *princhiers* with *desprisiés* in lines 3335–3336. In lines 3337–3339 *chevaliers, moulliers*, and *avanchiés* are rimed.

3. An effort is made to show the nasal value of a vowel plus nasal in the spelling of such words as: *ung* (32), *grangt* (2498), *entengt* (1095, 1421).

4. Metathesis occurs frequently: *aramés* (674) for *amarés, desfrumer* (2808) for *desfermer, enfremerie* (6488) for *enfermerie, fremerie* (6201) for *fermerie, fretés* (2046) for *fertés, turmile* (1127) for *trumile, tourblés* (6276) for *troublés*.

5. The pronunciation of *-au* and *-ar* is confused: *parctonnier* (5153) for *pautonnier* (5612).

6. Initial *g-* is sometimes unvoiced: *confanons* (2346), *cras* (4882), *encrachier* (3297).

7. When in difficulty for a rime word the scribe has a tendency to add a suitable suffix to a standard word: *amiré* (emir) (5189), *cloitrier* (4756), *couron* (current) (1354), *grieftés* (357), *defoulisons* (1974), *haulchie* (631), *hustruement* (1926), *Noyrevuee* (858).

The scribe does not hesitate to change an established ending when it is necessary for the rime: *appellon* (5344), *arrier* (4349), *avon* (134), *commencheron* (5324), *derrier* (231), *secré* (173), *voulon* (2977).

8. A final characteristic is the poet's use of learned spellings: *auÿ* (2340), *debvoit* (186), *redoubtés* (342), *desoubz* (1076), *auctorités* (54), *droictes* (61), *scet* (183), *porcz* (308), *advoués* (661), *adventure* (999), *nudz* (1498), *boeufz* (308), *chiefz* (1493), *rengz* (204), *loingz* (604), *sangz* (943), *communaulté* (1), *feaulté* (6), *mieulz* (14), *moult* (9), *aulcunne* (1814), *prins* (57), *pourprinrent* (299), *emprinse* (534), *print* (1430), *coeur* (332), *voeulent* (356), *poeuplee* (522), *hoeure* (585), *doeul* (752), *recheups* (34), *comptant* (90), *escript* (193), *champ* (208), *dompmage* (357), *noepces* (1687), *temps* (28), *esmeüt* (376), *envoiet* (3517), *foit* (7026), *ent* (935), *roix* (361).

The syntax used by the scribe offers no unusual variations from the normal syntax of the period.

Composition of the Poem

Basing his arguments on what he considers to be allusions to contemporary historical events, Krappe has attempted to date the poem between the years 1396 and 1410.[1] The echoes of history which he finds in the poem are: 1) the king of Hungary is a relative by marriage to the German Emperor; 2) he is threatened by a Mohammedan invasion; 3) he requests aid from the king of France and receives it. To him these elements echo the reign of Sigismund, son of Charles IV, who married Mary, daughter of King Louis the Great of Hungary and Poland.

> This marriage took place in 1377; Sigismund was crowned king of Hungary in 1387. He had not been on the throne long when the Turks invaded Bulgaria and Servia.... In 1395 Sigismund marched against them, taking little Nicopolis by storm. The news of the death of the queen, in whose right he held the crown, obliged him to return home.... Having settled matters in Hungary, Sigismund resumed his war against the Turks. For this purpose, on his request and that of the Pope, the king of France, Charles VI, sent him an auxiliary arm of 12,000 men under the command of John the Fearless, son of the Duke of Burgundy and the King's own cousin. The combined army of German, Hungarian and French troops, amounting to some 60,000 men, invaded Servia but suffered a terrible defeat, at Nicopolis, at the hands of Sultan Bajazed.

Krappe further suggests an identification of the city of Morons, the chief city of Hungary in the poem, as the "region designated by the Latin name

---

[1] A. H. Krappe, "The Date of Ciperis de Vignevaux," *Modern Language Notes*, XLIX (1934), 255–260.

Maronia, meaning a strip of land on the coast of the Adriatic, south of Spalato."

Steiner refutes these so-called allusions to contemporary history:[2]

> Hungary played in the medieval French epic a purely conventional rôle. . . . Medieval Hungary, in spite of her manifold relations to France, remained for all the authors of the chansons de geste, a fantastic kingdom, a country *pardela la mer*.

The historical echoes found by Krappe could refer to any of several events in Hungarian history over a period of serveral centuries.

> The only authentically Hungarian datum in it is the occasional praise bestowed upon the famous Hungarian horses. . . . The city of Morons cannot be identified for the simple reason that it existed only in the imagination of a Picard rimester. The character of the imaginary Hungarian king is likewise quite in keeping with the convention of the epic. . . . It is unthinkable that such a catastrophe (the battle of Nicopolis) involving thousands of deaths and the captivity of the flower of French nobility, could have been represented within 20 years as a great national victory. . . . Thus we may safely accept Machovich's[3] conclusions. The epic chooses Hungary merely as an exotic kingdom, the location of which remained hazy to the majority of the readers. The struggle against the heathen, a motif of the epic, may be the echo of many fruitless minor crusades of the 14th century. Morons, the imaginary capital of Hungary, and Philippe, the fictitious king of Hungary, are devoid of all historical authenticity. Lacking any positive proof of agreement between the historic facts and the fabulous tale, one must give credence to the internal evidences enumerated by Machovich, which tend to confirm the assumption that *Ciperis* was composed about the middle of the 14th century.

In his study on *Ciperis de Vignevaux*, Machovich makes the following points. Included in the manuscript with the *Ciperis* is the *Jeunesse de Doon de Mayence*, also in a damaged state. There are 44 lines on every page. Several lines begin with a red initial. The material of the volume is not parchment, but paper. The oldest revision of this work in prose is the 1467 manuscript of Burgundy. The first printing of the novel was in the sixteenth century, and the last was in 1842 in the collection of the Bibliothèque Bleue. He asserts that Ciperis is identical with Chilperic II and the poem arises from legends of the Saint Peter Abbey of Corbie. The models for the poem were the *Theseus de Cologne* and the *Charles le Chauve*. Brienchon was probably poor because he hated the bourgeois. We see that Hellie is his favorite character. Undoubtedly he was neither a vocational author nor a member of the educated clergy. The poem must have originated at the beginning of the Hundred Years War. The Hungarian references are interesting memories about the French-Hungarian Cistercian connections.

[2] A. Steiner, "The Date of Composition of Ciperis de Vignevaux," *Modern Language Notes*, XLIX (1934), 559–561.

[3] V. Machovich, *Ciperis de Vignevaux* (Bibl. de l'Institut Français de l'Université de Budapest, Vol. VII, 1928).

To me the deductions of Steiner and Machovich are correct and the date of the poem must be somewhere near the middle of the 14th century. The language and the syntax of the scribe would tend to corroborate this opinion.

The author shows no respect for historical accuracy. Such historical events as he uses and which could have been known to him are changed. The succession of kings during the years covered by the poem was Dagobert I, Clovis II, Thierri III, and Clovis III. In the poem this succession is changed to Dagoubert, his brother Ludovis, Ciperis, Thierri, and Clovis. The scribe also knows the founders of the Abbeys of Saint-Denis, Saint-Pierre de Corbie, and Saint-Vaast. He gives the names of the founders correctly but alters the circumstances of their founding to suit his own fancy.

In the face of this, I think it unsound to attempt to fix the date of the poem by uncertain "echoes" of historical events, and the date suggested by Machovich and Steiner is more probably right.

The poet's knowledge of geography seems to be limited to his own little district of Picardie and to Paris. The other lands described in the poem have no appearance of reality and are obviously imaginary.

The scribe gives his own name as Brienchon (line 7892). I have been unable to find any trace of him. However from his insistence on the Abbeys of Saint-Denis, Saint-Pierre de Corbie, and Saint-Vaast of Arras, it can be assumed that he was in some fashion connected with one of the three. A fragment of a *Rouleau des Morts* by Gérard and Adam, monks of the abbey in Corbie in the 14th century, indicates that Saint-Pierre de Corbie, Saint-Denis, and Saint-Vaast, as well as other abbeys were "en communion de prières."[4] The fact that the poet speaks chiefly of these three abbeys would seem to indicate that he had some interest in one of them and that he knew of their affiliation. He is further aware of the founders of the three abbeys: Saint-Denis by Dagobert, Saint-Pierre by Baudour (Bathilde), and Saint-Vaasat by Thierri. As I have already mentioned, he changed the circumstances of their foundings to suit the needs of his story.

Handwriting of the Scribe

The poem is written in a Carolingian Minuscule type hand. The scribe is careless and occasionally omits the oversized capital letters at the beginning of the *laisses*. Although he, or someone else, has made some corrections in the manuscript, he has left quite a number of obvious errors, which are corrected in the notes to this edition.

[4] Léopold Delisle, *Rouleaux des morts du IX⁰ au XV⁰ siècle* (Paris: Renouard, 1866), p. 444.

He uses a rounded *r* after such letters as *o, d, p, i, a, u, e*. The other type *r* is used in a minor percentage of cases.

There is frequent confusion between *c* and *t*, and *u* and *n*.

There are ligatured forms of *f* and *r*, *c* and *l*, *t* and *r*, *c* and *h*, *s* and *t*, *c* and *r*.

Capital *d* and *r* are found frequently within the line or within a word.

The Text

In preparing the text I have resolved all abbreviations but have left the numbers as they were. A distinction has been made between *i* and *j*, and *u* and *v*. The acute accent has been written over all cases of accented -*é* and -*és*. The trema has been used chiefly to mark the second element of a rising diphthong. However, there have been cases where I had to use the trema for distinguishing a hiatus from a diphthong in order to secure the right number of syllables in a line. The cedilla has been written under the *c* when it was needed. The Notes list all manuscript emendations.

The vocabulary is very selective. I have listed only those words which are unusual in form or meaning.

Appreciation

On the whole the author was a fairly smooth versifier. Occasionally he uses a too short or too long line. He is not above changing the standard endings of words for the sake of rime.

The situations of the plot are standard epic material and as such offer little original treatment. The work is also lacking in the dignity and loftiness of the earlier epics.

There is a materialistic tone in the poem—a slight preoccupation with wealth and power. The occasional bitter note which creeps into the poem when he is talking of wealth and some of the figures of speech lead to the conclusion that the poet was of the "peuple."

The author is at his best in depicting certain psychological elements in the work. In the Robert d'Aumarle episode, Robert's efforts to avoid fighting are well done. Likewise the anger and sulking of Dagoubert after the death of Louis, Ciperis' patient treatment of him and his righteous indignation when Dagoubert refuses the offers of reconciliation, the blow to Ciperis' pride when he is not consulted about the crown after the death of Dagoubert, and the handling of the Salatrie incident when she wants to marry a son of Ciperis testify to an excellent recorder of human emotions.

The author seems to be fond of moralizing and has scattered a number of proverbs and sententious statements throughout the work.

CIPERIS DE VIGNEVAUX

1.

. . . .
Par l'accord dez barons et la communaulté
En ung jour le plevi, l'aultre l'eust espousé,
Et en ce jour meïsmes ont l'enfant couronné.
De trestout le royalme y furent ly casé,
Qui trestous lui promirent et foy et loyalté;   5
Comme leur droit seigneur lui firent feaulté.

2.

Lors redoubla la joye a Londres vraiement.
Par dedens le palais ot ducz, princes, rois ensement;
Et sachiez que moult fut grant le esbatement.
Par le sens de la dame qui tant ot le corps gent,   10
Donna le nouveau roy tant d'or et tant d'argent,
De chevaulz, d'armeüres, de draps d'or ensement
Que par lez dons qu'il fist fut amé durement—
Il n'ot roy mieulz amé en nesun tenement.
.viij. jours dura la feste a Londres proprement,   15
Et aprés lez .viij. jours firent departement.
Le noble roy de Franche, Dagoubert, au corps gent,
Et le bon duc d'Orliens, Marcus, au fier talent,
Et le conte de Pontieu, et maint aultre ensement
Rentrerrent a la mer a l'orage et au vent.   20
Ciperis en mena Hermine o lui present
Avoeuc son filz Guillame qui tant ot bel jouvent
Pour veoir le chastel et tout l'estorement
Ou Ciperis manoit et Orable ensement.
Moult avoit la rouÿne et le coeur et le dent   25
De veoir sa cousine; dont font arrivement
A Boulongne-sur-Mer qu'on nomma aultrement—
Haulteville ot a nom en ce temps proprement.
Puis montent a chevaulz, le roy premierement,
Et les aultres aprés, qui vont legierement.   30
Tant ont bien esploitié au Dieu commandement
Qu'en Vignevaux entrerrent a ung avesprement.
Tout jusqu'a Foucardmont n'y font arrestement,
La furent recheüps moult solemnellement.
La fut la belle Hermine conjoïe forment   35
De la mere Guillame ou Engleterre apent

Et de toutes lez dames qui sont au casement.
La peüst on veoir maint bel esbatement—
Tousjours sont bien festiés ceulz qui ont de l'argent.

3.

Tout droit a Foucardmont qui siet dessus les prés 40
Fut grande la noblesse dez princes naturelz;
Riches fut ly mengiers qui la fut ordonnés.
Et quant le digner fut parfait et achevez,
Ciperis vint au roy qui de France est cazés,
Se lui a dit, "Chier sire, pour Dieu de magestés, 45
Vous prie que mez enfans soient adoubés."
"Par ma foy," dit le roy, "ja desdit n'en serés,
Car ilz le valent bien, bien se sont esprouvés."
Adonc fut la Thierri vistement aprestés,
Il fut fait chevaliers et Clovis en aprés. 50
Le tiers fut Galehaux qui fut gros et quarrés,
Et Ferris fut li quars des enfans dont oés;
Tous furrent chevaliers et en armes parés,
Et furent .xvij., se dit l'auctorités.
Quant Dagoubert lez vit si les tint en chiertés; 55
Ciperis appella le bon roy couronnés.
"Biaux niez," se dit le roy, "ma fille prins avés,
S'avés moult grant maisnie dont je suis assés liez,
Mais peu avés de terre dont soient gouvernés.
Je vous donne Normendie pour tant qui vous est prés, 60
A vous et a vos hoirs en droictes hiretés.
Mais non obstant ce, hommage m'en ferés."
Quant Ciperis l'entent auz piez s'est enclinez,
Se l'en a fait hommage voiant tous lez casés,
Dont enforcha la joie au paÿs de tous lez. 65

4.

Tout droit en Foucardmont, le chastel deduisant,
Fu la feste moult noble du barnage vaillant.
Bien dura .xvi. jours puis alerrent partant.
Roy Dagoubert ala Ciperis appellant
Et lui a dit, "Biau niez, je vous prie et command; 70
Faictes appareillier vo gens incontinent
Pour mouvoir de matin aprés solail levant.
Se voeulz que tout vos filz, qui sont bel et plaisant,
S'en viennent aveuc nous bellement deduisant,

Et la rouÿne angloise que mon corps aime tant. 75
S'irons veoir ma femme qui tant a doulz semblant
Pour veoir se Orable yra point congnissant.
S'en sera resjouïe s'elle l'est ravisant."
"Sire," dist Ciperis, "tout a vostre command."
Lors furent aprestés, puis alerent montant 80
En cars et en carettes qu'on leur fut aprestant,
Que trestous furent prestz, escuier et sergant.
Dagoubert envoia par son royalme grant
Heraulz et messagiers par tout segniffiant
Ung tournoy a Paris, celle cité vaillant, 85
Encontre Ciperis et o lui ses enfant
Pour le pris soustenir encontre tous venant.
Ung levrier de fin or ira au pris donnant
Qui pesera .x. mars de fin or relluisant.
Ainsi fist Dagoubert que je vous suis comptant. 90
Vignevaux eslongerrent, le paÿs qui est grant.
Par dedens le chastel fut adonc demourant
.xl. chevaliers qui le furent gardant;
Dieu lez voeulle saulver par son digne command.
Avant qu'ilz soient retournés, ne Ciperis reveant 95
N'ara au chastel n'escuier ne sergant.
Vous orrez bien pour quoy chi aprés ensievant.

5.

Et maintenant en voeul dire le couvenant.
Vous avez bien ouÿ dés le commencement
Comment Ciperis tua lez .ij. roix a tourment 100
Ens ou bois, si qu'ai dit devant premierement.
Occist le roy Guillame ou Engleterre apent,
Et tout droit a Lenclastre roy Feudri, le pullent,
Qui tint de Noirevuegue la terre quitement.
Or avoit il ung frere de moult grant hardement— 105
Galadre le nommoient sez hommes et ses parent.
Or savoit il le fait du tout entierement—
Ou Ciperis manoit, et ses filz aux corps gent,
Et que l'un de sez fils ot a mariement
Hermine la rouÿne ou Engleterre apent, 110
Et qu'il est couronnés du paÿs noble et gent.
Se jura Jhesus Christ qui ne fault ne ne ment
Que il s'en vengera du tout a son talent.
Dont manda sez amis trestous couvertement,

Et ilz lui contremandent tost et isnellement 115
Que gens ara assés en son commandement
Ens ou despit d'Hermine qui a fait ung regent.
Comment il en ala vous l'orrés temprement.

6.

Seigneurs, or escoutés quel chose nous diron.
Tant alerrent ensemble roy, duc, prince, et conton, 120
Qu'ilz vindrent a Beauvais au palais anchison,
La furent recheüps a joye et a bandon.
Tousjours sont festiés lez gens de grant regnom.
A Beauvais fut ly roix qui Dagoubert ot nom;
Ciperis, et sez filz qui sont biaux compaignom, 125
Et le bon duc d'Orliens qui Marcus ot a nom,
La furent recheüps du bon conte de nom.
Florens estoit nommé se tint Beaulvais a bon.
.viij. jours i fut le roy actout ses compaignom.
Pour l'amour dez trois damez qu'aveuc eulz menoit on, 130
Pour plus faire d'honneur et reveracion,
Fit le roy Dagoubert et Ciperis le bon
Dez heraulz chevauchier et nonchier a bandon
Le tournoy noble et fier ainsi que dit avon.
Et fut le jour nommé, ainsi le cria on, 135
D'estre tous adz hostelz le jour d'Assencion.
Si grant fut la noblesse de mainte region
Qu'onc de plus beau tournoy a parler n'ouït on.

7.

Grande fut la noblesse pour le tournoiement,
Et grans les appareux par tout communalment. 140
Et le roy Dagoubers et Ciperis le gent
Partirent de Beauvais a grant enforchement.
Vers Paris la cité s'en vont joyeusement,
Tout jusquez a Paris n'ont fait arrestement.
La ou on desiroit le bon roy durement, 145
La firent moult grant joye de son repairement.

8.

Or fut grande la joye en Paris la cité.
Si tost que la rouÿne sa fille ot ravisé,
Et qu'elle ouÿ l'estat qui lui fust recordé,
Que Ciperis estoit son mari espousé, 150

Et que ses enfans sont si chevaliers loé,
Qu'en bataille se sont tant noblement prouvé,
Vous povez bien savoir qu'elle ot joye a planté.
Ainsi furent long temps en grant solemnité,
Tant qu'aprocha le jour qu'on avoit devisé 155
De ce grant pardon d'armes qu'on avoit estoré.
La ot roy Dagoubert par Paris commandé
Que trestous lez hosteux si fussent apresté
Et garnis de tous biens a moult grant largeté;
Et que tous chevaliers, ducz, prinches, et conté 160
Soient moult bien servis tout a leur volenté;
Et que ne prengne a eulz ung denier monnoié;
Tout mettent en escript par droicte loyaulté,
Le roy si paiera tout sans nulle faulseté.
Et le jour aprocha qu'on avoit devisé. 165
Or vous puis je bien dire en droicte leaulté
Que li bers Ciperis et ses enfans loé
Ont bien mestier d'avoir en eulz grant poesté
Et proesce et valour; car maint prince honnouré
Ouïrent parler d'eux et de leur nobleté 170
Et dez armez qu'i portent dont ilz seront paré.
Lors n'y ot duc, ne conte, ne chevalier armé
Qui tous ne les menache bellement en secré
Et qu'il ne leur voulsist avoir le coeur crevé,
Et tout par grant envie qui resgne et a resgné. 175
Mais ung proverbe dit, qu'on a souvent compté,
Tel cuide aultrui grever qui premier est grevé.

9.

A Paris la cité qui sus Saine s'estent
Y ot grant assamblee de moult de noble gent.
Alemans y estoient et Bavier ensement, 180
Hennuiers et Picars qui sont hardie gent,
Lombars et Gennevois si grant assamblement,
De nombrer lez seigneurs nulz ne scet le devisement.
Quant vint a la journee de leur assemblement,
Tout y fut ordonné bien et notablement. 185
Au jour qu'on debvoit faire ce bel tournoiement
Alerrent sur lez hours lez dames noblement.
Et lez .xvij. filz Ciperis au corps gent
Sont venus tout premier armés joliement,
Parés de droictes armes leur pere qui est gent, 190

Ainsi que vous avez oÿ faire devisement.
Moult furent lez enfans regardez plainement,
Car sur leurs timbres orent grans arbres tous d'argent
Et petites rosettes de fin or ensement.
Quant lez princes lez voient s'en murmurent forment   195
Et dient l'un a l'aultre, "Cilz ont plenté d'argent,
Qui mainnent tel estat et tel ordonnement.
Bien heureux si seroit ce jour chi vraiement
Qui leur chevaulz pourroit concquester plainement,
Et eulz geter par terre si estourdiement   200
Que leur grande prouee ravalast laidement."
Ainsi dirent ensemble moult envieusement.
Et le roy fit crier par sez heraulz briefment
C'on viengne sur lez rengz tost et appertement.

10.

Ainsi crient heraulz clerement a tous lez   205
Et dirent a barons, "Faictez, se vous hastés."
Lez dames sont ez hours et le roy couronnés
Et ceulz de Vignevaulz sont ja ou champ entrés.
Dont s'aprochent lez princez environ de tous lez,
Entour et environ se sont bel aprestez,   210
Vers lez .xvij. freres deux et deux, lez a lés.
Passerrent par devant lez hours deshealmés.
Lez dames enclinnerent par moult grant volentés,
Lez damez lez saluent, moult bien ce fut leur grez.
Ciperis et le roy en bliaus bien ouvrés   215
Estoient d'encoste eulz, bien lez ont escolés.
En la plache lez mainnent ou le champ fut nommés.

11.

Noble fut l'assamblee au tournoi commencher;
Tout premier vint avant dessus le sablonnier
Ung conte d'Alemengne, grant terre ot a baillier.   220
Bien furent en sa route .xxxij. chevalier,
Et si oult .viij. banieres au conte convoier.
Vers lez filz Ciperis se print a adrechier
En menant grant desroy d'armes et de coursier.
Chascun tint en sa main ung baston de merlier.   225
La veïssiez grans coups donner et capillier,
Dessus bras et sus gambez fort ferir et mallier,
Et de tirer l'un l'aultre, et bouter, et saquier,

Et acoler dez bras, l'un a l'aultre a luitier,
Et ces nobles turmelez derrompre et depechier,   230
Et a herdre lez freres et devant et derrier.
Mais tant estoient hault montez, au vrai jugier,
Que nulz ne lez povait par les corps embrachier.
Adoncques vint Guillame d'Engleterre, au corps chier.
Cilz s'en ala au conte, se l'ala embrachier;   235
Par tel force l'estraint qu'il l'a fait baaillier.
S'esforce de sez bras, a quoi[n]te de destrier
Le traist hors de l'archon se le gette en l'herbier,
Puis saisi le cheval, bien le sot avanchier.
A l'estache l'em maine sans point de l'atargier.   240
La peüssiez ouïr moult haultement crier
Heraulz aprés l'enfant, "Or avant, chevalier!"

12.

Seigneurs, devant lez hours ou les dames estoient
Fut noble le tournois qui de .ij. pars faisoient;
Car le bon roy Guillame Allemans engressoient,   245
Pour le cheval rescourre forment ilz se penoient,
Et lez freres nobiles moult bien se deffendoient.
Mais lez dames entr'elles grant dolour demenoient
Pour ce que lez enfans tant de paine souffroient.
Et lez enfans nobiles tellement se pourvoient   250
. . . .

13.

. . . .
Si orent a conseil tous d'un assentement
Que ilz se renderoient saulvés toute leur gent
Et sauvé leur avoir et leur vie ensement.
Ainsi furrent rechups par droit acordement.
Mais sachiez tout de vray qu'on leur tint mal couvent; 255
Car le roy de Danois commanda a sa gent
Que si tost qu'ilz seroient dedens entierement
C'on meïst tout a mort sans nul reschappement.
Cilz le firent ainsi sans point d'arrestement.
Tout ont mis a l'espee icelle englesque gent.   260
Ne sçay que vous feroie plus long devisement—
En mains de .xv. jours orent a leur talent
Tous lez pors d'Engleterre, le paÿs noble et gent,
Ad fin que, se Hermine faisoit repairement

Et le roy sen mari, Guillame o le corps gent, 265
De France ou ilz estoient et aveuc eulz leur gent,
Qu'ilz n'y puissent entrer ne venir nullement,
Ni deschendre sur terre sans grant encombrement.
A tous cez portz laissierent si grant enforchement
Que pour garder lez pas encontre toute gent. 270
Puis s'esmurent les ostz avironneement.
Armés et habillés et monté noblement.
Pour aler devers Londres chascun la voie prent.
Tous ceulz qu'ilz encontrerrent mirent a grant tourment,
Mais nulle riens n'ardoient au paÿs excellent 275
Pour ce que par la voulrent faire repairement.

14.

Moult furent lez Anglois malement atourné
Du roy de Noyrevuegue qui tant ot de fierté,
Qui en son coeur les ot forment coeulli en het.
Tant s'esploita lez ostz qu'ilz virrent la cité 280
C'on dit de Cantorbie, la noble fermeté.
Moult y avoit d'Englois ad ce temps assamblé,
Car ceulz du plat paÿs si estoient bouté
Pour leurs vies sauver, s'ont leur avoir porté.
Moult fu forte la ville de murs et de fossé, 285
Mais contre tant de gent ja mais n'eussent duré.
La ville se rendi dont firent foleté,
Car ilz en furent tous pilliés et desrobé
Qu'il ne leur demoura ne pain ne vin ne blé.
Puis partirent de la et ont tant cheminé 290
En gatant le paÿs et du long et du lé
Qu'ilz furent devant Londres venus et arrivé.
Aussi tost qu'ilz y vinrent grant assault ont livré
Si fier et si horrible et de tel cruaulté
Qu'ilz n'orent point loisir d'estre bien adoubé. 295
S'en y ot maint occhis et mort et afolé.
Et quant ce vint au soir l'assaut orent cessé,
Se tendirent leurs tentes, maint paveillon, maint trez,
Qu'ilz pourprinrent la terre environ la cité.
Et par mer et par terre lez ont si enserré 300
Qu'il n'en povait issir homme fors d'un costé
Qu'ilz ne fussent briefment occhis et affiné.
Quant ce vint au matin et qu'il fut ajourné
Par le command Galadre les fourriers sont monté;

.x. mille en y avoit richement adoubé. 305
Tout autour bien .vi. lieues et du long et du lé
Ont ravi le bestail, assés en ont trouvé,
Porcz, boeufz, vachez, moutons, assés et a plenté,
Et tant d'avoir aussi qu'il ne seroit nombré.
Et s'ont prins tant de gent et a la mort livré 310
Que ce fut de veoir une grande pité.
Jusques par dedens Londres perchurent la clarté
Du paÿs qui ardoit en grant horribleté.
Et quant lez bourgois voient celle grande pité
Que ceulz dehors faisoient et la diversité 315
Tous furent esbahis par dedens la cité.
Car ne savoient a dire en fait ny en pensé
Pour quoy on les avoit assis ny affamé.
Lors prinrent ung message et lui ont commandé
Qu'il voist en l'ost sçavoir pour quelle adversité 320
Destruisoient la terre et le paÿs nottré,
Et quelle gent se sont, et de quel paÿs né,
Et que s'ilz ont mesfait contre leur volenté,
Ilz seront trestous prestz de l'avoir amendé.

15.

Or s'en va le message de la cité partant 325
Jusquez au tref du roy n'y fut point arrestant.
O lui quatre roix furent tous ensamble seant.
Si tost que le message si s'en va ens entrant
S'escria a voix clere tant qu'il pot en oyant:
"Seigneurs, pour Dieu vous pri, alés moy escoutant, 330
Si orrés que vous mandent lez bourgois advenant
Qui tous sont esbahis en coeur et en semblant
Pour quoy estez venus a telz ostz chi devant.
Or vous mandent par moy lez bourgois souffisant
Que s'il y a nul homme tant chainde hault le brant 335
Que s'il vous a meffait la montance d'un gant,
Prestz sont de l'amender tout a vostre command."
Et quant le roy Galadre va chez mos escoutant
Il dit adz aultres roix frisons et allemant,
"Seigneurs," se dit Galadre, "or soyons avisant 340
Quel response ferons, il est bien afferant."

16.

Ainsi dit roy Galadre qui tant fut redoubtés,
Et dit, "Entendez moy que vous responderés.

Vous, roy de Noyrevuegue, au messagier dirés
Que vous debvés a droit destruire cest regné 345
Pour tant que ilz se sont rendus et acordés
Adz enfans Ciperis, vos anemis mortelz,
Qui vo frere tua, qui Feudri fut nommés,
Et le roy d'Angleterre ens és bos haulz ramez;
Ne ja mais a nul jour du paÿs n'en irés, 350
S'arés villes concquises, chastiaux, et frumetez,
Et trestout le royalme dont ja le plus avés;
Et que ceulz qui seront contre vous rebellés
Ne trouveront en vous ne merchi ne pités.
Mais tant ferés pour eulz, se c'est vo volentés, 355
Que s'ilz se voeulent rendre par serement jurés
Que vous ne leur ferés dompmage ne grieftés;
Mais qu'ilz tiengnent de vous toutes lez hiretés
Et que ja mais leur dame ne tendra les rengnés.
S'ainsi le voeulent faire par tant seront sauvés." 360
Dont dit le roix Galadre, "Ja desdit n'en serez."
Le roy fist faire ung brief ou ce fait fut entés;
Au messagier anglois fut chargié et livrés,
Et cilz vers la cité s'en est acheminés.

17.

Or est le messagier retourné sauvement, 365
En la cité entra du tout a son talent,
Vers la cité s'en va ou ly consaulz l'atent.
La lettre leur bailla et a dit haultement,
"Tenés de par le roy ou Noyrevuegue appent.
Vous trouverés dedens escript tout son talent." 370
Lez bourgois le rechuprent puis alerrent briefment
En chambre de conseil s'ont veü l'errement,
Et le mand de Galadre qui tant ot fier talent.
Mais riens n'en vouldrent faire sans le commun assent,
Lors font sonner la choche qui bondi haultement. 375
Adont s'est le commun esmeüt fierement.
En la sale s'en vindrent que mieulz mieulz esraument.
Quant ouïrent la lettre lire tout en present
Dont orent a conseil trestous communaulement
Que ilz se renderoient par itel couvenant 380
Que leurs corps et l'avoir sauf seront vraiement.
Lors manderent au roy trestous cest esrement.
Et il leur otria tost et appertement.
On lui ouvri lez portes et lez pons ensement.

Le roy entre en la ville lui .xx.me en present. 385
Tout jusquez au palais n'y fist arrestement.
La lui firent hommage lez bourgois plainement,
Et le commun aussi, tout lui orent couvent
Que ja mais jour Hermine la rouÿne au corps gent,
Ne son mari aussi n'y entreroit noyent, 390
Ne ne seront rechups par nul assentement
Par eulz en ce paÿs, n'en tout le cazement.
Ensement le jurerent dont puis furent dolent
Ainsi que vous orrés assés prochainement.

18.

Or fut le roy Galadre a Londres la cité; 395
Dez bourgois ot l'hommage, forment l'ont honnouré.
Par l'acord du commun dont firent foleté
Tous jurerent au roy et foy et loyaulté.
.viij. jours y fut le roix tout a sa volenté
Aveucques lez bourgois et la communaulté. 400
Ne sçay que vous aroie le chanson demené—
Le paiis d'Engleterre et en long et en lé
Se rendi tous a lui et firent feaulté.
Par l'acort dez bourgois de Londres la cité
Fu sire du paÿs et de la royaulté. 405
Et quant il ot a Londrez long assés sejourné
Il fist crier par l'ost et du long et du lé
Que tous furent chargiez et paveillon et trefz
Pour entrer au navire c'on avoit amené.
Lors jura haultement voiant tout son barné 410
Que ja mais n'arrestra en jour de son aé
Tant que Ciperis soit mort ou emprisonné,
Et concquis son chastel en Vignevaux fermé,
Et que tous sez enfans qu'il avoit engendré
Seroient tous pendus a ung arbre ramé, 415
Et Hermine la dame si ara embrasé.
Et se Ciperis n'est en son chastel trouvé
Que par tout le royalme de France le resgné
Le querra nuit et jour tant qu'il l'ait atrappé.
Mais je croy ains qu'il ait Vignevaulz conquesté 420
Verra il contre lui Ciperis fier armé,
A tel effort de gent qu'oncquez en son aé
Ne vit plus felle encontre que il ara trouvé,
Ainsi que je dirai se m'avez escouté.

19.

Ainsi fut Ciperis manechié dez barons.	425
Le roy de Noyrevuegue qui moult estoit felons,	
Et le roy d'Alemengne, et le roy dez Frisons,	
Et Danois, et Englois dont il y ot foisons,	
Se partirent de Londres dont grant est le regnoms	
A cent mille hommes d'armes qui sont fiers que lyons.	430
Dont jusquez a la mer n'y font arrestison.	
Lors mirent és vaissaulz tentes et pavillons	
Et entrerent en mer chevailiers et barons.	
Pour l'hystoire abregier bien courte le ferons.	
Tant se sont esploitiés qu'a petit de saisons	435
Vindrent droit au Tresport, la font arrestison.	

20.

Seigneurs, or entendés pour Dieu de majestez!	
A Tresport arriverent le gent dont vous oez.	
Petite ville y ot mais les felons dervez	
Tous ceulz mirent a mort qu'ilz y orent trouvés.	440
Puis se mirent a voie tout par my la forestz,	
Tant se sont esploitiés que d'eux fut advisés	
Le noble chastelein de Foucardmont nommés.	
La se sont par devant logiés et atranez.	
Bonne ville y avoit mais par leur poestés	445
Ardirent et gasterent et maisons et hostelz.	
Et quant ceulz du chastel ont ce fait advisé	
Ils se sont conseilliés et ensamble accordés	
Qu'a Ciperis sera cilz affaire mandez.	
Lors prinrent deux dez lours en qui se sont fiez	450
Se les monterent bien tout a leur volentés.	
Par une faulse porte lez mirent hors ez prés,	
Bien sceurent les adresches, tant, qu'ilz sont eschappés.	
Or les conduie Dieu, le Roy de magestés.	

21.

Les messagiers partirent si com j'ay fait devisee,	455
Et les souldoiers orent la porte refermee,	
En leur chastel se tindrent, grant deffense ont monstree.	
Les messagiers s'esploitent tout par mi la contree.	
Ne sçay que vous aroie la chanson arrieree.	
Tout jusquez a Paris n'y ont resgne tiree	460
Ou la jouste fut grande et la feste menee.	

Adonc sont lez messages entrés en sale pavee,
La ont trouvé le roy de Franche l'honnouree
Et li ber Ciperis aveuc son assamblee.
Adonc l'un des messages sa parolle a levee 465
Et dit, "Cil Dieu de gloire qui fist ciel et rousee
Gard celle compaignie que chy voy assamblee,
Et y voeulle confondre le roy de Noyrevuee,
Et le roy d'Alemengne, et de Frise la lee,
Et celui de Danois qui ont arse et brullee 470
La ville du Tresport et Foucarmont la lee.
S'est le chastiau assis et la voie estoupee."

22.

Seigneurs, or entendés pour Dieu le Filz Marie—
Ou palais a Paris fut la joye changie
Quant la nouvelle fu en la salle nonchie. 475
Mais qui qui en eut joye Ciperis ne l'ot mie.
La message appella voiant la baronnie
Et lui a dit, "Amis, or ne me celés mie
Le fait dont vous avés parolle commenchie."
Et cil lui a dit, "Sire, ja vous sera nonchie 480
La plus crueuse chose qu'oncques mais fut oÿe.
Le roy de Noyreivuee a trois roix en s'aÿe
Et cent mille hommes d'armes dont leur ost est garnie.
Ilz ont toute Engleterre concquestee et gaignie;
Par devant le chastel est le grant ost logie 485
Que nulz n'en peust issir se ce n'est sur sa vie.
Vos souldoiers y sont qui ont mestier d'aÿe."
Quant Ciperis l'entent plenté ne lui plaist mie.
Non pourquant respondi, "Ilz aront bien aÿe."

23.

Dolant fut Ciperis en coeur et en pensee; 490
La feste fist laissier par celle cité faimee
Et puis requist au roy par devant l'assemblee
Que secours et aÿde il lui eüst prestee
Pour deffendre la terre qui moult estoit grevee.
"Ciperis," dit le roy, "par la Vierge honnouree, 495
Vous arés bon secours ains quinsaine passee.
Car tant comme ma terre est ne longue ne lee
Ne demourra personne qui puist porter espee.
Et s'iray moy meïsmez aussi a teste armee."
"Par foy," se dist Marcus d'Orliens la fermee, 500

"Avoeucques vous iray et en vostre assamblee
Pour l'amour mes nepveux qui j'ay m'amour donnee."
"Sire," se dist le duc de Bretaigne la lee,
"Vous n'yrés point sans moy en icelle contree."
"Seigneurs," dit Dangoubert le roy de regnommee, 505
"Dieu me saulve tel gent et la Vierge loee.
Et je promés a Dieu qui fit ciel et rousee
Que se Dieu nous a la victoire donnee
Par devant Foucardmont celle tour garitee
Encontre celle gent qui tant est foursenee 510
Nous passerons la mer a toute nostre armee.
Ciperis, c'est pour vous que la chose ay vouee.
En Engleterre irons concquester la contree,
S'en revenra vo filz, sa teste couronnee.
Et puis passerons oultre jusquez en Noyrevuee; 515
N'y demourra chastel ne ville bien fermee
Que nous ne concquerons au trenchant de l'espee.
Et quant arons ce fait sans nulle demouree
En Danemarce yrons, toute sera fustee.
Et puis irons en Frise a qui qu'il desagree. 520
Et quant l'arons concquis du tout a no testee,
En Allemengne irons qui de gent est poeuplee.
Mal a le roy Ardoufle vostre terre brullee.
Mais la chose en ara, se je puis, comparee
Que ja mais de sa terre il ne tenra denree. 525
Ains le donray Louÿs vo fil a la chiere membree,
Et Bouchicquaux ara trestoute Noyrevuee,
Graciens Dannemarce la terre regnommee,
Et Enguerran tenra Frise le bien poeuplee.
Je voue a Saint Denis dont l'abbie est fondee 530
Qu'ensement le feray ains qu'il soit tierce annee,
Ou trestoute ma gent en mourront a l'espee,
Et moy meismez aray la vie deffinee,
Ou j'aray celle emprinse formee et acquievee.
Et se n'en faulray ja se tant ay de duree, 535
Car nulz ne doibt vouer par nulle destinee
S'il ne le voeult tenir de coeur et de pensee.
Et Escripture dit qui est vraie approuvee
Que chose promise est par droit debte clamee."

24.

Noble fut la promesse que Dagoubert le roix 540
Promist a Ciperis. Grant en fut le povairs

Et le entrepreseure, car je cuid bien et verois
Qu'oncques plus roy de Franche n'entreprinst d'unne fois
D'acquerre .v. royalmes creant Dieu et ses loix.
Mais ung proverbe dit, que on lit mainte fois, 545
Qu'a l'emprinse n'y a ne forche ne povairs.
Mais au bien achever en tient la vraie fois,
Et le force et le paine, le grief et ly destrois.
Pour Dangoubert le dis qui en fist sez vouloirs,
Oncques n'en defailli tant fut loyaulx et drois. 550
Quant Ciperis l'ouÿ se dit a haulte voix,
"Oncles, cil Dieu de gloire qui fut mis en la croix
Vous doint perseverer, que ce soit ses vouloirs,
D'achever vostre veu, se che est son octrois."
Adonc fist la crier Dagoubert le fort roix 555
Que trestous lez barons se partent dezmanois.
Tous ceulz qui de lui tiennent la montance d'un pois
Se voisent en leurs trefz aprester leurs conrois
Et toute leur puissance sans faire nulz esfrois.
Et qui encontre ira ses dis et sez vouloirs 560
C'est sur la teste a perdre et chastiaulz et manoirs.
Adoncques veïssiés par Paris celle fois
Ducz et contes, par tés chevaliers et bourgois,
Tous pensis et tous mas, disans en leur requois,
"Comment qu'a empensé nostre sire ly roix? 565
Ja mais n'arons repos tant qu'il puist nulle fois,
Et tout par ce chetif qui fut nez en ung bois.
Que maudite soit l'heure qu'il vint en cez conrois."
Son mandement fut fais par tout, ce fu bien drois,
Que noble fut l'assemblee qu'a Paris fist le roix. 570
Pour l'amour Ciperis fist venir lez Franchois,
Bretons, Normans, Pohiers, et tous les Avalois,
Et tous ceulz de Tourainne, Angevins, et Manssons,
De Berri, d'Allemengne, les Orliennois,
Et de l'aultre partie Bourguignons, Champenois, 575
Barrois, et Lorrains, et tous les Ardenois.
Et si furent aussi Gascons, et Gennevois,
Rommions, et Tosquains, Lombars, et Sezillois.
Tout droit a port de mer furent prestz les harnois,
Navires, et callans, galees, et effrois. 580
Tant et telle foison en fist venir le roix
Voire hasteement et par forche d'avoirs,
C'oncquez roix Alexandre ne Judas le Judois

C'on dit Machabeüs dont grant fu ly povairs
N'assambla en pau d'hoeure tant de ducz ne de roix 585
Comme fist Dagoubert a qui Dieu fu courtois.
Car tous sez grans tresors fut ouvert celle fois
Pour aidier Ciperis qui fut preux et courtois.

25.

Noble fut l'assamblee a Paris celui temps.
Tant y avoit de ducz et de contes vaillans 590
Quant tous furent venus si comme je sui contemps
Bien furent .ij.c. mille tous nobles combatans
Qui pour aidier le roy ont les cours desirans.
Et le bon roy de France qui tant estoit vaillans
Fist crier que tous soient avuec lui sur lez champs 595
Pour ordonner ses ostz et ses batailles grans
Droit ou le Lendit siet, point n'y fut ad ce temps.
La fist monstrer ses hommes en leurs armes luisans.

26.

Moult fut belle la monstre dont je vous ay parlé.
Au conte Ciperis a ses grans ostz livré 600
Aveucques ses enfans qui furent bien armé.
Au chemin se sont mis, noblement arouté,
Mais le roix demoura a Paris la cité
Pour actendre les princes que loingz avoit mandé,
Et dit a Ciperis le vassal honnouré 605
Que ains qu'il soit .viij. jours l'ara a son costé
A tout l'arriere ben qu'il ara amené.
Or vous vouldray compter se il vous vient a gré
Du roy de Noyrevuegue, Galadre le dervé,
Et des trois roix qu'il ot avoeuc lui amené 610
Qui Foucarmont avoient autour environné.
Le roix de Noyrevuegue ot ung jour commandé
Qu'on assaille la tour et le chastel fermé,
Et ses hommes le firent qu'ilz ne l'ont refusé,
Adz fosses par dehors se furent assamblé. 615
De picqs et de marteaux qui furent acheré
Voulrent miner lez murs qui furent machonné.
Mais ains qu'ilz soient ens chier l'aront acheté
Si qu'ilz voulroient estre dedens leur hireté
Ainsi que je diray se je suis escouté. 620

27.

Seigneurs, or entendés pour Dieu le Filz Marie
Et vous orrés chanson bien faicte et adrechie
Du roy de Noyrevuegue et de sa baronnie
Que Ciperis mennache, mais il ne le scet mie
Quel gent yl y avoit si prés de lui logie. 625
Celle nuit fut son ost moult coy et moult serie
Jusques a l'endemain que jour est esclarchie,
Qu'il a fait commander a toute sa maisnie
C'on eüst apresté toute l'artillerie
Et levé ces engiens en my la praerie 630
Pour geter au chastel et a la tour haulchie.
Adonc est en son ost acouru une espie
Qui bien hault lui cria, bien fut sa voix ouÿe.
"Sire, par Jhesus Christ qui vint de mort a vie,
Se bien ne vous gardés il n'est riens de vo vie, 635
Car vechi Ciperis o sa grant ost banie.
De tout le grant royalme y est la baronnie,
Prés sont de deux cens mille en une compaignie."
Quant le roy l'entendi ne les prise une allye;
Ains a dit haultement, "J'en ay la chiere lye 640
Puis que bataille arons au glouton plain d'envie."
Adont fist Ciperis qui ne s'arresta mie,
Envoia ung message a s'averse partie
Que il fust tout asseur et ne s'en doutast mie
Que demain au matin come a l'aube esclarchie 645
Le verroit en la barbe, lui et sa compaignie—
"Tous serons d'un accord en bataille arrengie."
Quant Galadre l'ouÿ n'y a conté une allye.
A dit au messagier, "Messagier, je te prie
Qu'a Ciperis soit dit, et ne lui choiles mie, 650
Que mal soit il venus, lui et sa baronnie.
Demain me trouvera, je ne m'en fuiray mie."

28.

Seigneurs, or escoutés pour Dieu de magestez,
Du roy de Noyrevuegue vous est ly fais comptez
De quoy il s'avisa par ses grans faulsetés. 655
Il a fait vistement ses tentes et ses trefz
Abatre et mettre jus pour remener adz nefz.
Sur cars et sur carettes fut ly avoir troussés
Ad fin que s'en bataille lui est le pis tournés,

En la mer entrerra et sera esquippés 660
Par dedens Engleterre dont il est advoués.
Mais pour nient il le fist, ce dist l'auctorités,
Car le roy Dagoubers estoit ja aprestés.
Vous orrés de quel gent se il vous vient a gré:
Tosquains et Gennevois que il avoit mandé, 665
Pullois et Baionnois et Sezillois nostrés,
Bordelois, Toulousains qui sont fiers et osés
Et tant de Nerbonnois que c'est infinités—
Dez gens de tous païs y furent assamblés,
A .l. mille hommes estoit sez ostz nombrés 670
Sans ceulz que Ciperis avoit devant menés.
Et les bons maronniers se furent moult hastés
Par le vent qu'ilz avoient tout a leur volenté
Qu'au Tresport sont venus droit la sont aramés.
Oncques mais ne fut roy, c'est fine verité, 675
Qu'en si peu de temps eust tant de gens assamblés,
Car ce fut le plus large que oncques fut sacrés.
Et pour ses anemis avoir suppedités
Estoit son grant tresor ouvert et deffermés.
S'en paioit souldoiers qui vindrent de tous lez 680
Si bien et largement qu'ilz s'en furent loés.
Et quant ses grans tresors y fut tout alouez
Il n'y demouroit clerc, ne moyne bertauldé,
Prestre, ne chappellain, ne chanoine ricullés,
Ne abbé, ne prelat, ne prieur, ne curés, 685
Que tous leurs grans tresors ne fust habandonnés
Pour le bon roy aidier tout a ses volontés
Pour paier le sien poeuple qu'o lui fut assamblés.
Mais bien leur moult rendoit quant seroit retournés,
Et par ce fait estoit et servi et amés. 690

29.

Or fut ly ost de France au Tresport arrivee
Aveuc le noble roy qui fu a l'assamblee.
Tant y avoit de gens de tant mainte contree
Que ce fut grant beaulté de veoir la menee.
Or en lairay ung peu, se ferai retournee 695
Au noble Ciperis qui avoit prins journee
De combatre a Galadre le roy de Noyrevuee
Qui sa gent et son ost avoit bien ordonnee
Pour no gent recepvoir au trenchant de l'espee.

Celle nuit fut le gent Ciperis reposee 700
Jusques a l'endemain au point de l'ajournee
Que Ciperis sonna son cor a la volee.
Dont coururent armer celle gent redoubtee
Et quant furent armés tout a leur desiree
Le conte de Vignevaux a la chiere membree 705
L'avangarde qu'il fist vous sera devisee.
Celle mena le roy qui avoit espousee
Hermine d'Engleterre qui en fut couronnee.
Tant est celle avantgarde esploitie et alee
Qu'ilz perchurent le roy qui tenoit Noyrevuee 710
Par devant le chastel out sa gent ordonnee.
Tout en .iiij. batailles l'avoit mise et posee,
A bien .xxx. mille hommes poevent faire merlee,
En chascune bataille tant fut elle nombree,
Tant s'est l'un ost de l'aultre aprochie et hastee. 715

30.

Icelles furent les ostz dont je vous suis comptant
Bien prés l'une de l'aultre tout prest et attendant,
Chascun a sa partie com pour estre assallant.
Guillame qui fut filz Ciperis le vaillant
Fist ce jour l'avantgarde et ala tout devant 720
Par le gré de son pere qui lui fut commandant.
Le conte Ciperis ala son filz seignant
Et se lui commanda que il s'en voit avant.
Adonc brocha Guillame le coursier auferrant,
Pierre de Mondidier va Guillame sievant, 725
Et toute leur bataille chascun lanche tenant.
Bien chevauchent serré vers le roy allemant.
Qui faisoit l'avantgarde, roy Galadre le grant,
S'avoit .xxx. mille hommes tous hardis combatant.
Lez gens au roy Guillame leur sont venus devant, 730
Ains que le roy Galadre y alast coup ruant
Vont lez hommes Guillame chascun le sien tuant.
Adonc veissiés Guillame qui brocha l'auferrant
D'unne lanche qu'il tint feri ung Alemant,
Danemon de Baviere l'aloit on appellant. 735
Tel coup lui a donné Guillame en joustant
Ne l'auberc ne l'escu ne lui orent garant.
Le fer lui entre ou corps mort s'en va trebuchant,
Puis a traite l'espee ung aultre va frapant

Que jusques ens és dens lui bouta le taillant. 740
"Seigneurs," se dit Guillame, "par Dieu le Roy amant,
Assaillons lyement, nulz ne se voit faignant.
Nous arons tantost fait qui s'ira esploitant
Car ad ce que je voy de vous le bon semblant
Ilz sont bien estuvés, j'en vois Dieu graciant." 745

31.

Les .ij. ostz s'entreviennent en contre val la plainne.
Adoncques vint le roy qui tenoit Allemengne.
Fors estoit et puissant et de fiere barguengne,
Sur son escu feri Savari de Bretaigne
Que jusqu'en la poitrine son espee li laigne. 750
Du destrier l'abat mort illec en mi la plainne.
Guillame le choisi s'en ot doeul et engaigne,
Ad ce roy assambla, ne cuidiez qu'il se faigne.
Tel coup lui a donné et par telle barguengne
Que le coeur lui fendi jusquez a le lentraigne; 755
Tout ainsi le pourfent com carpentier fait laingne.
Du destrier l'abati tout mort en la champaigne,
Or ne sont que trois roix, le quart est en barguengne.
Adonc leva le cry et le noyse et enguengne.
Quant Galadre perchupt le bon roy d'Alemengne 760
Qui fut mort a dolour a peu ne morut d'enguengne.
Dont dit en lui meïsmez, "Par les Sains de Champaigne,
Se ne m'en puis vengier je mourray en la paine."

32.

Moult fut belle la plache et lez tournois isniaux
Et fiere la bataille, cruelle et vertuaulz. 765
Ad ce premier si fist Guillame comme vassaux,
Du fort roy d'Alemengne abati lez reviaux.
Du Galadre fut moult a son coeur grevis et chaulz.
Es Frenchois se fery bruyant come ung toriaux.
Entre lui et sa gent qui d'aïr sont vermaux 770
Tant en ont abatu a terre dez chevaulz
Que s'esmervellierrent lez hoirs de Vignevaulz.
Quant ce voit Ciperis brochié fu si moriaulx
Que toute la bataille estoit ja communaux
Contre son filz Guillame, qui fut preux et loyaux, 775
Va, dont fist tous ses enfans poindre par lez terriaux
Et leur dit doulcement, "Mez enfans naturiaulz,

Secourés vostre frere qui maintient lez chembiaux,
Gardez qu'au bien ferir soiés tous bons vassaux,
Par quoy roy Dagoubert et son paÿs soit saufz." 780
Lors brocha Ciperis contre val lez praiaux,
Son arriere ben fit aler par les costiaux
Pour enclorre derriere les traÿtres mortaulz,
Et ses enfans se fierent en l'estour criminaulx.
Ciperis et les siens firent par enviaux 785
Ainsi que ung bouchier fent la char adz masiaux;
Ilz leur fendent chervelles, entrailles, et boyaulz.
Dont cria Galehaux, "Chevaliers, or ayaulz!
Mal passerent la mer lez felons gloutonnaulz
Pour essillier la terre adz hoirs de Vignevaux." 790

33.

Seigneurs, or entendés pour Dieu et pour son nom.
Grande fut la bataille et grande la tenchon,
Car le roy de Danois fut geté au sablon
Et le roy d'Alemengne fut mort a ventrillon.
Plus n'en y ot que .ij.; ce fut le roy frison 795
Et cil de Noyrevuegue qui Galadrez ot nom.
Mais tant par estoit fiers et de male fachon
Que Ciperis ne doubte, ne Franchois, ne Breton.
Encoire estoient ilz bien .lx. mille baron
Tant a pié que a cheval plus fiers que nul lyon. 800
Quant Ciperis perchupt la leur establison
Et que point n'en guencissent ne moeuvent le talon,
Dont fist poindre sa gent franchois et bourgnegnon,
Et dit a sez enfans, "Seigneurs, plus ne craindon,
Mais frappon dessus eulz a forche et a bandon. 805
Je sonneray mon cor trois fois en ung randon
Si qu'en l'arriere garde l'oyent lez nos baron,
Si qu'ilz venront derriere et nous devant seron."
Dont mit le cor a bouche se sonna habandon—
L'unne fois fut en gresle l'aultre fut en hault ton. 810
Quant ly bon charbonniers qui Hellie ot nom
A entendu la voix lors a dit a cler ton,
"Avant, seigneurs," dist il, "pour Dieu or nous haston,
Le conte Ciperis a d'aÿde beson.
Je m'en vois tout devant, sievés moy au talon." 815
Lors s'est bouté Hellie en l'ost de grant randon,
O lui ses compaignons qui sont fiers que lyon.

La trouva trois dez filz Ciperis le baron
Que plus de cent Danois assaillent environ.
Mais ilz se deffendoient a forche et habandon. 820
Adoncques vint Hellies a son col le blason,
O lui ses compaignons qui sont vaillant et bon.
Tellement se deffendent a Danois environ
Que par forche rescourrent lez trois freres de nom.
La commencha bataille et grant occhision, 825
Le vaillant charbonnier firent bien leur parchon.
Quand Ciperis lez voit qui fut liez se lui non?
Adonc poingnent lez filz tous d'un oppinion:
Tout premier fut Therri, ly aisné, se dist on,
Clovis et Galehaux, Ferrans et Guillermon, 830
Bouchiquault, Amaurry, et Gracien le bon,
Paris, et Enguerran, et Louïs, et Sanson,
Amadis, et Allars, et Morant le baron,
Hylaire, et Ciperis le josne dansillon,
Et Ciperis leur pere et tous leur compaignon, 835
Gasselin de Pontieu y fut moult vaillant hom,
Pierre de Mondidier et de Vimeu Oston.
Ainsi come aprés nonne estoit ou environ
Quant la grande bataille renforcha au sablon.
Oncquez puis que Jhesus souffri grief passion 840
Ne vit on plus cruelle sans faire nul pardon
Et sans personne nulle prendre a raenchon.
Car lez uns ne prisoient le monte d'un bouton,
Chascun d'avoir victoire avoit devotion.

34.

Seigneurs, ja fut Galadre desconfis en la pree 845
Quant le jour deffina, s'aprocha la vespree.
Tant ot perdu de gens a icelle journee
Que bien .lx. mille en gisent en la pree.
Demouré ne lui fut homme de mere nee
Se ne fut pour la nuit qui moult noire est levee. 850
Se couvint que retraite fut adoncques sonnee.
Par le gré Ciperis fut sa gent retournee
Jusquez a son chastel dont forte fut l'entree.
Quant les gens qui estoient par dedens enfermee
Les voient revenir grant joye ont demenee. 855
Chascun va contre lui sans longue demouree
Et la fut celle nuit leur ost bien conraee.

Et Galadre qui fut le roy de Noyrevuee
A .l. mille hommes a fait la retournee,
Pour raler vers la mer a sa voie tournee.   860
Mais il lui venist mieulz, c'est verité prouvee,
Que il fut reculés jusquez en Galilee.
Car le roy Dagoubert de Franche l'honnouree
Avoit tant bien esploitié par mi la mer salee
A bien .iiij. cens nesz de toutes gens poeuplee   865
Qu'ilz vinrent au Tresport la ou ilz ont trouvee
Le navire Galadre, le roy de Noyrevuee,
Qui a celle hoeure la estoit toute aprestee
Pour singler toute nuit, l'hoeure leur fust mandee
Du felon roy Galadre que chiere ot deffaee.   870
Les gens du roy de France mirent tout a l'espee,
Ceulz par qui le navire debvoit estre gardee
C'un peu de meschans gens n'y fu adont trouvee.
La concquirent Franchois d'avoir grande maree,
Or et argent, joyaulz, qu'il n'est personne nee   875
Que le disime part en eüst ja nombree.
Or voit le roy Galadre quel part qui lui agree
Car se il vient par la encontre ara trouvee.

35.

Seigneurs, si faictement que recorder oés,
Concquist roy Dagoubert les barges et les nesz   880
En quoy Galadre fut a tout ses ostz passés.
Et le fort roy Galadre qui s'estoit separés
S'en venoit au navire la nuit tout effraés.
Bien sot que s'au matin povait estre trouvés
Que du ber Ciperis seroit mal salués.   885
Mais sans raison se fu le roy si tost hastés,
Car s'il estoit d'un pas issu et eschappés
Encore s'en reva en ung pieur d'assés.
Car quant vint au matin que le jour fut levés
Et qu'il deust aprochier ses barges et ses nefz   890
Il vit l'ost Dagoubert et ses grans trés levés
Tout du long le marine et en long et en lés.
Lors dit en lui meïsmes, "Chaitis malheureux,
Or voy bien que ne puis eschaper par nul lés.
Mais par l'ame du pere dont je fus engendrés   895
Ains que je muire chi me seray esprouvés.

J'aimme mieulz estre mort qu'estre en prison menés,
Puis que vient au morir la mort ne crains deux dez."
Lors appella ses hommes et leur dit, "Or oés,
Faictes que vos chevaux soient bien rechenglés, 900
Car tout par mi cez ostz nous fault estre passés.
Ne se gardent de nous, ancor ne sont levés,
Tous les mettrons a mort car point ne sont armés.
Or soit le corps honnis et a honte livrés
Qui sur eulz ne ferra de bonne volontés. 905
Car se le roy de Franche est par nous encontrés
Il sera de nous prins, occhis, ou affolés."

36.

Ensement se vantoient lez felons soudoiant
Qui cuidoient le roy de Franche le vaillant
Ensement atrapper—folie vont pensant. 910
Car le roy avoit fait la nuit dont je vous chant
Chevaucher une espie, bien sot le convenant
De la grande bataille qui fut le jour devant.
Moult fut roy Dagoubert avisé sagement
De faire armer ses hommes celle nuit ensement. 915
Dagoubert fit mander Ciperis esraument
Qu'il fesist en agait mettre lui et sa gent
Si que fuir n'en puist Galadre nullement.
Quant conte Ciperis ouÿ ce couvenant
A tout son grant conroy s'en vint isnellement 920
Pour assallir Galadre au derrier hardiement.
Or vour lairay de lui et vous dirai comment
Le roy de Noyrevuegue s'esforcha durement
Pour sousprendre Franchois malicieusement.
Il fist toute son ost chevauchier radement 925
Tout en une bataille si merveilleusement,
A huer commencerrent ensamble haultement.
Et Franchois se tenoient tout coys a enscient
Tant qu'ilz fussent dez ostz aprochié plainement.
A l'assambler dez ostz ot grant businement 930
De trompes, de clarons, et d'aultre instrument.
La peüst on voir maint penon a argent,
Et mainte grant baniere desploier contre vent,
Et escus et blasons pourfendre cruellement
Et ces tronchons de lances par esclas voler ent, 935

Cez chevaliers verser, escuiers ensement.
Oncques nulz homs ne vit plus fier acointement.
Le riche roy Galadre se prouva tellement

. . . .

37.

. . . .
"Par foy," se dit Hellie, "trop mal appartendra
De saulver ung tel homme, mescheoir en pourra.   940
Mais puis que il vous plaist on le respitera."
A tant ly bers Hellie celui si fort lya
Que par entre lez ongles le sangz en degouta.
Et quant ses hommes voient comme la chose ala
A la fuite sont mis, mais petit leur vaulra,   945
Car tous furent enclos et de cha et de la.
Retourner ne povaient dont il leur ennuia.
Tous par furent destruis, point .xx. n'en eschappa
De quatre cens qui furent quant ilz vindrent droit la.
Guillame, que .viij. hommes au chastel ne laissa,   950
Quant il vint au navire que bien ardoir cuida,
Galehault au chastel tantost sa gent mena.
Quant ilz furent dedens chascun merchi cria,
Gallehault sauf leurs vies, aler il les laissa.
Et puis lui et sa gent ou chastel s'amasa,   955
Le gaaing departirent, chascun planté en a.
Telz estoit povres homs que riches devint la.

38.

Seigneurs, aprés l'estour dont vous ouÿ avés,
Fut le gaaing partis qui laiens fu trouvés.
Puis orent tous les mors dedens la mer getés,   960
Se fut ly chastiau prins et la ville de lés.
Adont fit Gallehaux comme preux et membrés,
Car de ses hommes mist ens ou chastel assés,
Puis entra ou navire qui estoit grans et halés.
En la mer s'esquipa au vent et a orés.   965
Jusques a Vinchenesel ne furrent arrestés,
La deschendi a terre, la ont les pas combrés.
La ville se rendi tout a leurs volentés,
La fu tout le navires de Gallehault remez
A bien .xij.c. hommes qui gardoient les nez.   970
Gallehault et ses hommes sont a cheval montés,

A chemin se sont mis, aveuc eulz ont menés
Guillame le Danois qui estoit enchainés,
Tout droit vers Cantorbie fut leur chemin tournés.
Dangoubert y trouverrent o ses riches barnés, 975
Et Ciperis le conte o ses gens naturelz,
D'eulz estoit Cantorbie assise a tous costés.
Mais le bon archevesque qui tant estoit senés
Remontra au commun parlers si advisés
Que par le sens de lui ilz furrent accordés 980
De rendre au roy franchois de la cité les clez.
De la cité issi l'archevesque honnourés
Aveuc lui .vi. bourgois des plus riches clamés,
A Dangoubert s'en vindrent representer lez clés.
Sans noise ne tenchons bien furent enfermés 985
Que sans cause y estoit Galadre honnourés.
Le bon roy les rechupt et puis leur dit, "Oés,
Gardez bien qu'en vo vie plus vous ne soiez telz
Que vo dame nobile mais a nul jour falliés,
N'a mon nepveu Guillame qui est son espousés." 990
"Sire," dit l'archevesque, "de ce ne vous doubtez,
Car oncques a Galadre ne eusmez amistés,
Mais qui a forche il boute, ouÿ l'avés assés."

39.

Ainsi que l'archevesque qui fut de Cantorbie
Se fut rendus au roy et la cité garnie, 995
Est venu Gallehaux, o lui sa baronnie,
Ou que il voit le roy de France a chiere lie,
S'en vint par devant lui et lui a ce nunchie
Trestoute l'adventure que vous avés ouÿe,
Comment il print de Douvres la grant chastellerie, 1000
Et comment la bataille y fut grande et furnie,
Et le fier chastellain lui mist en sa baillie.
Quant le roy sceut le fait moult en fist chiere lie,
Aussi fist Ciperis et sa grant baronnie.
Dont l'appella le roy et lui dit, "Je vous prie, 1005
Gallehault, dictes moy par amours, je vous prie,
Se cilz faulz chastellain fut prins saulve sa vie."
"Sire," dit Gallehaux, "ne vous mentirai mie,
Prins est a vo voloir et a vo commandie.
Car quant il fut concquis a l'espee fourbie 1010
Oncques de raenchon n'en fut parolle ouÿe."

"Par foy," se dit le roy, "dont ne l'ara il mie,
Et pour tant qu'il cuida destruire ma maisnie,
Mal acointa Galadre, se y tenra compaignie.
Car qui bon seigneur sert mieulz en vault a le fie." 1015
Lors entra Dagoubers en la cité jolie,
O lui fu Ciperis et sa grant baronnie.
Et fut rechups comme roy de la grant bourgoisie
Et de tous les haulz hommes de icelle partie.
Dont print ung messagier le roy a chiere lie 1020
Pour envoier en Franche et dit qu'il ne laist mie
Qu'il n'amainne la rouine tantost et sans detrie
Que de toute Engleterre doibt tenir la baillie.
Le messagier se parti dedens une gallie
Pour venir dedens France la terre seignourie. 1025
Or vous dirai du roy que ce fut la nuitie
A joye et a soulas dedens son ost prisie.

40.

Seigneurs, a l'endemain que le jour esclaira
Se leva Dagoubert, la trompette on sonna.
Pour aler devant Londres le ost s'achemina. 1030
De toute Cantorbie les bourgois em mena
Et le bon archevesque que le roy conseilla.
"Sire," dist il au roy, "sçaviés comment il va.
Par dedens la cité de Londres il y a
Grant foison de gens d'armes que le roy amena 1035
O lui de Noyrevuegue quant premier vint de cha."
"Par foy," se dist le roy, "moult bien on les ara.
Se Dieu me voeult aidier, aultre chose n'y a,
Ains que je m'en retourne tel eschart y ara
Qu'aprés ma mort cent ans parler on en orra." 1040
Sus l'yaue de Tamise le grant ost se loga.
Adonc le noble roy son conseil demanda
Pour sçavoir par quel tour, ne comment on fera
Pour entrer dedens Londres, car forte ville y a.
Se par engin n'est prinse ja le roy ne l'ara, 1045
Tant y avoit de gent que la cité garda
De par le roy Galadre que granment coustera.
Ainchois qu'elle soit prinse, de tant mal leur ala
Qu'ilz ne sceurent nouvelles ne nulz ne leur compta
Que Galadre fut prins; cela lez honnira. 1050
Le maistre cappitaine qui la cité garda

Fu frere roy Galadre, Sandoine on le nomma.
N'avoit pire de lui de la mer ne de cha.
Mais le terme s'aproche que son loier ara,
Ainsi que je diray qui ouïr le vouldra.   1055

41.

Moult par fut chil Sandaine de male volenté
Puis que le roy Galadre lui laissa ce resgné.
A garder en son lieu il fist mainte griefté
Car il ne redoubtoit homme de mere né,
Non point Dieu de lassus, le Roy de magesté.   1060
S'orrez qu'il en avint ains long terme passé.
Le bon roy Dagoubert qui tant ot loyaulté
Fit adouber Guillame qui avoit espousé
Hermine la rouïne ou tant ot de beaulté.
Dez armes roy Galadre ot son corps achesmé.   1065
Lui .xv.me dez freres furrent ainsi paré
Des escus, dez banieres, riens n'y ot separé.
Gallehaux en fut l'un, cil qui avoit livré
Le chastellain de Douvres et le fort concquesté.
Ferrans fu le second, Bouchiquaut fort clamé,   1070
Et Amaurri ly quars y fut en verité,
Graciens lui .vi.e ainsi sont ordonné,
Avuec le roy Guillame du parement paré.
Cilz sont alés premier par devers la cité
A tout .x. mille barons noblement atourné.   1075
Et par desoubz estoient le blanc hauberc nostré,
Lez banieres levees se sont acheminé.
Et l'ost fust aprés eulz rengié tres fort serré.
Tant alerent ensamble et tant se sont hasté
Que ilz sont tous venus par devant la cité.   1080
Ceulz qui aulz murs estoient ont moult bien advisé,
Banieres et penons de chendal suroré.
Adonc cuidierent bien en droicte verité
Que ce fut roy Galadre qui la fut retourné
Qui eüst Ciperis ochis ou afolé.   1085
Devers leur cappitaine s'en sont tantost alé,
A haulte voix lui ont l'adventure compté.
"Sire, vecha vo frere, le bon roy allosé,
Qui ramaine son ost a grant solemnité.
Ne nous creés ja mais en jour de nostre aé   1090
Se Ciperis n'amaine prins ou emprisonné,

Qui occhit vostre frere comme murdreur prouvé."
"Vray Dieu," se dist Sadoine, "no Dieu en soit loé,
Or serons nous vengié du glouton deffaé."

42.

Moult ot joye Sandoine quant il ot et entengt 1095
Que son frere Galadre revenoit a grant gent.
Adonc fist par mi Londres crier appertement
Que trestous souldoiers, bourgois, et aultre gent
Soient appareilliés et parés noblement
Ainsi qu'il appartient, et montez richement, 1100
Pour aler a l'encontre du roy reveraumont.
N'y ot cloche en la ville ne sonnast haultement
Pour recepvoir Galadre plus honnourablement.
Adonc issi Sandoine de Londres chauldement
Aveuc tous ceulz de Londres a joye plainement. 1105
Et quant le roy Guillame les perchut ensement
Venir encontre lui, si a dit a sa gent
Que chascun d'eulz entrast en la cité briefment
Sans nul homme ferir ne faire caplement
Jusquez tant que ilz soient maistre du mandement. 1110
"Mais quant en la cité serés a vo talent
Se faictes vo debvoir bien et hardiement,
Et frapés sur Anglois, ne les espargniés nient."
Et ses hommes respondent, "Nous ferons vo talent."
Adoncques lez bourgois et Sandoine ensement 1115
Regardoient Franchois qui venoient present,
Mais ne lez congnissoient, je le vous ay convent.
Car il estoit moult tart prés de l'avesprement,
Que perchepvoir ne porrent ainsi ny aultrement.
Car leurs helmes avoient trestous communalment. 1120
Meïsmez roy Guillame ou tant ot d'enscient
Ot affublé le sien; mais ce fut proprement
Cil que Galadres ot porté au caplement.
Il ot ung cercle d'or a ung nasal d'argent,
S'avoit ung escharboucle qui relluit clerement. 1125
Sandoine le congnut a son aprochement
Et choisy le turmile et l'escu ensement.
Cuida que fust son frere quant vit son parement,
Encontre lui ala puis a dit noblement,
"Frere, bien veigniés vous et toute vostre gent, 1130
Comment fait la santé? Pour Dieu, dictez nous ent.

Et comment avez fait au franchois tenement?
Avés vous Ciperis?   Est il pendus au vent?"
"Frere," se dist Guillame qui parla bassement
En faingnant son langage si ques esruement, 1135
"Vous le verrés," dist il, "assés prochainement.
Aveuc moy le ramaine pour morir a tourment."
Quant Sandoyne l'ouÿ de la joye s'estent,
Point ne fut aussi lié pour tout l'or d'Orient.
Mais il verra le fait retourner en present. 1140

43.

Moult ot joye Sandoine quant il ouÿ compter
Que prins est Ciperis pour lui a mort livrer.
Ainsi tout devisant vont les portes entrer.
Mais Guillame se garde tousjours de trop parler
Ad fin que le traître ne le puist raviser. 1145
Sandoine voulouit faire dez falos alumer,
Mais Guillame lui dit si tost qu'il poeut entrer
Par dedens la cité qui moult pot desirer
Et il choisy sez hommes rengier et ordonner
Pour commencher bataille s'on leur voeult commander, 1150
Ou qu'il perchupt Sandoine lui vault hault escrier:
"Par Dieu," dist il, "traître, chi vous fault demourer,
Point ne suis vostre frere, c'est legier a prouver.
Ains suis filz Ciperis de Vignevaulz, le ber,
Qui espousay Hermine c'on a fait debouter 1155
De Londres la cité.   Se le ferai comparer
Au commun et a vous qu'ainsi voulrent ouvrer."
Quant Sandoine l'ouÿ en lui n'ot qu'aïrier
Adonc vaulsist bien estre de la la Rouge Mer.

44.

Moult ot le coeur dolant Sandoine la journee 1160
Quant il ouï Guillame a la chiere membree.
Lors fut si esbahy en coeur et en pensee
Que de lui a deffendre n'ot forche la journee,
Combien que sa deffense ne lui vaulsist riens nee,
Prins fut et retenus et sa gent adolee. 1165
François crient, "Traîtres, mettés tout a l'espee."
Dont eurent les Anglois mainte teste coppee.
Adonc fut Dagoubert et sa lignie amee,
Ciperis et les siens ont grant feste menee

En Londres sont entrés, la fut grant la huee. 1170
Chascun crie, "Monjoye, la ville est concquestee."
Ja fust occision moult grandement levee.
Quant le commun se rend en faisant grant criee
En disant, "Noble roy, par la vertu nommee,
Aiés de nous pitié s'il vous plaist et agree. 1175
Et nous vous renderons ains qu'il soit l'ajournee
Ceulz par qui la cité fut envers vous retournee,
Et qui ont rellenqui no dame l'honnouree."
Dont fit le roy crier, la trompe fut sonnee,
Qu'il n'y ait homme nul que plus y doint colee. 1180
Et le roy Dagoubert qui tant ot regnommee,
Ciperis, et Guillame a la chiere membree,
Et les nobles barons de lignie honnouree
Alerrent au palais, et a celle vespree
Firent tant le commun qu'en la sale pavee 1185
Menerrent dez bourgois une grande maree
Par qui la traïson ot esté demenee.
Et quant le roy les tint s'en a joye menee.
Dont jura le Seigneur qui fit ciel et rousee
Que selon leur desserte ilz aront leur sauldee. 1190
La nuit tint le roy court de gens de regnommee.
Le bon roy se leva quant l'aube fut levee,
Et trestous lez barons ont la messe escoutee,
Et aprés le service a tost sa gent menee
Et tous les prisonniers qui sont en leur livree. 1195
La fut le roy Galadre qui la chiere ot troublee,
Et Sandoine son frere qui ot male pensee,
Le seigneur de Lenclastre y fut celle journee,
Le conte de Clocestre qui chiere ot aboutee,
Le seigneur de Vuarvic une gente contree, 1200
Et cil de Cornouaille qui chiere oult tourmentee,
Si fut le chastellain de Douvres la muree,
Et .xij. gros bourgois de grande regnommee
Qui tous furent traîtres vers la dame senee.
Le bon roy Dagoubert a sa gent appellee 1205
Et leur a demandé conseil celle journee
Et de quel mort mourront celle gent malheuree.
Et chascun lui respond, "Ainsi qu'il vous agree,
De pendre ou de noyer en Tamise la lee."
Dont parla Ciperis tout hault a la volee, 1210
"Frans royx," se dist le conte, "par la Vierge loee,

Je los que d'aultre mort leur char ne soit finee
Que d'avoir a chascun la teste jus coppee.
C'est la plus belle mort qui puist estre donnee
A corps de gentil homme quant il fait meserree." 1215

45.

Ainsi dit Ciperis, que vous oés nonchier,
Et lez barons se vouldrent a son dit obliger.
Droit au marchié de Londres qui fut grant et planier
Firent mener les contes et Galadre le fier,
Les mains orent lyees bien estroit par derrier. 1220
Ne sçay que vous vouldroie le chanson allongier.
Le roy et Ciperis leur font les colz trenchier
Et par dessus les portes les testes atachier.
Puis revont les barons ens ou palais planier,
.viij. jours ou plus y furent en joye ly guerrier. 1225
A tant tout esraument y vint ung messagier
Qui par devant le roy s'ala agenoullier
Et lui dit, "Noble roy, Dieu vous gard d'encombrier.
Nouvellez vous diray dont ne doibt ennoier.
Car vecha la rouïne Hermine au corps legier, 1230
Et Orable vo fille, la courtoise moullier
Au conte Ciperis qui tant fait a prisier,
A qui vous envoiastes vo message l'aultrier
Que veoir vous venissent en cestui heritier.
Or sont elles venues ne le vaulrent laissier." 1235
Quant le roy le message ot fist tantost crier
Que tous voisent encontre, bourgois et chevalier.
Et le bon roy meïsmes monta sur son coursier
Avoeucques Ciperis et maint aultre princhier.
Mais ainchois qu'ilz peüssent demi lieue exploitier 1240
Encontrerent les dames avoeucques maint guerrier
Qui venoient de Franche pour elles convoier.
La fut grande la joye quant vint a l'aprochier.
Tant voulrent celui jour la besongne exploitier
Qu'ilz sont venus a Londres ens au palais planier. 1245
Le mengier fut tout prest, se vont l'iaue baillier,
A table sont assis sans point de l'atargier.
La furent bien servis tout a leur desirier
De vins et de viandes, metz orent sans dangier.
Ne sçay que vous voulroie le chanson allongier— 1250
.xv. jours fust leur ost sans point a chevauchier,

Et fut le roy Guillame rechupt en l'hiretier,
Tous lui firent hommage de gré et volentier.
Au bout dez .xv. jours fist le roy publier
Que trestous fussent prestz, baron et chevalier, 1255
Pour mouvoir le matin au point de l'esclairier
Au quel letz qu'il vouldra son chemin esploitier.

46.

Seigneurs, oés pour Dieu qui tout a a sauver.
Le roy fist par mi Londres tantost son ban crier
Que trestous soient prestz, sergant et bacheler. 1260
Pour mouvoir le matin fist son ost aprester
Et leur a dit, "Seigneurs, par Dieu qui fist la mer,
Ja mais n'arresteray tant que puisse durer;
S'aray en Danemarce fait aucques mon penser
Et concquise la terre car je le voeul donner 1265
Gracien mon nepveu que je voy la ester.
Et puis en Noirevuegue nous convendra aler.
De la irons en Frise le paÿs concquester,
Enguerran ly donnay filz Ciperis le ber.
Et puis par Allemaigne nous couvient retourner 1270
Pour Louïs mon nepveu du resgné courronner."
Quant vint a l'endemain que le jour parut cler
Le roy a fait ses otz tantost acheminer
Et a fait sez navirez par my la mer singler
Ad fin s'il est besoing qu'il puissent ens entrer 1275
Pour passer les bras d'eaue pour aucques sejourner.
Adont prindrent trestous vistement a esrer
Tout droit par my Escosse se vont acheminer.
Bien y furent rechups et viel et bacheler.
Tout droit en Aspredamme qui moult fait a loer 1280
Fut rechupt Dagoubert, o lui ses .xij. per,
Du riche roy d'Escosse qui foy lui voult porter—
Cousin fut Dagoubert, Andrieu se fist nommer.

47.

Par dedens Aspredame le cité de regnom
Furent tous les Franchois en consolacion. 1285
Et li ber Ciperis et tous ses filz par nom,
Le roy Andrieu leur fist grant joye en sa maison.
Laiens ot .ij. pucelles de moult gente fachon;
L'unne si fu d'Irlande fille au conte Huon,
Se le gardoit le roy qui Andrieu ot a nom 1290

Pour ce qu'elle n'avoit pere ne mere en son
Le roy Andrieu d'Escosse qui en estoit tayon.
Et le aultre pucelle dont je fay mention
Fut fille au roy d'Escoce le nobile royon,
Simonne fut nommee de beaulté ot foison.   1295
Quant le roy Dagoubert lez choisi en fachon
Au roy a demandé dez pucelles le nom,
Et le roy lui en dit trestoute la fachon;
Pria au roy de France qu'il leur donnast baron.
"Sire," dit Dagoubert, "par le corps Saint Symon,   1300
Assener ne pourroie par nessune occoison
Mieulz qu'az hoirs Ciperis ou tant a de regnom.
Ilz sont .xvij. freres, c'est belle nourrechon,
Et enfans de ma fille pour vray le vous dist on.
S'est leur pere mon nepveu, filz mon frere Phillipon."   1305

48.

Le noble roy d'Escoce ot joye plainement
Quant il ot Dagoubert dire tel parlement,
Que les .ij. nobles dames pour leur mariement
Aroient .ij. des filz Ciperis au corps gent.
Tant ala la besongne et le leur parlement,   1310
Que du gré dez pucelles et par l'accordement,
Que dez .ij. nobles filz Ciperis proprement
Espouserrent lez dames par amoureux talent.
Amaurris espousa Aelis au corps gent.
D'Irlande fut rouÿne, ce noble tenement.   1315
Et la fut couronnee dez barons plainement
Et fist hommage au roy Guillame bonnement
Qui d'Engleterre avoit le grant couronnement.
Et Paris le sien frere espousa ensement
La fille au roy d'Escoce, Symone o le corps gent.   1320
Dont enforcha la joye ad ce commencement,
Qui veïst menestreux sonner maint instrument.
.viij. jours dura la feste et le renvoisement,
Puis fist roy Dagoubert publier haultement
C'on se mette au chemin tost et appertement.   1325
Faire voeult son emprinse sur quoy il a le dent
Et ce qu'il a promis vouelt tenir lealment.

49.

Seigneurs, en Aspredamme la cité de regnom
Furent nos bons Franchois en consolacion

Le roy Andrieu leur fist grand feste en sa maison 1330
Et pour cez mariages leurs festes enforcha on.
Le roy dit qu'aveuc eulz iroit celle saison
Sur la terre adz Danois a .xx. mille compaignon
Qu'il conduira o lui pour exaucher son nom.
Dagoubert l'en merchie d'humble condicion. 1335
Adonc firent trousser tentes et pavillon
Et quant ilz furent prestz au chemin les mist on.
Et par mer et par terre en .ij. les partist on,
Car tant y ot de gent que le nombre ne scet on.
S'en fist le roy .ij. ostz par bonne advision, 1340
Ciperis mena l'unne adz nesz et a dromon,
Le roy d'Escoce o lui qui scet la region,
Lez hoirs de Vignevaux y furent, ce dist on.
Au roy ont prins congié s'en vont a l'aviron.
A la forche du vent qui leur vint a bandon 1345
S'esquiperent en mer au voloir de Jhesom.
Et le roy d'aultre part chevaucha de randon,
O lui le duc Marcus d'Orliens region,
Le conte de Ponthieu Gasselin le baron,
Et pluisieurs aultres princes et chevaliers de nom. 1350
Par devers Noirevuegue s'en vont a esperon,
Mais ainchois que le roix venist ens ou royon
Ot tant cinglé le conte que Ciperis ot nom
Qu'en Danemarche entra tout droit a ung couron.
Par devant ung chastel tendi son pavillon 1355
C'om nommoit Marbasenne en celle region,
Bonne ville y avoit au temps dont nous parlon.
Par dedens ot ung prince qui Guy avoit a nom,
Frere au roy de Danois qui tué avoit on
Par devant Foucardmont, si que dit vous avon. 1360
Cilz avoit bien ouÿ compter l'oppinion
Que son frere fust mors, s'en ot grant marison,
Et que l'ost Ciperis ou de gens ot foison
Venoient son paÿs mettre a persecuçon.
Et ainsi qu'il estoit ou chastel de regnom 1365
A perchut devant lui tendre maint pavillon
Et mainte riche tente a pommeaux d'or en son,
Et voit de tous costés fourrer la region.
Dont ot grant doeul au coeur et bien y ot raison.
Car il n'avoit o lui de gens se petit non. 1370

Car tous les haulz princhers de celle region
Estoient trestous mors o sen frere par nom.

50.

Quant Guy de Danemarche ot la grant ostz choisie
Par devant son chastel ne lui agrea mie.
Tout au plus tost qu'il pot appela sa maisnie   1375
Et leur dit, "Beaux seigneurs, je vous requier et prie
Que j'aye le conseil de vous a ceste fie
Comment me maintenray entour cest ost haÿe.
Bien sçay que Ciperis de Vignevaulz lez guie
Qui tua le mien frere pour tant qu'il fist aÿe   1380
Au roy de Noyrevuegue, que Jhesus Christ maudie,
Car par lui et son fait arons cruel hachie.
Or me donnés conseil par amours, je vous prie,
A le fin que no terre puist avoir garantie.
Bien sçay que s'ilz nous tiennent ilz nous tolront la vie   1385
Se nous ne nous rendons tout a leur commandie."
"Sire," se dient ses hommes, "que voulés qu'on vous die?
Envoiés la dehors ou message ou espie.
Se mandés ad ce prince journée arrenguie
D'un chevalier armé de toute armoierie   1390
Qu'il fault a ung champion en bataille furnie
Contre l'un de sez hommes la ou le plus se fie.
A le fin se le sien y perdoit ja la vie
Que vo terre layra et menra sa maisnie
Sans vous plus riens meffaire ore ne aultre fie.   1395
Et se le chevalier de la vostre partie
Est vaincus et matté vostre terre est perie.
A Ciperis sera bonnement obligie—
Ne ja mais ou royalme vous n'arés seignourie
Ne mais tant seullement qu'une chastellerie   1400
Pour vous et pour vo niepce a soustenir vo vie."
Quant Guyon les entent s'a la teste hochie
Vers terre regarda et en lui se soussie,
Et quant il ot pensé se dit a voix serie,
"Par foy," dist il, "seigneurs, vechi forte partie, 1405
Mais puis que il vous plaist, mon corps le vous octrie.
Mais en ma court ne sçay home en qui tant me fie
Comme je fay en moy, si feray l'escremie
Pour mon droit soustenir a l'espee fourbie."

51.

Dit Guy de Danemarche, "Barons, certainement   1410
Puis qu'il fault a l'espee garder mon tenement,
Au mieulz que je pourray en feray vraiement."
Adonc print ung message et se lui dit, "Va t'ent
En cel ostz la dehors, se fay tant vistement
Que troeuves Ciperis quoy qu'il voist ne comment.   1415
Bailles lui ceste lettre la ou mon seël pent,
Et m'aporte response de lui certainement."
"Volentiers," dist le mez, a tant se part briefment,
Du chastel s'est issus, a cheminer se prent,
Jusqu'a l'ost Ciperis n'y fist arrestement   1420
Qui en ses trez seoit et au mengier entengt,
Et le bon roy d'Escoce y estoit ensement.
Tant a fait le message que lez le trefz deschent,
Son cheval atacha a ung pauchon briefment,
Puis vint a Ciperis devant lui en present.   1425
Haultement a parlé qu'on l'ouÿ clerement.
"Sire, Guy le Danois que tenons a regent
De toute Danemarce si loingz qu'elle s'estent
Vous envoie ce brief." Adoncques il lui tent.
Ciperis print le brief puis fist commandement   1430
Que le messagier soit servi a table noblement.
Et aprés le mengier Ciperis au corps gent
A fait lire la lettre, se vous dirai comment.
"Je, Guy de Danemarche, vous mande entierement
Qu'a tort et sans raison voulés mon tenement   1435
Mettre a destruction; et s'il est ensement,
Q'un de vos champions soit armés noblement,
Gui deffendra sa terre contre lui bonnement,
Ad fin que se le vostre est vaincus loyalment
Que vous departirés hors de son tenement.   1440
Et se Guy est vaincus ne occhis nullement
Il vous quitte la terre et quancqu'il y apent."
Quant Ciperis ouÿ la lettre plainement
Devant tous les barons a parlé haultement.
"Par foy," se dist le conte, "ad ce fait je m'assent.   1445
Qui de che lui fauldra Jhesus Christ le cravent."

52.

Joyeulz fut Ciperis quant la lettre escouta.
Par le conseil des pers le sien mand accorda

Ad fin que nulz ne soit ne de cha ne de la
Destruit; mais par ce point le poeuple on sauvera. 1450
Au messager response vistement on bailla
Et cilz en la cité tantost s'en retourna,
S'a dit a son seigneur com la besongne va,
Du champ qu'est accordé dont Guy joye mena.
Tantost sans plus attendre Guyon armer s'ala 1455
Et quant il fut armés si que bon lui sembla
La porte fist ouvrir hors du chastel vuida.
Sans personne mener en ung pré s'arresta
Et puis a haulte voix Guy le Danois cria,
"Chevalier, viens en plache qui a moy joustera." 1460
Quant Ciperis l'ouÿ forment lui ennuia,
Que si tost est venus, moult forment le prisa
Et dit que hardement ce faire lui rouva.
Adoncques Ciperis ses enfans appella
Et dit, "Lequel de vous combatre s'en ira 1465
La hors ad ce Danois, seigneurs, or y perra.
Je vous dis en certain qui vaincre le pourra
Roy sera du paÿs et toute la terre ara."
"Pere," dit Graciens, "par Dieu qui me crea,
Je feray la bataille, a moy appartendra." 1470

53.

"Pere," dit Gracien, "je doibz faire le champ,
Car le roy Dagoubert mon tayon le vaillant
M'a donnee la terre, se l'iray calengant
Contre ce champion qui le va deffendant."
Quant Ciperis l'ouÿ en son coeur fut joyant, 1475
Le champ lui accorda qui lui fu demandant.
Graciens donc s'en va d'armes appareillant
Et quant il fut armé du tout a son command
Adz barons print congié puis s'ala departant,
A Guion est venus qui le fut attendant. 1480
Quant ilz voient l'un l'aultre tost se vont deffiant,
Chascun ot lanche en feutre leurs chevaux vont brochant.
A coi[n]te d'esperons ilz se vont aprochant,
Et se fierent l'un l'aultre si se vont assenant,
Es lumieres dez helmes que fu en va sallant 1485
Et le fer de leurs lanches se vont si atacquant
Que les helmes d'achier font voler ens ou champ.

Quant les barons perchurent du fait le convenant
Tous dient l'un a l'aultre, "Veez la joustes puissant."

54.

Moult fut belle la jouste, bien le doibt on prisier 1490
Quant tout au premier coup par force de destrier
Firent leurs .ij. heaumes de leurs .ij. chiez vuidier.
N'orent sur leurs .ij. chiefz que leur coiffe d'achier.
Dont vont ly ung a l'aultre com hardis chevalier,
Leurs lanches gettent jus em my le sablonnier, 1495
Puis prennent leurs espees qu'on leur ot fait baillier,
Si en fierent l'un l'aultre sans point de l'espargnier.
Leurs visages ont nudz, moult se vont dompmagier,
Que le chault et le sang les font si traveillier
C'oncques en champ ne veistes tant de coups octrier 1500
Qu'ilz firent en peu d'hoeure, car ilz furent si fier,
Chascun en son endroit, qu'on ne savoit jugier
Lequel ot le meilleur jusques a l'acointier.

55.

Seigneurs, or escoutés pour Dieu qui tout crea,
Ja orrés grant barnage dont l'enfant s'avisa, 1505
Bien parut a celle hoeure que bon sang l'engendra.
Lors par devant Guion l'espee pammia
Si come pour le ferir son coup amont leva
D'un entreget qu'il fit et qu'il lui presenta
Si quez en avalant par petit l'acata. 1510
Et Guy de Danemarche lors s'espee haucha,
Mais li bers Gracien qui nul mal n'y cacha,
Lui fist voler s'espee, du poing lui eschappa,
Et n'a de quoy deffendre dont malement lui va.
Et li ber Gracien vistement l'embracha 1515
Au travers du cheval et puis lui escria,
"Par Dieu, vassal," dist il, "ne vous mentiray ja.
Se vous ne vous rendés mon corps vous occhira."
Quant Guion l'entendi haultement lui cria,
"Chevalier, ne m'ochis, mon corps se rendra 1520
Tout a ta volenté." Aytant le drecha
Et lui donna sa foy que plus ne le fera.
Gracien le rechupt et adonc l'em mena
Par devant Ciperis qui moult grant joye en a.

56.

Moult fut grande la joye, bien croirre le doibt on, 1525
Adz tentes et adz trez pour l'amour de Guion,
Qu'ainsi se fut rendu a Gracien le bon.
Tantost le desarmerent en pur son hocqueton.
"Vassal," dit Ciperis, "entendés ma raison.
Vous avés vostre terre perdue sans parchon, 1530
Que ja mais n'en tenrés le monte d'un bouton,
Et s'estes en peril de mort se nous voulon."
"Sire," se dist Guion, "faire en povez vo bon.
A vo voloir en est de mort ou de prison—
Ancoire ay je une niepce qui Salemonde a nom 1535
Qui est or le droit hoir devant moy, ce scet on.
Mais pour lui je gardoie la noble region."
"Amis," dit Ciperis, "ou le trouveroit on?"
"Par foy, sire," dist Guis, "elle est en ce dongon,
Moult triste et moult dolente et bien y a raison, 1540
Au jour d'huy l'ay fait povre, ja merchi n'en a on.
Bien a veü le champ et l'estour a bandon
De moy et de vo fil Gracien le baron."
Adonc lui fut rendu la ville et le dongon,
Bailliés furent les clés a Ciperis le bon. 1545
S'amena on Salemonde la niepce de Guion,
Quant Ciperis le vit bien fut lyé, se dist on.
Se lui a dit, "Pucelle, entendés que diron.
Eustes vous en vo vie acointe nul baron?"
"Nennil," dist Salemonde, "mon corps je vous fay bon." 1550
"Par foy," dit Ciperis, "ce me vient bien a bon,
Veëz chi le mien filz qui fut le champion
A l'encontre vostre oncle deffendant vo maison.
Il vous a concquesté, vous et vostre royon,
De toute la contree poeut il faire son bon. 1555
Se croirre me voulés le prendrés a baron."
"Sire," se dist Salemonde, "sans point d'arrestison
Le vouloir de mon oncle feray je a habandon,
Et le vostre ensement sans desobaïr non."
"Belle," dit Ciperis, "vostres parlers sont bon." 1560

57.

Ensement Salemonde la belle et l'eschevie
Au gré de Ciperis s'est adonc obligie.

Ne sçay que la chanson vous en fust allongie—
Par le gré Ciperis l'a Gracien plevie
Par le main de l'evesque de la cité anthie. 1565
Adonc y ot grant joye en la cité prisie,
Et l'endemain matin aprés l'aube esclarchie
Fut la belle espousee voiant la baronnie,
Et la fut couronnee de couronne jolie.
Aussi fut Gracien de la grant baronnie 1570
Qui lui firent hommage aveuc la bourgoisie,
Comme a leur droit seigneur ont leur foy fiancie.
Gracien celle nuit coucha avoeuc s'amie.
Et quant vint l'endemain que l'aube est esclarchie,
Le conte Ciperis qui tant ot seignourie 1575
Fist tantost aprester son ost et sa maisnie
Pour aler o le roy de Franche la garnie
Tout droit en Noirevuegue, celle cité prisie.

58.

Le conte Ciperis a fait sans demouree
Tost aprester son ost pour estre cheminee. 1580
Par dedens la cité qui bien estoit fermee
Voult laissier Ciperis pour garder la contree
.xiiij. sergans, chascun la teste armee.
Et en fist cappitaine Guyon chiere membree
Pour ce qu'en lui avoit preud'hommie trouvee 1585
Qui fut oncle la dame Gracien espousee.
Bien en fist son debvoir c'oncques nulle journee
Ne fourfist Gracien une pomme pellee;
Ains fust tousjours loyaux en coeur et en pensee.
Ciperis aveuc son ost n'y a fait arrestee, 1590
Ains se mettent a voie tout par mi la contree,
S'em mainent Salemonde qui fut blanche que fee.
A joie et a soulas a baniere levee,
Ont passé le paÿs ou ot mainte valee,
Tout oultre Danemarche s'entrent en Noirevueuee. 1595
La ont trouvé le roy et o lui son armee
Qui ja avoit concquis trestoute la contree,
Et il ot moult beau faire, il n'ot personne nee
Qui oncques entre eulz entrepresinst merlee.
Et la avoit le roy Flourette concquestee, 1600
La plus belle pucelle qui fust en la contree.
Ce fut la seur Feudri qui la vie ot finee,

Et ce fut soeur Galadre qui la teste ot coppee
En la cité de Londres qui tant est grant et lee.
Ciperis vint au roy en icelle journee   1605
Qui grant feste lui fit par bon amour privee.
"Beau niez," dit Dagoubert, "ne me faictes celee,
Comment le font Danois?   Sont ce gent aduree?
Sont ce bonnes gens d'armes?   Y eustes vous merlee?"
"Sire," dit Ciperis, "par la Vierge honnouree,   1610
Si tost qu'assis eüsmes une cité faimee,
C'om clame Marbasenne en icelle contree,
Ung chevalier y ot en celle cité lee—
Oncles est a la dame qui la terre est donnee—
Cil print champ et requist et par foy creantee   1615
D'un homme contre lui au fer et a l'espee.
Et de par moy lui fu la bataille accordee.
Et Gracien vo niez le concquist a l'espee,
La merchi Damedieu si en a concquestee
La plus belle danselle de toute la contree.   1620
Se l'a par bon amour a sa femme espousee,
Dont il a du paÿs la teste couronnee."

59.

Moult fut roy Dagoubert resgouÿs grandement
Quant il ot Ciperis recorder tellement
Le fait et le maintieng du dansel reverend,   1625
Gracien le gentil ou tant ot hardement.
Adonc le noble roy si dit ignellement,
"Je voeul veoir la belle Salemonde au corps gent."
"Sire," dit Ciperis, "se le verrés briefment."
Adonc s'en departi tost et appertement,   1630
Jusques ou elle estoit n'y fist arrestement.
La trouva le sien fil o sa femme en present.
"Or sus," dit Ciperis, "faictez tost, venés ent
Parler au roy de France.   En sez trez vous atent.
S'i amenés o vous vo femme proprement."   1635
"Sire," dit Gracien, "a vo commandement."
Adonc s'appareilla la dame gentement,
Puis fut elle montee sur ung mul noble et gent.
Ciperis les conduit bien gracieusement,
Jusqu'a la tente au roy n'y font arrestement.   1640
Et quant le roy ouÿ le grant tambourement
De son trés est issus o lui chevalier cent.

Quant il vit la beaulté Salemonde au corps gent
Moult prisa la rouÿne qui tant ou bel jouvent.
Lors dit en lui meïsmes tout bas et clerement, 1645
"Je doibz bien loer Dieu de coeur parfaictement
Quant Ciperis ot oncques ma fille o le corps gent,
Quant de lui est issus si bel engenrement
Que .xvij. filz marles plains de grant hardement,
Tous venront a honneur, Dieu le voeult et consent! 1650
Et par la foy que doy le Pere omnipotent
S'il me debvoit couster la vie plainement
Et quancques j'ay vaillant en France entierement,
Chascun tendra royalme ou paÿs bel et gent.
Car quant on voit ung homme qui a bien faire entent 1655
On lui doibt mieulz aidier, se dient sagez gent,
Que ceulz qui de bien faire n'ont vouloir ne talent.
On dit, 'Tant vault ly homs, tant vault son tenement'."

60.

Seigneurs, ainsi disoit Dagoubert le loés,
A par lui devisoit ainsi que vous oez. 1660
Grant joye ot a son coeur, aussi ot ly barnez,
Quant il voit la noblesse des princes naturez
Et perchupt ses nepveux qui sont d'un drap parés
Et qui se font valoir par estre bien prouvés.
Ou qu'i voit Salemonde ou tant ot de beaultés 1665
Il est encontre lui moult liement alés.
Ains que jus de sa mulle fust son corps desmontés
Le prinst le noble roy par mi les .ij. costés
Et le mist jus a terre, puis le mainne a sez trez.
Et lui a dit, "Danselle, a bien soit vo corps nez! 1670
Je vous ayme forment de bonnes amistés
Pour l'amour mon nepveu qui est vo avouez."
"Sire," dit Salemonde, "Dieu vous en sache grez
Et vous octroit honneur, reverence, et santés,
Et de quancqu'il m'avient soit Jhesus aourés." 1675
Au plus prés de Flourette fut son corps aposés,
Ore est Gracien a Salemonde mariés.
Et si ara Flourette Bouchiquaux le senez,
Et si sera roy de Noyrevueugue couronnés,
Se gardera sa terre au branc d'achier ferrés. 1680

61.

En la tente du roy qui bien estoit ouvree
Fu la belle Flourette a Bouchiquault donnee
Et la joye fut grande en icelle journee.
La fut ung archevesque qui fut de Noirevuee,
De la cité d'Alge, ainsi estoit nommee. 1685
Chilz fit le mariage, s'ot la messe chantee,
Riches furent lez noepces a icelle journee.
Ne sçay que vous en fust la chanson arrieree.
Bouchiquaux jut la nuit avoeucques s'espousee.
Le roy a fait mander sans nulle demouree 1690
Les barons du paÿs qui orent rellevee
La terre a Bouchiquault et leur foy creantee.
Ce jour ot Bouchiquault la danselle honnouree
Et lui fut la couronne dessus le cief posee.
Du bon roy Dagoubert qui tant ot regnommee, 1695
Des contes et dez ducz de icelle contree,
Et dez pers du paÿs fut feaulté juree,
Comme a leur droit seigneur lui aront foy portee.
Et leur dame ensement fut ainsi ordonnee.
Ens és gens du paÿs ne fut point reprouvee 1700
Qu'ilz eüssent leur foy devers le roy faulsee.

62.

Or vous diray du roy et du riche barné
Qui fist errant crier tout par mi la cité
Que tous ceulz qui estoient avoeucques lui passé
Fussent trestous adz tentes garnis et conraé 1705
Pour entrer au navire qui estoit ordonné.
Aler voeult sur Frisons qu'il avoit prins en hé,
Et dit que ne retourneroit ja mais en son aé
Si aroit le paÿs de Frise concquesté
Pour Enguerran son nepveu a qui l'avoit donné. 1710
Et on fist son command, nulz ne l'ot reffusé.
Es vaissaulz sont entrés, au vent sont esquippé,
Moult fut beau le navire et du long et du lé.
Et moult ot Dagoubert sez nepveux en chierté
Qui faisoit telle emprinse pour eulz avoir monté. 1715
De .v. royalmes grans ainchois que concquesté
Fussent leur en fist don, c'est bien la verité.
Au gré de Jhesus Christ fut le fait achevé

Voire plus la moictié qu'il n'en avoit voué.
Car Dieu et leur bon droit et bonne volenté 1720
Lez tenoit en vertus et en prosperité.
Et on dit ung parler qui bien est averé:
"Cilz que Dieu voeult aidier ne poeut estre gravé."

63.

Belle fut le navire et noble a regarder
Qui cingloit a plain tref par mi le haulte mer. 1725
Tant se voult le navire esploitier et haster
Que tout droit dedens Frise se voulrent aäncrer,
Vers la cité d'Escalez, ainsi l'ouÿ nommer,
Moult y ot riche lieu et fort a entamer.
Adonc en print le roy briefment a appeller 1730
Les nobles maronniers et leur voult demander
Quelle cité ce fu que la pot adviser.
Lez maronniers respondent, "Escale se fait nommer,
C'est le maistre cité de Frise au vrai compter.
Et se vous puis pour vray bien dire et affier 1735
Que tant que le chiel poeut la terre avironner
N'a plus fellonne gent, c'est pour certain et cler.
Faulz traîtres malvais, telz les poeut on prouver."
"Par foy," se dit le roy, "s'en font mains a amer.
Au deable d'enfer puissent telz gens aler." 1740

64.

Moult fut roy Dagoubert esbahis durement
Quant ouÿ des Frisons compter tout l'errement.
"Par foy," se dit le roy, "se je puis nullement
Ainchois que je m'en parte il ira aultrement."
Lors fist roy Dagoubert commander a sa gent 1745
Que tous issent dez nefz hault et bas ensement
Et que chascun se loge bien appertement
Tout autour la cité avironneement.
Si qu'il n'y peust venir avaine ne fourment,
Ne pain, ne char, ne vin pour conforter leur gent, 1750
Et chascun fist du roy tout le commandement.
Tant y drecherent trez et tentes ensement
C'on ne veoit que trez relluisans come argent.
Quant ceulz de la cité voient le couvenent,
Si orent a conseil ensemble d'un assent 1755
D'envoyer ung message pour sçavoir l'errement.

Adonc part le message sans nul delaiement,
Tout jusquez en l'ost de France n'y fist arrestement.
Le roy a demandé, on lui mena briefment.
Quant le messagier choisi, si lui dit haultement, 1760
"Sire, la gent d'Escale tout d'un commun assent
Vous envoient ce brief." Adonc le roy le prent
Et manda son conseil. Ciperis vint briefment
Et tous ses .xij. pers et plenté d'aultre gent.
La peuissiés veoir ung noble parlement, 1765
Car tousjours d'unne part se traient riche gent.

65.

Seigneurs, quant assamblés furent tous ly baron
Ens ou tref Dagoubert le riche roy de non,
"Seigneurs," dit Dagoubert, "vechi un quarengon
Que ceulz de la cité nous envoient par nom. 1770
Faictez lire la lettre, si orrons la raison."
La lettre fut ouverte sans point d'arrestison.
"A vous, roy Dagoubert, et trestous ly barons,
Frisons mandent ainsi qu'a tort et sans raison
Lez venés guerrier dedens la region. 1775
Et c'oncques ne mesfirent envers vous ung bouton,
Et se meffait avoient par quelque mesprison,
Prestz seront d'amender par juge de raison
Pour ung denier cent solz et plus s'il est beson.
Et si vous mandent ore en supplicacion 1780
Qu'ilz n'ont roy ne seigneur forcques le roy Jhesom,
Et que leur roy morut en France le royon,
Et s'il avoit mesfait a roy ny a baron,
Ce n'est mie leur fait, n'en donnent ung bouton,
A eulz n'en doibt venir ne noise ne tenchon. 1785
C'est toute leur response, pregnés advision."
"Par foy," se dist le roy, "ne leur vault ung bouton.
Ad ce que puis veoir ilz sont fel et felon
Se tant que leur seigneur regnient en parchon.
Or leur faictes escripre sans point d'arrestison 1790
Qu'ilz rendent la cité ou les clés habandon;
Et qu'ilz viengnent a moy en pur leur pellichon
Rendre a ma volenté ainsi me vient a bon.
Et s'ainsi ne le font, que nous les deffion."
Adonc fut lors escripte tout leur oppinion, 1795
Au message delivrent sans point d'arrestison.

Quant le mez tint le brief il se mist a troton
Jusquez en la cité n'y fist arrestison,
Au palais descendi droictement au perron.
Adz bourgois de la ville donna son carengnon.
La trouverrent response dont n'eurent se deul non
Pour la grant cruaulté que mandé leur ot on.
Moult furent esbahis en la cité frison.

66.

Quant ouïrent le mand et le grant cruaulté
Qu'i se rendent au roy a faire tout son gré,
La furent au conseil et ly ung a parlé
Et dit, "Seigneurs bourgois, vous diray verité.
S'on nous rendons au roy ce fera foleté,
Car nous ne savons que il a empensé.
Nous sommes en richesse grandement regnommé,
Et se dient Franchois que moult sommes moeublé,
Et ilz sont couvoiteux par leur grant malvestié.
Nous feroient souffrir grant paine et grant griefté
S'ilz avoient sur nous aulcunne auctorité.
Assés avons cheans et pain et vin et blé,
Et de la char de Frise et maint bacon salé,
De quoy nous viverons moult bien tout cest esté.
Si envoions messages par tout le royalté
En Frise hault et bas a la communaulté
Et a tout gentilz hommes qui d'honneur sont paré,
Par tout ou on les poeut savoir, n'avoir trouvé,
Et que nous leur donrons sauldees a leur gré.
Ainsi arons nous gent tout a no volenté.
Et se manderons au roy sans avoir arresté
Que il nous baille tresve ung .xv.ne passé,
Et que bataille par nous lui sera delivré.
Et par telle maigniere que se ilz sont maté
Ilz s'en iront de chi sans avoir retourné.
Et se nous le perdons, pour dire verité,
Nous nous mettrons tous a faire sa volenté."

67.

Seigneurs, or entendés pour Dieu omnipotent.
Car ceulz de la cité envoient esraument
Ung message d'Escale tost et ignellement.
Jusqu'a la tente au roy n'y fist arrestement,

Si tost qu'il vit le roy si lui dit esraument, 1835
"Tous nos seigneurs de Frise vous mandent ensement
Que vous leur donnés trevez .xv. jours soeulement,
A tel fin se dedens le jour nommeement
N'ont secours si tres grand et de si bonne gent
Que pour vostre ost lever et chachier a tourment, 1840
Et combatre vers vous encontre vostre gent,
Et se de che desfaillent il vous aront couvent
A rendre la cité, leur or, et leur argent,
Et leur corps a bandon pour faire vo talent."
"Messagier," dit le roy, "vous dirés a vo gent 1845
Que de tel chose faire n'ay empensé noient;
Se je n'en ay hostages bien et souffisaument
Pour quoy faillir ne puissent de tenir couvenent.
Alés et se leur dictes, n'en ferai aultrement."
Adonc le messagier a fait departement, 1850
A la voie s'est mis tost et appertement,
Jusquez a la cité fist arrestement.

68.

Or s'en va le message qu'il ne s'arresta mie.
Vers les seigneurs ala, se leur dist la maistrie,
Que le roy des Franchois ne s'acordera mie 1855
Se si tres bons hostages il n'a en sa baillie
Que bien lui puist souffire et a sa compaignie.
Et quant tous les Frisons ont celle parolle ouÿe
Li uns a l'aultre dit, "Par la Vierge Marie,
En ces raisons ychi n'y a que courtoisie. 1860
Delivrons lui hostages tout a sa comandie
Qui soient souffisans, car nous ne povons mie
Attendre longuement; vitaille est amenrie.
Et bien povons sçavoir qu'elle sera faillie
Ainchois que ja mais soit la quinsaine acomplie." 1865
Adoncques s'accorderrent toute la bourgoisie,
Sus les crestiaux monterrent les bourgois sans detrie.
Li ung d'eulz vistement son chapperon baillie—
Ce fut segniffiance qu'on ne leur traye mie
Et que parler vouloient au roy par courtoisie. 1870
Le roy sot la nouvelle qu'elle lui fut nunchie.
Voulentiers y ala, s'ot en sa compaignie
Marcus le duc d'Orliens qui tant ot vallandie.
Sur les fosses sont trais et Ciperis leur crie,

"Seigneurs, que voulez vous?   Or soit vo voix ouÿe."   1875
Dont dit leur cappitains qui fut de grant lignie,
"Nous vous baillerons gens des plus de no maisnie,
Trestoutes gens de nom en fait de plesgerie,
Ad fin se nous avons ne secours ne aÿe
Dedens celle quinsaine que avons establie   1880
Pour livrer contre vous bataille et arramie,
Nos hostages rarons sains et saufz et en vie
Si tost que vostre gent y sera desconfie.
Et se n'avons secours si qu'ay dit aultre fie
Nous renderons la ville tout a vo commandie,   1885
Nos corps et nostre avoir du tout en vo baillie
Si qu'il est devisé et par foy fianchie.
Et se nous en fallions que no foy fut mentie,
Se faictes dez hostages tout a vo commendie."
"Par ma foy," dit le roy, "et je le vous octrie."   1890

69.

Ainsi fut des .ij. pars accordé le respis—
Quisaine soeulement, aprés sont departis
Cinquante bourgois riches de la cité de pris.
Le roy les fist mener en l'ost par ses subgis
La furent bien gardés, de ce soiés tous fis.   1895
Or lairay dez hostages, se tourneray mes dis
Adz messagiers qui vont tout par mi le paÿs
Pour avoir le secours en confortant les Fris.
Tout par mi l'Alemaigne ont fait et bans et cris
Que nobles et non nobles, armés et fer vestiz,   1900
Qui a sauldees voeulent gaignier flourins massis
Soient tost a cheval prest et emmennevis
Pour estre en la quinsaine en la cité de pris.
Tout premier est venus ung fort duc posteïs—
Sire fut d'Austerice et de tout le paÿs—   1905
O lui Austerisois .x. mille bien garnis,
Le seigneur de Hollande qui ot a nom Henris,
Et tant d'aultres barons que n'en sçay le devis.
Et par droit compte fait en armes establis
Furent .lx. mille pour secourre les Fris,   1910
Tous armés et montés sur bons chevaulz de pris.
Or se poeut bien vanter Dagoubers ly eslis
Qu'il ara la bataille ains qu'i soit .xv. nuis.

70.

Moult fu beau le secours et armés richement.
A la voie sont mis trestous communaument, 1915
Tant esploitent les ostz entre eux si forment
Qu'a .ij. lieues petites prinrent herbergement,
Prés de l'ost Dagoubert qui garde ne s'en prent.
Mais le conte Ciperis ouvra d'un aultre assent
Car il avoit espies avironneement 1920
Pour ouïr et savoir tout le contenement
C'on faisoit au paÿs a tous lés plainement.
A lui revint l'espie a ung anuitement
Se dit a Ciperis, "Je vous ay en couvent
Que demain au matin sans point d'atargement 1925
Arés vous la batille et grant hustruement,
Car vecha le secours qui vient hasteement
De .lx. mille hommes tant sont cilz bien de gent
Pour Frisons secourir bien et hardiement."
Quant Ciperis l'ouÿ bien lui vint a talent. 1930
Au roy Dagoubert dit, "Or nous va gentement,
Car point ne nous faulra chi jocquier longuement.
Demain arons l'assault, je le sçay vraiement,
Car Allemans nous viennent armés a leur talent,
Frisons et Hollandois et plenté d'aultre gent." 1935
"Dieu en soit aourez," dit le roy haultement,
"Ordonnons nos batailles si tres faitichement
Que gaber ne s'en puissent nostre anemie gent.
J'aime mieulz la bataille que leur accordement."
"Sire," dit Ciperis, "je vous dirai comment 1940
Vos batailles seront menees bonnement,
Car on ne poeut sa chose faire trop sagement."

71.

"Bon roy," dit Ciperis, "savés que vous ferés.
Aveucques vous seront Rommains bien adoubés,
Et tous les Sesillois dont bien estes amés, 1945
Lombars et Genevois qui scevent traire assez.
Entre vous et tous ceulz que j'ay chi devisés
Garderés le cité et au devant irés.
Et je aray mes hommes o moy se vous voulés
Et trestous mez enfans qui tant sont alosés." 1950
"Par ma foy," dit le roix, "ja desdit n'en serés."

Ainsi fut leur affaire bastis et ordonnés.
Or viengnent Allemans hardiement bien prés,
Car ilz seront rechups adz bons brans acherés.
"Enfans," dit Ciperis, "sçavés que vous ferés. 1955
Vous venrés maintenant.   Nos anemis mortez
A deux lieuez de chi sont ennuit hostelés.
Or gardés sur les yeulz et sur quancques maniés
Que vous ne soiés mie pour paour reculés,
Car ce seroit pour vous trop grande mehetés 1960
Et de tous gentilz hommes en seriés gabés.
Se vous prie pour Dieu que vostre honneur gardés."
"Pere," font les enfans, "n'en soiés ja doubtés,
Car nulz n'y a de nous ne soit entalentés
De bien faire en l'estour si comme vous verrés." 1965
Telle gait fit le nuit Ciperis le doubtés
Jusquez a l'endemain que il fut ajournés.
Il ordonna ses hommes et les a doctrinés.
Dont ne demoura guaires, se dit l'auctoritez,
Que leurs anemis vinrent en moult grant fiertés 1970
Que a .ij. lieuez estoient celle nuit hostelés.
Et tant ilz s'esploitierent qu'ilz se sont encontrés.

72.

A l'assambler des ostz fut grande le tenchons
Et le abateïs et le defoulisons.
Lez hoirs de Vignevaux si crient a haulz sons, 1975
Tous par mi la bataille brochant des esperons.
Ung conte d'Alemengne qui fut conte dez Mons,
Fier estoit et crueux et hardi q'uns lyons,
Entre les rens se boute car son cheval fut bons.
Tout par devant les aultres le vit venir de longz 1980
Gracien le Danois qui fut fier champions;
Contre lui esperonne, la font assamblisons.
Gracien brandit la lance qui bel fut le penons,
Au conte en est venus qui point ne fut garchons.
Gracien lui a dit, "La jouste demandons 1985
Ychi encontre vous, se nous esprouverons."
Adonc poingnent ensemble par tellez contenchons
Que si bien ont feru par dessus leurs blasons,
Qu'a terre trebucha le conte de regnoms,
Qu'a peu quant il cheÿ n'eust son col trestous romps. 1990
Adonc lui mesavint, si que dit le chanchons,

Qu'il fut prins et saisi tout maulgré ses barons,
Car li bers Gracien le print, si que lisons,
A son pere l'envoie tantost par ses barons,
Quant Ciperis le voit ains tel joye n'ot homs. 1995

73.

Quant le duc d'Austeriche la parolle escouta
Que le conte fut prins a peu ne foursena.
Dont dit par celui Dieu qui la mort endura,
Que li bers Graciens, s'il poeut, le comperra.
Celle part va brochant ou trouver le cuida, 2000
Bien fut apareillié qui tost le enseigna.
A Gracien s'en vint, moult fort le mennecha,
Et li bers Graciens point ne le reffusa.
D'unne espee a deux mains tellement le frappa
Que la teste en .ij. pars lui fendi et coppa, 2005
Le corps cheÿ a terre et l'ame s'en ala.
Lors enforcha le cry et la noise monta.
Qui donc veïst les freres et de cha et de la
Enforchier la bataille chascun esperonna.
Quant Allemans lez voient chascun s'en esmaya, 2010
Et dient l'un a l'aultre, "Quelz dyables amena
Si faictes gens en Frise?   Mal ait qui les porta!
Je croy que ce sont deables, a eulz ne durrons ja."

74.

Moult furent Allemans courouchiés et dolent
Quant ilz voient lez freres maintenir ensement. 2015
Bien scevent qu'ilz avoient mis le ducq a tourment
Dont les Austerichois s'esbahirent forment.
Le conte de Holande escria a sa gent,
"Ferés avant, baron, ilz ne dureront noient.
Ilz sont ja traveilliés du grant hustinement, 2020
Se ne pourront durer mie trop longuement."
Dont enforcha le cris et le tournoiement.
La peüist on veïr les banieres au vent,
Et chevaliers cheïr et verser a tourment,
Et ces chevaulz courir par ces champs radement 2025
Dont lez maistres gisoient tous mors aux prés senglent.
Or lairay dez enfans qui tiennent le content,
Diray de Ciperis et de son hardement.
Quant il vit ses enfans prouver si vaillaument

Qu'i n'y faloit fors eulz pour ceulz mettre a tourment, 2030
Il a prins .x. mille hommes dez meilleurs de sa gent,
Se les enclost derriere malicieusement,
Si que du retourner n'aront nul aisement.
Or furent ilz enclos advironneement,
Assallis de .ij. lés si vertueusement 2035
Qu'il n'y ot Allemant ne Baviere ensement
Qu'il ne voulsist bien estre dedens son casement
Se fussent les Frisons tous encroés au vent.
Bien voient que pour eulz ilz mourront a tourment.

75.

Quant Allemans se voient enclos de tous costés 2040
Sachiés qu'il n'orent mie toutes leurs volentés,
Car morir lez couvint, n'en furent respités.
Moult furent court tenus, c'est fine verité,
Du pere et des enfans qui y sont acharnés.
Or diray dez Frisons qui furent enfaimés 2045
En la cité d'Escale dont forte est la fretés.
Ilz furent tous d'acord qu'i d'issir fer armés
Quant voient le secours qui ja estoit merlés.
Bien furent .xvi. mille par droit compte nombrés,
Escuiers, que bourgois, que chevaliers membrés. 2050
Ilz ouvrirent les portes, s'ont leurs pons avalés,
Mais du roy Dagoubert furent ilz rencontrés,
Pour garder la cité estoit bien ordonnés.
Si tost que Frisons yssent arengiés par lez prés,
Franchois lez assalloient vistement a tous lez; 2055
La fut grant la bataille et le mortalités.
Trestout le premier homs qui fut la tourmentés—
Ce fut le cappitains qui Rigault fut clamés,
Droit au pié de leur pont fut il mort et finés.
Le fort roy Dagoubert fut richement armés 2060
Et par dessus tous aultres noblement aornés.
Bon cheval l'emporta par moult grand fierté,
Ce qu'en sa voie troeuve fut a terre enversé.
Moult y fut celui jour en l'estour regardés
Pour la grande proesse dont fut enluminés. 2065

76.

Moult par fut Dagoubert monté notablement
Et avoeuc la noblesse se maintint fierement.

Quant Frisons l'aperchurent monté si richement
Tous se traient ensemble vers lui yreement,
La renforcha la noyse et le tambourement. 2070
Qui veïst Dagoubert manier fierement
Son espee a .ij. mains et ferir radement,
A l'un trenche lez bras, l'aultre son chief pourfent.
Tout quant qu'il encontra mist a definement,
Nulz homs ne l'aprochoit ne l'abatist senglent. 2075
Et quant est empressés de la frisonne gent
Ses chevaulz gette a mort si tres hideusement
Qu'il n'ataindoit cheval qu'il n'eüst son paiement.
Et si tost que Frisons voient ce convenent
N'aprochassent le roy pour or ne pour argent. 2080
Et les barons de France sievoient radement
Le bon roy Dagoubert en combatant forment.
Mais le roy de Bretengne, Salemon o corps gent,
Et le duc de Bourguongne qui tint grant tenement,
Et le conte d'Estempes a la dure talent, 2085
Ces trois princes d'accord, tous d'un assentement,
En tant que la bataille duroit plus mortelment,
Se sont trais vers la ville en combatant forment.
S'entrerrent en la porte que mieulz mieulz radement.
Les guaites qui la furrent ochirent a tourment, 2090
Puis ont prins la baniere du roy ou France appent
Se le mirent tout hault au maistre mandement.
Dont mirent a l'espee quant qu'ilz troeuvent de gent
Fors femmes et enfans, ceulz ne tuerrent noyent.

77.

Or furrent lez trois prinches entrés en la cité 2095
Les banieres du roy ont contre mont levé.
Bien lez vit Ciperis du grant estour morté
Ou il ot Alemans enclos et enserré,
Qu'aler ne s'en povaient d'un ne d'aultre costé.
La fut grant ly butins et la mortalité, 2100
Et le occhision et le grand cruaulté.
Car lez .xvij. freres furrent si acharné
Sur les Austerichois qu'il en ont tant tué
Que le sang en couroit tout contre val le pré,
Et les mors y gesoient si tres dous enversé, 2105
Qu'a grant paine y estoient les chevaliers passé.
Dieu, comme lez carbonniers si furent bien prouvé!

Et par dessus lez aultres Hellie le membré.
Une hache tenoit dont le taillant fut lé,
Il n'ataint homme nul que il n'ait aterré.　　　　　　2110
Chascun le redoubtoit, tous se sont destourné,
Et tous ses compaignons s'i sont bien ordonné.
Que vous aroie jou le chanson arrieré—
De .lx. mille hommes qu'ilz orent amené
N'en eschapa point mille qui ne fussent tué.　　　　　2115
Le conte de Holande y fut emprisonné,
Et le conte de Mons dont j'ay devant parlé,
Que contes, que marcquis en ont .vij. affiné
Et leurs hommes destruis, leur avoir concquesté,
Chevaulz et armeüres, maint denier monnoyé.　　　　 2120
Oncques mais jour n'ouïstes telle mortallité
Que firent les enfans Ciperis le doubté.
Quant ilz orent du tout les Alemans maté,
Vers la bataille au roy s'en furrent retourné.
La furent les Frisons tellement empressé　　　　　　2125
Qu'ains ne tinrent conroy, ainchois s'ont reculé.
Pour entrer en la ville avoient empensé,
Mais cela fut pour nient, le pas est estouppé.
La furrent cellui jour tous mors et desbarté.
Puis ont les nobles freres au bon roy delivré　　　　 2130
Les .ij. seigneurs allemans qui furent attrapé.
L'un fut conte de Mons, s'en tenoit l'hireté,
L'aultre quens de Hollande qui est paÿs poeuplé.
Et quant le roy les voit s'a grant joye mené,
Ses nepveux merchia de bonne volenté.　　　　　　　2135

78.

Seigneurs, or entendés pour Dieu et pour son nom.
Encontre la vespree que fina la tenchon
Furent tous mors ou prins Allemans et Frison
Fors ceulz qui eschapperrent par leur pocession.
La cité fut concquise ou avoir ot foison,　　　　　　 2140
Car par dedens estoit le bon roy Salemon
Et le conte d'Estampes et le duc bourguignon.
Or vous diray du roy qui Dagoubert ot nom
Qui fist crier par l'ost a trompes de laiton
Que chascun voit au gaing pour avoir sa parchon,　　2145
Et qu'o lui au souper soient tous lez baron,
Roix, ducz, contez, et princhers dedens son pavillon.

Car le roy les vouloit tous veoir en fachon.
Le mengier fust tout prest et l'yaue corna on.
Le roy s'assist prumier car bien y ot raison, 2150
Les prinches ensievant tout a leur habandon.
Dont furent amenés les prisonniers frison,
Le conte de Hollande et le conte dez Mon,
Et les .l. hostagiers de la cité de nom.
A une haulte table prés du roy lez mist on 2155
Et la fist amener le bon roy de regnom
Toutes les .v. rouÿnes qui sont de leur parchon
Qui furent au navire tant que siege tint on.
C'est la rouÿne engloise qui Hermine ot a nom,
Femme le roy Guillame, filz Ciperis le bon; 2160
L'aultre Aellys d'Yrlande, femme Amaurri le bon;
Et Simonne d'Escosse, femme a ung dansillon
C'on appelle Paris qui tant ot de regnom.
La quarte fut Flourette a la clere fachon
Qui tint de Noyrevuegue le royalme en son nom, 2165
Si en avoit fait roy Bouchicquaut le baron.
Et le .v.me fut Salemonde au crin blon,
La femme Gracien, Danemarce ot en don.
Ces .v. furrent rouÿnes, leurs maris roix par nom,
Toutes furent mandees au riche pavillon. 2170
Le bon roy Dagoubert qui tant estoit preud'hom
Lez fist seir devant lui toutes .v. habandon,
Et les a fait servir en consolacion.
Et quant lez prisonniers voient l'establison,
Se dient l'un a l'aultre coyement a bas son, 2175
"Moult est ce roy puissant et de noble regnom
Et s'est gentil de coeur, a l'estat le voit on."

79.

Moult fut grande la joye que le roy demena
Tout devant lez barons o les dames menga.
Ses prisons fit servir, noblement empensa, 2180
Et leur a dit, "Seigneurs, ne vous esmaiez ja.
Ains faictes lye chiere, car on a dit piecha,
'Mieulz vault prison que mort,' bien y pert et perra,
Car telz est en prison qu'encoire en ystera.
Mais ly homs qui est mors ja mais ne revendra." 2185
Ainsi le noble roy ses prisons conforta.
Quant vint aprés soupper chascun reposer va,

Jusques a l'endemain que le solail leva
Que le bon roy de France en la cité entra.
Entre lui et ses princes qu'en la cité mena 2190
Mais le roy Dagoubert point ne s'i arresta.
Ung moult riche menger ce jour il appresta.
Et vous diray comment le bon roy esploita.
Ainchois qu'il s'asseïst Dagoubert commanda
Que tout noble et non noble qui en son ost est la, 2195
Et tous les cappitaines qui son ost gouverna,
Soient tous aveuc lui pour savoir c'on fera
Dez .l. prisons qu'on lui fourhostaga.
Et les barons y vindrent que nulz n'y demoura.
"Seigneurs," ce dist le roix, "avisés qu'on fera, 2200
Premier des ces .ij. contes quel chose en convenra."
Au conte Ciperis tout premier demanda
Quant ses enfants les prinrent s'on leur couvenencha
A leur vies sauver, "Dictes comment en va."
Quant le roy l'entendi adoncques dit luy a, 2205
"Sire, se m'aïst Dieu, oncquez on n'en parla.
Chier furent acatés, chascun bien s'i prouva.
Ils sont bons hommes d'armes, ne les blasmerez ja.
Faictes ent vo vouloir et ce qu'il vous plaira,
Mais cil fera dompmage qui telz gens destruira." 2210
Adonc le roy de France Therri en appella,
Le conte de Hollande, et se lui demanda
S'il n'avoit nulz enfans en son paÿs de la,
Et le conte respond, "Sire, mon corps y a
Une dez belles filles que veïstes piecha. 2215
Elle ot a nom Avice quant on le baptisa.
Le conté de Hollande de son droit avera."
"Conte," se dist le roix, "on vous delivrera
Sain et sauf et vivant ainsi qu'on vous dira.
Vous me donrés vo fille et on le mandera 2220
A faire mon vouloir et ce qu'il me plaira."
"Sire," se dist le conte, "mon corps l'accordra.
Je feray une lettre qu'on y envoirra,
Bien sçay se je le mande qu'a mon vouloir venra."
"Conte," se dist le roy, "bien ait qu'ainsi parla." 2225
Adont y fit la lettre au messagier le bailla,
Pour Avice amener, a Siresse envoya.

80.

Or s'en va le message a Siresse l'anthie
Qui en Hollande siet, une cité prisie,
Pour querre la pucelle a la fache polye. 2230
Or vous diray du conte de Mons une partie.
Le roy l'arraisonna et dit par aramie,
"Conte, vous estes prins non point sauve vo vie.
Mais tout a mon vouloir et a ma commandie
Pour vivre ou pour morir j'en ay la seignourie, 2235
Pour l'honneur Ciperis que mon corps ne het mie
Et de sez beaux enfans que j'aime sans faintie,
N'arez garde de mort ne nulle villonnie,
Fors tant que vo renchon vous sera denunchie.
Veés chi mon nepveu Enguerran chiere lye 2240
A qui j'ay donné Frise et la grant seignourie,
Je voeul qu'il en soit roix ainchois ma departie.
Or voeul que vous aiés a lui vo foy plevie
Que ne lui mefferés ja mais jour de vo vie
Chose qui lui puist nuire ne a sa baronnie, 2245
Ne ja mais contre lui n'arés helme vestie.
Et si lui venoit guerre en aulcune partie
Que vous lui ayderés a toute vo maisnie,
Et le conforterés s'il a mestier d'aÿe."
"Par ma foy," dit le contes, "et je le vous otrie. 2250
Et se je vous en fail, Jhesus Chris me mauldie."
Or diray dez hostages de la cité anthie—
.l. bourgois furent de moult haulte lignie.
Le roy lez fist venir en sa sale prisie
Et leur a dit, "Seigneurs, vostre mort est jugie. 2255
Vous sçavez bien comment vo chose estoit tallie
Que s'en .xv.ne n'est la nostre ost dessiegie
Et levee par forche riens n'estoit de vo vie.
Non pourquant vous sera vostre mort respitie,
Se vous dirai comment voiant la baronnie." 2260

81.

"Seigneurs," se dit le roix, "sçavés que vous ferés.
Point n'avés de seigneur dont soiés gouvernés,
Se vous en donray ung qui est de m'amistés.
Il est fil de ma fille, Enguerran est nommés,
Filz est a Ciperis qui tant est allosés. 2265

Se vous povés tant faire par vo grant poestés
Que tous ceulz qui gouvernent et chastiaux et cités,
S'ilz voeulent obaïr a faire tous mez grez,
Et envers mon nepveu ainsi que vous orrés,
Je vous clameray quittes que nul mal n'y arés." 2270
Et cilz lui ont dit, "Sire, nous ferons vos pensers.
Par nous sera rechups et servis et amés
Ne ja ne lui ferons mal ne adversités."
A icelle parolle que vous ouÿ avés,
Adonc vechi Avice ou grant fut la beaultés, 2275
La dame de Hollande qui monta les degrés,
Lui .xij.e de dames ou moult ot de beaulté,
Avice la pucelle dont vous parler oés.
Si tost que de lui fut Dagoubert advisés
A genoulz se geta car moult sot d'honnestez, 2280
Et dit, "Ce Jhesus Chris qui en croix fut penés
Gard le roy et lez princes qui chi sont assamblés."
Quant le roy le perchupt se lui dit, "Sus levez.
Vous soiez bien venue et cez dames autelz."
Et puis lui dit, "Ma belle, d'encoste moy seés, 2285
Se vous diray pour quoy vostre corps est mandés.
Veés chi mon nepveu qu'Enguerran est nommés,
Tout le paÿs de Frise s'est a lui accordés,
Roix est et souverains, tous lui ont fait feaultés.
Or n'a il point de femme, ne point n'est mariés, 2290
Et veés chi vo pere qui bien s'est adonnés
Que soyés mariee tout a ma volenté.
Se vouldroie moult bien ouïr tous vos pensers."
"Sire," dit la pucelle, "Dieu vous en saiche grés.
Au vouloir de mon pere s'est mon corps adonnés. 2295
A bonne hoeure fut oncques le mien corps allevés,
Quant a si noble prince pourra estre assené."
Ne sçay que vous en fust plus long plait devisé—
Le evesque d'Escales fu la esrant mandé.
La fut le seigneur plevis et puis fut espousés 2300
A la pucelle Avice dont le corps fut senés.
Et la furent de Frise trestous deux couronnés
Dont fut grande la joye et la solemnités.
Ens au palais haultain fut le digner cornés,
A table sont assis, et le roy couronnés 2305
Fist chascun aseoir, le lieu fut tout poeuplés.
Par sales, par vergers sont gens a tous costés.

Toutes lez .vi. rouÿnes ou tant ot de beaultés
Sirent au maistre doy, la fu fait le digners.
De plus belle assemblee ja mais parler n'orrez   2310
Qu'il ot ce jour en Frise, moult fut grant le barnez,
Et Dagoubert gentilz qui lez ot assamblés.

82.

Seigneurs, or entendés pour Dieu omnipotent.
Avoeuc roy Dagoubert qui tant ot hardement
Furent lez .vi. rouÿnes assises noblement,   2315
Ciperis et lez princes trestous communaument.
Et les .vi. roix servoient moult gracieusement,
Bouchiquaut, Gracien, et Guillame au corps gent,
Paris, et Amaurris, Enguerram ensement.
La estoient venus trestous par mandement   2320
Chevaliers et bourgois de Frise entierement.
Et la firent hommage et orent en couvent
Au bon roy Enguerran a faire son talent.
Ja mais ne lui fauldront pour morir a tourment,
S'en firent leur debvoir et bien et lealment   2325
C'oncques ne lui faillirent depuis nesunement.
Adonc furent en joye et en renvoisement,
Mais ainchois qu'il fut nuis, ce vous ai je en couvent,
N'y ot ne roy, ne duc, ne prince, ne regent
Qui ne fut esbahis, se vous diray comment.   2330
Seigneurs, a celui jour dont je fay parlement
Regnoit ung empereur qui tint grant tenement.
D'Alemengne fut sire si loingz qu'elle s'estent,
Mais Romme n'avoit mie a son commandement.
Car le roy Esmerez a celui temps present   2335
Tenoit de Rommenie la terre quitement.
S'ot espousee Flourente qui moult ot de tourment
Par Millon qui fut frere Esmeré proprement.
Cilz empereurs chi ou Alemengne appent
Avoit a nom Oursaire, se l'histoire ne ment.   2340
Or ot auÿ nouvelle du cruel capplement
Qui ot esté en Frise assés nouvellement,
Et qu'Allemans y furent mis a destruisement.
Et en celle saison Oursaires a grant gent
Parti de Convalence, moult aïreement,   2345
A .xxx. mille barons les confanons au vent,
Et dit par cellui Dieu qui ne fault ne ne ment

De Franchois prendera si cruel vengement
Que on en parlera jusquez au jugement.
Vers la cité d'Escales a couvoié sa gent 2350
Pour Dagoubert enclorre et les siens ensement.
Ciperis manechoit de livrer a tourment.
Et dit que tous sez filz fera pendre vieument.
Ainsi dit l'empereur son bon et son talent.
Mais de ce que fol pense remaint assés souvent. 2355

83.

L'empereur Oursaire ne s'i voult atargier.
A .xxx. mille barons se print a chevauchier
Pour venir sur le roy Dagoubert au vis fier,
Pour Ciperis destruire et ses filz qu'il ot chier.
Mais ains qu'il soit trois jours si come orrés nunchier 2360
N'y voulroit demourer pour l'or de Mompellier.
Si comme Dagoubert seoit a son mengier
Avoeucques lez rouïnes qu'i voult bien festier,
Adonc est la en sale venu ung messagier.
Ou qu'il perchupt le roy en hault lui va crier, 2365
"Roy Dagoubert," dist il, "entendés mon parler!
L'empereur Oursaire m'a chi fait envoier.
Se vous mande par moy, ja celer ne vous quier,
Que mal estes venus en l'empire hostoier,
Ne le paÿs de Frise ne lez Frisons brester. 2370
S'on vous avoit souffert ens ou paÿs planier,
Par devers l'empereur deüssiés pourcachier
Vostre droit a sa court sans vous si avanchier.
Mais vous le comperrés se il poeut esploitier,
Car morir vous fera ainchois .viij. jour entier. 2375
Et se vous dis pour vray, ja ne le quiers nyer,
Que l'empereur sera ains le solail couchier
Logiez a tout son ost qui fait a ressongner
Devant ceste cité pour vo pris abaissier."
Quant Dagoubert ouÿ parler le messagier 2380
Sachiés tout de certain bien s'en pot mervillier.
Ciperis appella pour lui bien conseillier,
Et le roy de Bretaigne, Salemon le guerrier,
Et tous les aultres princes ou moult se pot fier.
Adonc leur demanda sans longuement plaidier 2385
Comment vers l'empereur il pourra esploitier.
Les enfans Ciperis parlerrent tout premier

Et dirent, "Noble roy, de Franche l'heritier,
Vous estes no droit oncle, ne le poöns nyer.
Pour nous mettre a honneur avez fait traveillier 2390
Les princes de vo terre et maint bon souldoier,
Et vechi nostre entente que voulons desclairier.
Nous disons a ung mot oyant maint chevalier,
Que vous faichiés esrant a trompettes nunchier
Que tous ceulz qui vous ont cy voulu compaignier 2395
Et roy, et duc, et conte, chevalier, escuier,
S'en voisent tous esrant d'armes appareillier.
S'irons cest empereur vistement bien vegnier."
"Par ma foy," dit Louïs, filz Ciperis le fier,
"Se mon pere me voeult l'avantgarde baillier, 2400
Et le bon roy mon oncle le me voeult octrier,
Je voue et si promés a Dieu le droicturier,
Contre cest empereur m'en iray essaier.
Mais qu'o moy soit Hellies le noble carbonnier
Et mes freres aussi que doibz nommer premier, 2405
Et se je ne ramaine l'empereur prisonnier,
Ja mais ung pié de terre n'aray a justicier."
Et quant le roy l'entent il le va embrachier
Et lui a dit, "Nepveu, bien le voeul octroier.
Or faictes donc vos hommes vistement esploitier, 2410
Car quant le fer est chault on doibt dessus forgier."

84.

Le fort roy Dagoubert dont vous oez nuncher
Acorda l'avantgarde a Louïs au vis cler,
Et lui fist .xx. mille hommes baillier et delivrer.
Puis dit au messagier, "Pensés du retourner, 2415
Et dites vo seigneur qu'il se poeut bien vanter
Que il ara encontre ains qu'il doye souper."
Dont se part le message que n'y voult plus tarder.
Tant ala qu'il pot l'ost a l'empereur trouver
Qui avoit fait sez hommes noblement conraer 2420
Pour recepvoir bataille s'on lui vouloit livrer.
De cors et de buisines y ouïst on sonner,
Bien les ouÿt Louÿs qui ot fait dessevrer
Toute son avantgarde qu'on lui fist ordonner.
Les ostz a l'empereur a prins a regarder. 2425
Et le message voult a l'empereur conter
La response du roy qu'on lui voult enditer.

Dont fist l'empereür arbalestriers passer,
L'avantgarde perchut qui moult se voult haster.
Dont dit en lui meïsmes, "Petit me doy amer, 2430
Se je ne puis cez gens desconfire et mater.
Ne sont q'un peu de gens, ilz ne pourront durer,
Point n'en y a assés pour mes gens desjeuner."
A ces mots l'un a l'aultre se voulrent assembler.

85.

Louïs le damoisiaux a fait incontinent 2435
Ses arbalestriers traire habandonneement.
Et aprés celui trait qui cousta grandement,
Fist sa chevalerie passer appertement,
Chascun la lanche ou puing bien et hardiement.
Es Alemans se fierent moult felonneusement. 2440
Louïs tout le premier se feri au content.
Par devant l'empereur ung chevalier pourfent
Que par dessus la terre l'abati moult senglent,
Puis en feri ung aultre si fait loyer en prent.
Et Dieu, comme ses freres si proeuvent noblement, 2445
Chascun abat le sien ad ce commencement.
Le charbonnier Hellie, entre lui et sa gent
Y font tel discipline qu'il sambloit proprement
Que ce fussent dyables a leur contenement.
"Et Dieu," dit l'empereur, "ce ne sont point la gent. 2450
Ainchois sont vifz deables d'infernal mandement."
Dont dit ung Aleman qui ot a nom Flourent,
"Sire, ce sont lez filz Ciperis vraiement,
Qui portent sur leurs timbres cez arbrichaux d'argent.
Lez dyables lez ont apportés chi en present. 2455
Ilz ne nous prisent mie ung soeul grain de fourment."
Quant l'empereur le sot si s'escrie a sa gent,
"Or tost, barons, a eulz pregnons ent vengement."
Lors poignent Allemans moult enforchiement.
Encontre les enfans firent grant caplement, 2460
Mais le bon charbonnier s'esforcha tellement
Qu'il feri l'empereur sur l'elme qui resplent.
D'unne hache qu'il tint l'assena tellement,
L'empereur chiet a terre mais il sault sus briefment,
Et escrie, "Alemengne!" quancqu'il poeut clerement. 2465
Adonc vinrent ses hommes tant enforchiement
Qu'ilz assaillent Hellie et ly bers se deffent.

Tous ceulz que il ataint, de sa hache pourfent.
Ung conte d'Alemengne qui ot a nom Flourent
Vint jouster a Hellie voire par tel couvent 2470
Que derriere le dos l'assena tellement
Qu'il l'abati a terre sur l'herbe qui resplent.
Et fu le charbonniers navré bien laidement.
Puis saisi le destrier a l'empereur le tent.
Or oyés de Louïs, qu'il fit la en present. 2475
Quant il vit l'empereur qui au monter entent,
Il est venus a lui et la presse pourfent.
Louïs crie s'ensaigne, adonc vinrent sa gent,
L'empereur assaillirent par itel couvenent
Que il fut droit la prins et livré proprement 2480
A Louïs leur seigneur qui de joye s'estent.
Sur le cheval Hellie le fist monter briefment.
Puis en concquist ung aultre dont il a fait present
Au gentil charbonnier qui cent merchis lui rent.
Et Louïs lui a dit, "Venés appertement 2485
O moy a Dagoubert le bon roy excellent."
Dont se sont esmeüs, voire par tel couvent,
A l'aÿde dez freres qui la vinrent briefment
Que par mi les batailles menerrent franchement
L'empereur prisonnier a Dagoubert le gent, 2490
Qui avoit fait sez hommes rengier joliement
Pour Louïs secourir et pour aidier sa gent.
Mais quant le roy perchut l'empereur plainement,
Dont Louïs son nepveu lui vault faire present,
N'en voulsist point tenir son contrepois d'argent. 2495
Adonc dit a Louïs, "Nepveu, certainement
On doibt bien celui croirre qui ainsi tient couvent."

86.

Grangt joye ot Dagoubert et bien y ot raison
Quant il perchut Louïs le josne danſsillon
Qui ot prins l'empereur qui Oursaires ot nom. 2500
Jhesus Christ gracia et son precieulz nom.
Dont fina la bataille contre l'avesprison.
Allemans sont retrais en grant confusion,
En ung bos se logerent en grande souppechon.
Celle nuit ne mengerrent qui vaulsist ung bouton, 2505
Lez chevaulz paissent l'herbe, ce fut leur garison.
Et le bon empereur o le flouri grenon

Estoit avoeuc le roy dedens son pavillon,
Dolans et courouchiez, sa main a son menton.
Dont lui dit Dagoubert, "Sire, nous vous prion 2510
Que faictes bonne chiere et n'aiez souppechon.
Car cil n'est mie mors qui est mis en prison,
Et aussi ne se doibt esbahir uns frans homs
Quant il poeut eschapper pour paier raenchon."
"Sire," dit l'empereur, "Dieu vous fache pardon, 2515
De vostre reconfort nous vous remerchion.
Mais volentiers verroie le gentil champion
Qui en l'estour me prinst, ains plus preu ne vit on."
"Par foy," dit Dagoubert, "tantost nous le verron."
Dont appella Louïs qui clere ot la fachon, 2520
Et cil vint esraument, d'un genoul fit ploion.
Si tost que l'empereur ot choisi la fachon
Et le beaulté de lui, se lui a dit, "Adont,
Damoiseaulz, levés sus, car il n'est pas raison
Qu'a vostre prisonnier fachiez tel honneur non." 2525
"Sire," dit le dansiaux, "ne vous desplaise point.
Point n'estez prisonnier, nous le vous certiffion,
Ne je ne vous prins mie par nessune fachon
Que pour vo corps logier en la cité de nom.
Car de gesir adz champs n'est point vostre fachon, 2530
Ne vous n'avés ancoire ne tref ne pavillon.
Mais quant il vous plaira et vous venra a bon,
Mon corps vous remenra a vostre pavillon.
Mais qu'il plaise au bon roy qui Dagoubert a nom
Et a mon pere aprés qui tant a de regnom." 2535
"Par foy," dit l'empereur, "ne vous desplaise non,
Ja mais ne quier partir de vostre region,
Se vous aray rendu celle grant courtoison
Pour l'amour Dagoubert que haïr ne voeul non,
Et du conte vo pere qui tant est bon baron, 2540
Et de vous ensement qui Louïs avez nom,
Que la vie me saulvastes, de quoy me vint a bon."
Et on dit ung proverbe que nous recorderon
Que ung bien recquiert l'aultre a la fois, ce dit on.

87.

Oursaire l'empereur qui tant fut allosés, 2545
En appella Louÿs et lui dit, "Entendés,
Pour l'amour vos amis et de vous aultretelz,

Voeul desservir l'honnour que vous me presentés.
J'ay une belle fille que moult a de beaultés,
Il n'a point sa pareille en .xxx. royaultés, 2550
Que .xvij. ans n'a encoire ne sont passés.
On l'appelle Aragonde, son propre nom est telz,
Or l'arés vous a femme se prendre le voulés.
Se serés de Behengne comme roy couronnés.
L'empire d'Alemengne aprés ma mort tenrés, 2555
Et par ce mariage nous serons confermés
En paix et en amour tous ensemble ajoustés."
"Sire," se dist Louïs, ".v. cens merchis et grés.
Se je le refusoie ce seroit folletés.
Et puis que il vous plaist, sire, que le mandés." 2560
"Voulentiers," dit Oursaire, l'empereur senez.
Ung messagier appelle qui fut tost aprestés,
A sa fille l'envoie recorder cez parlers.
Dont fut grande la joye des princes naturelz.
Moult furent noblement celle nuit conroyés 2565
Et fit le roy crier adz tentes et adz trefz
Qu'il ne fut nulz Franchois si hardis ne ozés
Qu'aulz Allemans mesfaiche le monte de .ij. dez,
Et que la paix est faicte et accordz confermés.

88.

Moult fut le roy Oursaire honnouré haultement 2570
Du bon roy Dagoubert et de toute sa gent.
Entre tant que l'un l'aultre au festier entent
Amenerrent la belle dont j'ay fait parlement.
Ou qu'elle voit son pere se lui dit haultement,
"Pere, je suis venue a vo commandement." 2575
Dont le rechupt le roy en grant sollacement.
Ne sçay que vous feroie plus long devisement—
La le plevi Louÿs devant toute leur gent
Et puis si l'espousa par droit accordement.
Adonc fut grant la joye et le renvoisement. 2580
Quant vint aprés mengier Ciperis haultement
Fist commenchier la jouste de toute josne gent,
Lez hoirs de Vignevaulz en joly parement,
Et le bon charbonnier Hellie o le corps gent
Qui en celle journee si prouva tellement 2585
Que de tous lez hyraux ot le cry plainement.
Dez princes et dez dames qui la furent present

Lui fut donné le pris moult honnourablement,
Ce fut ung beau destrier couvert moult noblement.
Qui donc ouït crier heraulz moult haultement 2590
Ad ce bon charbonnier de Vignevaulz le gent,
"Flour d'armes et d'amours et de grant hardement."
Et quant le empereur celle parolle entent
Se dist au roy de France qui fut la en present,
"Qui est ce charbonnier? Par amours dictez m'ent— 2595
De quoy lez heraulz portent le cry si haultement,"
"Par foy, sire," dist il, "en tant comme a present,
N'est il point charbonnier mais anchiennement
Soloit vendre charbon et le faisoit souvent.
Or est il chevalier, c'est le meilleur de cent." 2600

89.

Le noble empereur forment s'esmerveilla
Du gentil charbonnier qui ainsi se prouva,
Tout son estat demande, Dagoubert lui conta,
Et Ciperis aveuc, riens ne lui chela.
Lors fust prest le menger qui grandement cousta. 2605
Celle nuit font grant joye, chascun s'esleescha.
En celle propre nuit que conté on vous a
Louïs le damoiseaulz o sa femme coucha.
Par amours sans haine celle nuit l'acola
Tout son plaisir en fit, tant q'un hoir engendra, 2610
Qui depuis Rommenie maintint et gouverna.
De l'empire de Romme puissedi pocessa.
Non mie qu'il fut hoir mais il le concquesta.
Gouthequins ot a nom et ychil guerroya
Encontre Theseüs et tant qu'il le mata. 2615
Et de la grant empire de Romme pocessa
Et d'Alemengne aussi, le paÿs par de la.
Double empereur fu adont ad ce temps la,
Car .ij. empires furent adont, n'en doubtez ja,
Rommenie, Alemengne, mais on vous en laira, 2620
De nos barons diray. Celle nuit se passa,
Quant vint a l'esclairier roy Louïs se leva,
Ce jour donna maint don, bon sang lui enseigna.
Mais en celle journee vint ung messagier la,
Dedens la haulte sale incontinent monta. 2625
Lez barons a trouvés, en hault les salua
Et dit, "Ce Jhesus Chris qui le monde estora

Sault et gard l'empereur d'Alemengne de la,
Et gard le noble roy qui droit chi m'envoia.
C'est le roy de Hongrie qui vo niepce espousa." 2630
Dont lui tent une lettre et l'empereur prins l'a,
Le teneur en fist lire, Ciperis l'escouta.
Or aprocha le terme que nouvellez orra
De Phillippe son pere qui son corps engendra.

90.

L'empereur d'Alemengne, Oursaire le flouris, 2635
A fait lire la lettre, voiant tous lez marchis,
Dont le teneur disoit, "Empereur nourris,
Je, Phillippe de Hongrie, a vo niepce maris,
Que j'espousay au temps que vo frere gentilz,
Charles roy de Hongrie qui longuement servis 2640
Sa fille me donna que fut nommee Aelys,
Sçavoir vous fay, chier sire, de payens sui assis
En chité de Morons, tant qu'issir ne m'en puis,
Par le fel roy de Cipre par qui suis envaïs.
Trois fois l'ay encachié hors du hongrois paÿs. 2645
Or a il tel secours et tant de gens coeullis
Que se n'ay vo secours, noble roy et amis,
Deshireté seray et vo niepce au cler vis.
Se vous recquiers confort au nom de Jhesus Chris."
Et quant le empereur entendi cez escrips 2650
Pour l'amour de sa niepce ot le coeur atenris.
Lors jura Jhesus Chris, le Roy de Paradis,
Que telz gens lui menra ains .ij. mois acomplis,
Que paiens s'en fuiront, ou ilz seront occhis.
L'empereur appella Dagoubert au cler vis, 2655
D'avoir le sien aÿde lui a briefment recquis.
Dagoubert l'otria sans querir nul respis
Et toute son aÿde lui a esrant promis.
Et aussi fist le conte qui ot non Ciperis,
Et lui dist, "Empereur, ne soiés esbahis, 2660
Tant que je viveray pour l'amour de mon filz
Ne faulray de vostre corps n'a tous vos bons amis."
Ensement que les prinches faisoient leur devis
Il vint un messagier de ce franchois paÿs.
Devant roy Dagoubert s'est tost a genoulz mis, 2665
Ja dira tel parolle, se bien poeut estre ouÿs
Dont esbahis sera d'eulz tout le plus hardis.

91.

Par devant Dagoubert s'est le metz encliné
Et dit, "Ce Jhesus Cris qui maint en Trinité
Sault le roy Dagoubert de France couronné, 2670
Et tous ceulz qui chi sont d'un et d'aultre costé.
Dagoubert, noble roy, qu'avés tant sejourné?
Franche est moictié perdue, sachiez en verité,
Pour tant que du royalme avez la gent osté,
Par le roy de Navarre qui het Chrestienté. 2675
La rouÿne a assise et forment enserré,
Si qu'il n'y poeut venir ne pain, ne vin, ne blé.
Or vous mande ma dame qui tant a d'honnesteté
Que vous le secourés ou son corps est finé.
Car la gent de Paris sont si fort apressé 2680
Q'un pain de .ij. deniers y vault .v. marc passé."
Quant Dagoubert l'ouÿ son sang lui est mué.
Pour l'amour la rouÿne ot son coeur effraé,
Dont ne parlast ung mot pour l'or d'unne cité.
Quant Ciperis le voit qu'il fut si abosmé 2685
Il lui a dit, "Beaux onclez, ne soiés esfraé,
Tant que mon corps ait vie, n'arés point mal finé.
Alons tantost en France, n'aions plus sejourné."
"Nepveu," se dit le roy, "vous avez bien parlé.
Qui aime mon honnour si me sieve au costé." 2690
"Par foy," dit l'empereur Oursaire le barbé,
"Or va de mal en pis, nos plais sont retourné.
O vous je m'en iroie en vostre royaulté,
Mais pour riens ne lairoie que n'aye visité
Phillippe de Hongrie qu'a ma niepce espousé. 2695
Secourir le vouldray se Dieu l'a destiné."
Ainsi dit l'empereur Oursaire le membré,
Et dit a Dagoubert le fort roy couronné,
"Se puis avoir victoire qu'il prengne Dieu en gré,
Je vous iray veoir en Franche le resgné. 2700
Mais vous prie en nom Dieu qui en croix fut pené,
Que prester me voeulliés le charbonnier doubté."
"Sire," dist Ciperis, "il vous est accordé,
Et .x. mille hommes d'armes vous sera il presté."
Ne sçay que vous aroie longuement devisé— 2705
Tant se sont celle gent prestement ordonné
Que le noble empereur Oursaire le membré
Ala par Allemengne environ et en lé,

Et assambla de gens si grande quantité
Qu'a .lx. mille hommes furent sa gent nombré. 2710
Vers Hongrie s'en vont le chemin frequenté,
Hellie va avoeuc, qui tant fut redoubté.
Par temps pourra veoir Phillippe le membré,
Le pere Ciperis qui tant fut allosé.
Et Dieu, se Ciperis sceusist la verité— 2715
Que ce fust le sien pere qui l'eüst engendré,
Qu'ensement fut assis de payens a vieuté,
Il ne se tenist mie pour une royaulté
Qu'il ne le secourut o sa grant poesté.
Non pourquant l'empereur pour lui avoir tensé 2720
A .lx. mille hommes se fust acheminé
Pour secourre Phillippe, mais sachés de verité,
S'encor fussent autant trestous bien adoubbé,
Si venra bien a temps Ciperis l'aduré
Pour aidier le sien pere, si que vous ay compté, 2725
Et par grant adventure. Or seray retourné
Au noble roy de Franche qui se fut apresté.
Avoeuc lui Ciperis et le riche barné
Sont entrés en la mer au vent et a l'oré,
S'i furent lez rouÿnes qui tant ont de beaulté. 2730
Tant singlerrent par mer a la Dieu volenté
Que droit en Vignevaulx sont celle gent trouvé.
A Tresport arriverrent, sur terre sont monté,
Jusquez a Foucardmont ne se sont arresté.
La trouverrent Orable la belle au corps mollé, 2735
La femme Ciperis au courage aduré.
Quant son seigneur perchoit qui l'avoit espousé,
Et trestous sez enfans qu'en ses flans ot porté,
Dont les .vij. furent roix et d'or fin couronné,
Et elle voit les dames a qui sont marié, 2740
S'elle ot joye a son coeur ne l'ayés demandé.
Douchement les rechupt en honnourableté.

92.

Moult par fut a son coeur Orable resjouÿe
Quant perchupt le sien pere a la barbe flourie,
Et son loyal seigneur et sa belle maisnie, 2745
Et elle voit les dames qui tant ont seignourie.
S'elle ot joye a son coeur raison bien si ottrie,
Bien les sot conjoïr et faire chiere lie.

Et Clarisse la dame qui moult fut enviellie
Parla a Ciperis et par amours lui prie 2750
S'il a ouÿ nouvelle en nesunne partie
De Phillippe son pere dont sa char fut banye
Pour ce que par amours ot la belle engrossie.
"Nennin, dame," dist il, "par la Vierge Marie,
Je croy bien qu'il ne soit point aujourd'hui en vie." 2755
"Si est," se dist Clarisse, "le mien coeur le m'affie.
Advision m'en vient en chascune nuitie.
En le nuit qui passa songay, je vous affie,
En dormant me sambla qu'en une praierie
Fut enclos de serpens pour lui tollir la vie. 2760
De quoy pluisieurs luppars et lyons grant partie
Se furrent assemblés pour son corps faire aÿe.
Mais toute leur puissance ne valut une allye
Jusqu'a tant que par vous fut sa char allegie.
Et fut par vous rescoux et par vo baronnie. 2765
Chertes le coeur me dit qu'il est ancoir en vie."
"Par foy," dit Ciperis, "cela ne crois je mie.
S'il est vif, Dieu le gard de toute villonnie.
Bien veoir le voulroie mon vivant une fie,
Et ja mais ne vestisse de chemise delie. 2770
Mais bien croy qu'il soit mort, en vie n'est il mie,
Car apparut se fust ou ore ou aultre fie."
Ainsi dit Ciperis a la chiere hardie.
Mais par temps en ara vraie nouvelle ouÿe,
Se Dieu saulve de mort le charbonnier Hellye 2775
Quant l'empereur si ot sa voie acoeullie
Pour aler secourir Phillippe de Hongrie
Que le fort roy de Cipre ot assis par maistrie.
Or est temps et saison que de Dagoubert die,
Qui fut a Foucarmont o lui sa baronnie. 2780
Ciperis appella et lui dit, "Je vous prie
Que conseil me donnés en l'hoeure et sans detrie,
Comment nous maintenrons pour Sarrasins destruire.
Manderons nous bataille a journee establie?"
"Sire," dist Ciperis, "cela ne ferons mie," 2785
Car le fort roy Maxime quant vint en vo partie
Ne le fit a sçavoir n'a vous n'a vo maisnie."

93.

"Bon roy," dit Ciperis, "entendés mon penser.
Se vous voulés par moy et mon conseil ouvrer

Nous ferons nostre gent vistement atourner. 2790
Par nuit chevaucherons tant qu'on pourra aler,
Et par jour nous voulrons ens au bos reposer."
"Par foy," se dit le roy, "bien le voeul accorder."
Adont a fait leur gent Ciperis ordonner,
De Foucarmont partirent les nobles bacheler, 2795
La nuit vont au serain, le jour vont reposer.
Tant ala celle gent au gré Dieu qui n'a per,
Et si secretement se voulrent gouverner
Qu'au bout de .iiij. jours ilz se voulrent trouver
Aussi prés de Monmartre que pour ung arc tirer. 2800
Droit a ung point du jour que solail deust lever,
Que le roy de Navarre ot par tout fait crier
Que chascun fut armés et prestz pour coups donner
Pour Paris assaillir au point de l'ajourner.
A la cité de Paris vont grant assault donner. 2805
Adonc par mi Paris la noyse va lever
Chascun monte adz crestiaux pour la ville saulver
Et les gens d'armes font les portes desfrumer.
Pour aler sur paiens leurs corps adventurer
Le noble connestable lez sceut moult bien guier. 2810
De Dompmartin fut conte, Gerard l'ouÿ nommer.
Ce fut cil assaillant qui tant fit a loer,
Qui aveuc Ludovis avoit passé la mer
Pour le roy Theseüs dez paiens delivrer,
Ainsi qu'en hystoire aultre l'avés ouÿ compter. 2815

94.

Cilz Gerard que je dis voult Paris conforter
Contre les Navarois mais n'y peüst durer
Ja eüssent fort temps les bourgois a porter.
Quant le roy Dagoubert et Ciperis le ber
Se ferirent en leurs trez se prinrent a crier, 2820
"Monjoye! Saint Denis! Dieu, voeulliez y ouvrer!
A la mort for fel payen, Sarrasin et Escler!"
Qui donc veïst nos gens ces payens reverser.
. . . .

95.

Seigneurs, or entendez pour Dieu omnipotent.
A Paris ot grant feste qui dura longuement. 2825
.viij. jours tous plains dura en grant esbatement
Et au bout dez .viij. jours Ciperis au corps gent

Requist au roy congié pour son repairement.
Et le roy Dagoubert moult amiablement
Lui donna le congié en disant doulchement, 2830
"Ciperis, mon nepveu, je vous prie humblement
Qu'aveuc ma fille Orable qui tant a bel jouvent
Voeulliez ung fil que j'ay nourrir benignement.
Et lui monstrés honneur tant et si largement
Qu'il puïst entour vous prendre tres bon amendement. 2835
On le nomme Louÿs, veés le chi en present.
Faictes en com du vostre, je le voeul et consent."
"Sire," dit Ciperis, "Jhesus du Firmament
Vous puist rendre l'honneur que m'offrés en present.
Il n'ara pis de moy, ce vous ay je couvent." 2840
Lors print Louÿs l'enfant qui avoit bel jouvent,
Car l'hystoire tesmongne ou no livre se prent
Qu'oncques plus bel enfant ne vesqui nullement.
Ciperis commanda a ses hommes et sa gent
Que tout soit apresté pour cheminer briefment, 2845
Et cilz l'ont fait ainsi tost et hasteement.
Dont parti de Paris Ciperis esraument.
La rouÿne de France au gent corps excellent
A baisié le sien fil dez fois et plus de cent.
Et Dagoubert aussi a cil departement 2850
Son fil a commandé a Dieu omnipotent.
Hellas! il ne poeut mais s'il le jouïst forment—
Ja mais ne le verra en jour de son jouvent.
En Vignevaulz morut a grant encombrement
Et par male adventure, vous orrés bien comment. 2855
Dont cilz meschiez advint depuis certainement
Que .lx. mille hommes en morurent senglent,
Ainsi que vous orrés assés prochainement.
Or commenche canchon rimee gentement—
Ainsi que Dagoubert guerria fierement 2860
Le conte Ciperis et ses filz et sa gent
Sans cause deservie; mais il advient souvent
Que par faulz traïtours, que Jhesus Christ cravent,
Ont main preud'homme afané et mainte bonne gent.
Ainsi leur en advint ainsi qu'orrés briefment. 2865

96.

Or s'en va Ciperis, de Paris est sevré,
Et o lui ses enfans qui tant sont allosé,

Et leurs dames aussi qui tant ont de beaulté,
Et les aultres princhiers s'en vont en leur resgné.
Tant ala Ciperis et tant ot cheminé 2870
Qu'il vint en Vignevaulz le nobile conté,
Tout droit a Foucarmont se sont ilz hostelé,
Et ses enfans o lui qui tant furent membré,
Dont les sept furent roix noblement couronné.
Or leur print volenté qu'ilz seront retourné, 2875
Par dedens leur païs dont ilz furent fiefvé.
Le congié demanderrent a leur pere charné
Pour visiter leur terre et leur grant hireté.
Que vous aroye jou longuement sermonné—
De Vignevaulz partirent lez sept roix couronné, 2880
Mais leurs femmes laissierent, point ne lez ont mené,
Avoeucques Ciperis ont elles demouré.
Or en lairay ester se il vous vient a gré
Et quant point en sera g'i seray retourné.
Vous avez bien ouÿ en no livre rimé 2885
Que le sire d'Aumarle qu'on clama Ysoré
Fu tué par Hellie le charbonnier membré
Au temps que le gayant maintenoit l'hireté,
Et que Ciperis ot le gayant affiné.
Or avoit il ung fil qui fu de jone aé 2890
Que Ciperis ot tant nourri et eslevé
Qu'il ot plus de .xxx. ans, grans estoit et fourmé.
Maistre d'hostel estoit Ciperis le membré.
Plus se fioit en lui qu'en homme qui fut né.
Et l'avoit Ciperis en clergié ordonné 2895
Pour le faire archevesque de Rouen la cité,
Bien en eüst au pape a celui temps finé.
Et Ciperis avoit de ce Robert pité
Pour ce qu'on lui avoit le sien pere tué,
Ysoré le felon qui tant ot cruaulté. 2900
Mais Robert le traÿtre n'amoit ung ail pelé
Ciperis, ne ses filz, ne tout son parenté,
Pour tant que par lui fu le sien pere affiné.
S'en jura le traître souvent en son secré
Qu'encoire seroit par lui Ciperis enherbé. 2905
Et se le charbonnier est ja mais retourné,
Hellie qui son pere lui ot a mort livré,
Ja mais n'arrestera s'est ochis et finé.
Ainsi disoit Robert qui fut mal advisé.

Le dyable le tempta ou son corps ot donné 2910
Car tant savoit clergié et tant fut doctriné
Ne troeuve si grant clerc ou il n'ait deputé.
Si n'estoit nul venin qu'il n'eüst destrempé,
Ne nul malade aussi qu'il ne rendist santé.
Maint povre par medechine ot gari et mondé 2915
Pour avoir le regnom qu'en lui eüst bonté.
Si estoit regnommé, de chascun fut loé.
Mais le deable d'enfer si l'ot si fort tenté
Qu'en le mort Ciperis ot tout son coeur bouté.
Ce fut au temps d'esté que flourissent cil pré 2920
Que Ciperis tint court de maint princes cazé.
Le bon conte d'Evreux n'y fut mie oublié,
Le conte de Pontieu ung prince regnommé,
De Rouen l'archevesque y ot esté mandé,
Et maint franc chevalier que je n'ay point nommé. 2925
Noble fut le mengiers, ne sçay qu'il ot cousté.
Quant ce Robert d'Aumarle ot le fait advisé,
Ung venin merveilleux ot le glout destrempé,
N'est homs s'il en avale qui n'ait le coeur crevé.
Ja brassa telle chose le glouton parjuré 2930
Dont grant meschief advint en la Chrestienté,
Ainsi que je diray en no livre rimé,
Or enforche matere qui est de grant pité.

97.

Le fel Robert d'Aumarle ne s'i arresta mie,
Ainchois voult acomplir sa grande tricherie. 2935
O les servans se mist par sa losengerie
Pour aidier a servir forment si ensonnie
D'assir les mez a table et le bon vin sur lie.
Servoit il Ciperis a sa table jollie
Et les nobles seigneurs que le conte festie 2940
Avoeuc lez .vij. rouÿnes ou tant ot courtoisie.
En joye et en revel estoit la compaignie,
Mais leur joye en tourment sera tantost changie.
Car Robert cil d'Aumarle le chambrelenc costie
Qui de boire servoit Ciperis chiere lie, 2945
Ainsi comme il servoit d'unne haste rostie
Laissa venin queïr en la couppe barnie.
Par devant Ciperis a assis par maistrie,
Qu'oncques ne s'en perchut homme qui fut en vie,

Jusques a tant que le conte de Vignevaux l'anthie 2950
Ot volenté de boire, s'a la couppe saisie.
Mais pau y avoit vin en tant qu'a celle fie.
Du nouvel fit verser, trop fut la couppe emplie
S'en fist son chambrelenc boire ne se detrie,
Aprés eüst beü mais Dieu ne le voult mie. 2955
Car Louïs, filz du roy de Franche la garnie,
Fut assis de lés lui a la dextre partie,
Louïs print le hanap pour boire sans detrie,
Signe fist qu'on lui verse adonc du vin sur lie.
Mais li quens Ciperis vistement lui escrie, 2960
"Tenés, Louïs, buvés ou nom Saincte Marie."
Adonc lui tent la couppe et Louïs l'a saisie.
L'enfant s'i but le vin, Ciperis en merchie,
Et Ciperis rechupt la couppe sans detrie.
A sa bouche le mist, tantost l'eüst vuidie, 2965
Quant vit son chambrelenc qui a terre devie,
Tout mort quëy a terre, l'ame s'en est partie.
Quant ce voit Ciperis la couppe a rabaissie,
En estant est saillis et haultement s'escrie,
"Dieu, qu'a mon chambrelenc, doulche Vierge Marie? 2970
Il y a traÿson car le coeur le m'affie."
"Par foy," ch'a dit Robert d'Aumarle l'enforchie,
"Je croy chiens a tel qui ne vous aime mie."

98.

"Sire," se dist Robert le traïtour felon,
"Ad ce qu'on poeut veoir il y a traÿson." 2975
"C'est vray," dist Ciperis, "forment nous en doubton.
Je ne sçay qui l'a fait mais sçavoir le voulon."
Adonc belle Aragonde d'Alemengne au crin blon,
Ung sien anel regarde de moult gente fachon.
Si tost qu'il a venin a .x. piés environ 2980
La pierre qui est ens s'i rent yaue a foison.
Moullié le trouva, lors a dit a hault ton,
"Chier pere Ciperis, par le corps Saint Simon,
A ceste table chi a venin ou poison."
Adonc de cel anel lui compta le regnom, 2985
Mais ne se donnoit garde de celle mesproison,
Hors de son doit le trait, Ciperis en fit don.
Quant Robert l'aperchut point ne lui vint a bon,
En son coeur dit le fel que ne l'entendit on,

"Par Dieu," dit le traîtres, "ce ne vault ung bouton. 2990
Ainchois vous murdriroie par nuit en traÿson,
En vo lit proprement que n'aie vengison."
Ainsi se devisoit le traîteur felon,
Et li quen Ciperis fut en grant marison,
"Qui pot avoir ouvré par telle desraison?" 2995
Et ainsi qu'il plaindoit son chambrelenc de nom
S'est escrié Louïs, le jone dansillon.
Quant le venin lui fu eschauffé au pulmon,
Le coeur lui est crevé tout par mi le moilon,
Lés Ciperis queï tout mort sur ung banchon. 3000
Quant Ciperis le voit oncques n'ot tel fachon,
De la grande destresse queÿ en paumison.
Et quant se redrecha, si a dit a hault ton,
"Hé Dieu, que chi nous vient grant persecucion!
Hellas! Et que dira le roy de Mont Laon? 3005
Il cuidera que j'aie fait la desrision,
Ou que je l'aye fait faire par trahison.
Aulcun homme a cheans, de certain le sçavon,
Qui me vouloit murdrir par herbe ou par poison.
Or ne sçay je princhier, ne homme en ce royom 3010
A qui mesfayee oncques le monte d'un bouton,
Forcques en desfendant mon droit et mon royom."
"Sire," dit le traître qui ouÿ sa raison,
"Cellui qui vous a fait icelle mesproison
Il n'est point de vous loingz, bien sçavoir le poeut on. 3015
J'ay envoié fermer le porte du dongon
Ad fin que nulz n'en isse jusques tant que saron
Nouvelle qui a fait celle grant trahison."
"Par foy," dit Ciperis, "vous ouvrés com preud'hom,
J'ay fait en vostre corps moult bonne nourrechon." 3020

99.

Le traîtrez Robert qui ce mal voult brasser
A fait par son malice la porte bien fermer
Et puis par mi la sale a prins a regarder.
Ung varlet a perchut c'on nomma Guillemer.
Le chambrelenc servoit qui la voult devier. 3025
Du fait le va le fel devant tous encoupper
Pour tant qu'il lez ouÿ l'aultre jour estriver,
Car le varlet avoit manechié de tuer
Son maistre pour ytant qu'il ot volu frapper.

Cil Robert le fist tost prendre et emprisonner 3030
Et fit mettre a gehine et fort questionner.
Par gehine congnut quancqu'on vouloit rouver.
Et quant il estoit hors s'en vouloit excuser,
Mais pour son escondire il ne pot eschapper
Que Robert le traître ne le fesist finer. 3035
Car il fit le varlet a fourcques traÿnner,
La endroit fut pendus, on le fist estrangler.
Or ot ce jour le glout fait trois hommes finer
Et se n'avoient couppes au fait qu'il voult brasser.
Puis vint a Ciperis vistement recorder 3040
Que le varlez avoit voulu l'oeuvre brasser
Et qu'il l'ot recongnut oyant maint bacheler.
Bien le crut Ciperis car sachiés sans fausser
Cilz Robert fut tant beaux et tant fit a amer,
Et tant sot de clergié et si tres bel parler 3045
Que nul n'osat sur lui ja mais tel fait penser.
Pour ce dit ung proverbe que j'ay ouï compter
Que l'homme qui a grace de bien matin lever
Poeut bien grant matinee dormir et repposer.

100.

Ainsi ouvra Robert d'Aumarle le chastel. 3050
Tant l'amoit Ciperis et tant lui vint a bel
Qu'il le fit de sa court du tout maistre d'hostel.
Nul ne se poeut garder de traître mortel.
Mais on dit qu'en la fin ilz ne moeurent point tel.
Ancoire ara Robert de son fait le merel 3055
Se Jhesus voeult sauver Hellie le loyel,
Qui fut o l'empereur d'Alemengne au corps bel
O resgné de Hongrie pour livrer le chembel
Contre le roy de Cipre qui croit en Jupitel,
Qui Phillippe ot assis le roy au corps loyel 3060
En la cité de Morons dont hault sont ly murel.
La y ot grant tenchon et bataille mortel,
Ainsi que je diray s'il plaist Saint Gabriel
Quant le point en sera. Or diray du dansel,
Louïs, qui gisoit mort par dessus le quarrel. 3065
Dieu, comme Ciperis en menoit doeul cruel!
Aussi faisoit sa femme Orable au coeur loyel,
Et tous les aultres princez et viel et jouvencel.
Et meïsmes Robert le felon gloutoncel

Menoit si laide vie tout au long du chastel 3070
Que tous ceulz qui la furent cuidierent bien et bel
Qu'il n'eüst plus dolent de lui en tout l'hostel.

101.

Ainsi morut Louÿs a doeul et a haschie
Dont Ciperis ot moult la ciere courouchie.
Ses barons appella ceulz ou le plus se fie 3075
Et dit, "Conseilliez moy, seigneurs, je vous em prie,
Comment je pourray faire de celle oeuvre haÿe,
De ce corps enterrer dedens une abbaÿe
Ou de le renvoier a Paris l'enforchie,
A le fin que le roy sur moy ne pense mie 3080
Qu'aye pensé vers lui aulcune villonie."
Quant sa femme l'ouÿ, Orable la prisie,
Se lui dit, "Mon seigneur, par Dieu vous n'irés mie,
Car mon pere pourroit sur vous monstrer maistrie.
Faictes en l'embasmer le corps qui est sans vie, 3085
A Paris l'envoiés par vostre baronnie."
"Par foy," dit Ciperis, "et je le vous octrie."
Lors font le corps ouvrir qu'on ne se targa mie
Et tres bien enbasmer de bonne espicerie,
Et mettre en ung sarcus ouvré d'oeuvre jolie, 3090
Et puis en appella par amours conjoïe
Le bon conte d'Evreux qui ne le haioit mie,
Et cil de Longueville qui estoit de s'aÿe.
D'aler a Dagoubert moult doulcement lui prie
Et de lui excuser ilz ne se faingnent mie. 3095
Lors se mectent a voie que nulz ne s'i detrie.
Le corps estoit posé en litiere jolye
En air le soustenoit deux destriers de Hongrie.
Ne sçay que vous seroit le chanson allongie—
Tout jusquez a Paris ne s'arresterent mie, 3100
Au palais sont montés de vielle anchiserie.
Le roy y ont trouvé qui le sale pietie.
Lors le conte d'Evreux envers lui s'umillie,
De Dieu le salua et de Saincte Marie.
Puis a dit, "Noble roy, ne vous desplaise mie, 3105
Tel chose vous diray, mais il faut que le die,
Dont vous arés forment la chiere courouchie.
Mais savoir le vous fault ou ore ou aultre fie."

102.

"Bon roy," se dit le conte, "oyés qu'on vous dira.
Il est bien verité que vostre corps bailla 3110
Au conte de Vignevaux vo fil qu'il em mena
O lui a Foucarmont de quoy il processa.
Or advint que le conte l'aultre jour nous manda
Et pluisieurs chevaliers, a menger nous donna.
Le chambrelen du conte de Vignevaux de la 3115
Fut haïs d'un varlet pour ce qu'il le frappa,
Pour tant d'un mal venin le sien corps enherba.
Prés n'en fumes honnis nous tous qui fumez la,
Car tout le vin des tables le glout envenima,
De quoy le chambrelens tout premier devia. 3120
Ciperis que de ce garde ne s'en donna
Pour l'honneur de vo corps qui sur tous exaucha
Donna boire a Louïs qui de lez lui esta.
Mais en brief temps aprés ly enfes devia.
Chi le vous ramenons, le conte renvoyé l'a 3125
Ad fin que dessus lui nul mal ne pensés ja.
Le garchon est pendus qui le venin brassa,
Il congnut tout le fait ainsi qu'il ordonna."
Quant le roy entendi les motz qu'on lui compta,
Et il voit son fil mort que on lui presenta, 3130
De si hault comme il fut a terre reversa
Et baisa l'enfant mort.   Quant il se relleva
Et moult piteusement illeuc le regreta,
Adonc vint la rouïne qui s'enbati droit la,
Oncquez ne fut tel doeul que la dame mena. 3135
A tant roy Dagoubert le conte en appella
Et lui a dit, "Frans contes, par Dieu qui tout crea,
Ciperis excusés, mais aultre chose y a.
Mais il cuida estre roy pour ce que ma fille a—
Pour ce a il fait morir mon fil que je voy la. 3140
Mais Dieu est tout puissant qui bien m'en vengera.
Et par celui Seigneur qui sa mort pardonna,
Se puis sçavoir de vray comment la chose va,
Que il en soit couppable ne que ce fait brassa,
Tellement le mien corps vengance en prendera 3145
Que je le destruiray ou il me destruira."
L'enfant fut enfouïs ainsi qu'il le trouva,
Tout droit a Saint Denis que le sien corps fonda.

Le quens de Longueville arriere repaira
Et le conte d'Evreux doncquez le compaigna   3150
Jusquez en Vignevaulz nulz ne s'i arresta,
En Foucarmont entrerrent ou bon chastel ot ja.
Le conte y ont trouvé que forment devisa
Pour sçavoir la response que le roy leur fait a.

103.

Le quens de Longueville dont je vous fais devis   3155
O le conte d'Evreux qui tant estoit gentilz
Vindrent a Foucarmont, le fort chastel massis,
Le conte y ont trouvé qui ot nom Ciperis.
Tous les parlés lui dient du riche roy de pris,
Comment il le mescroit qu'il n'ait son fil occhis   3160
Et comment le menache se vers lui a mespris.
Quant Ciperis l'entent moult en fut esbahis,
Moult doubte que la chose n'en retournast au pis,
Et il n'avoit o lui de ses enfans que .x.,
Lez aultres .vij. estoient ralés en leur paÿs.   3165
Non pourquant Ciperis se conforte toudis
Que s'il estoit du roy nullement assaillis,
Ses enfans manderoit aveuc tous ses subgis.
Il n'a garde du roy mais qu'il ne soit soupris.
Ensement fut en doubte et se n'ot riens mespris   3170
Bien pensa que le roy prendroit la chose au pis.

104.

Seigneurs, or entendés pour Dieu de magesté—
Humais orrés chanson de grant auctorité.
Dagoubert qui de Franche fut droit roy couronné
Ne povait nullement avoir son coeur osté   3175
Que Ciperis n'eüst le sien fil enherbé,
Et tant fit par espies qu'on lui ot recordé
Du quen de Vignevaulz toute la verité,
Comme au filz Louÿs ot le hanap donné,
Et comment on avoit le varlet demené   3180
Par forche de gehine le sien corps tourmenté,
Que pendu on l'avoit sans droit et sans pité.
Quant le roy Dagoubert fut de che escolé,
Cuida que Ciperis eüst le fait brassé,
Dessus les Evvangiles en eüst bien juré.   3185
Dont fit le roy mander tout son riche barné.

Que vous aroie je longuement devisé—
Ainchois que ung moys fust acompli ne passé,
Ot le roy tant de gent a Paris assamblé
Que .lx. mille hommes ot en son ost nombré. 3190
Lui .iiij.e de roix qui vous seront nommé—
L'un fut roy d'Arragon le nobile resgné,
L'aultre fut de Gascongne s'ot a nom Josué,
Et il fu lui troisime d'eulz estoit advoué,
Salemon de Bretengne fut le quart couronné. 3195
Et s'avoit .iiij. ducz de moult grant parenté,
Le fier duc de Bourguongne fut le premier nommé,
Et le fort duc d'Auvergne qui adonc fut duché,
Et le duc de Berri qu'on nommoit Esmeré,
Se fut le duc d'Orleans qu'on ot Marcus nommé. 3200
A la voie sont mis ou le roy ot rouvé,
Tout droit vers Vignevaux fut leur chemin tourné.
Dont aulcun dez barons furent moult effraé
Et disoient entr'eux, "Qu'a li roix empensé?
Voeult il ravoir la terre qu'ot Ciperis donné?" 3205
Ainsi par le paÿs orent ilz tant esré
Que droit en Vignevaux sont les premiers entré.
Et si ot commandé que tout soit deserté
Quanqu'on pourra avoir en ce païs trouvé.
Mais il doubta les filz Ciperis le membré, 3210
S'entra ens en la terre sans avoir desfié.
Les proies fist saisir et pain et vin et blé,
Porcz, vaches, et boeufz, et moutons a plenté.
Et les gens Ciperis furent moult esfraé.

105.

Dolans fut Ciperis et moult lui anuya 3215
Pour ce que Dangoubert son paÿs lui gasta.
Orable sa femme doulchement appella
Et lui dit, "Chiere dame, mon corps que devenra?
Vo pere vient sur nous o le povair qu'il a,
Et a juré sa foy que il nous destruira. 3220
Or ne sçay je que faire, bon conseil nous faulra."
"Je vous diray," dist elle, "quel chose on en fera.
Pregnés sept messagers qui voisent par de la,
Se mandez vos .vij. filz que tost viengnent de cha.
Bien sçay que ilz venront; ja pié ne vous faulra." 3225
"Dame," dit Ciperis, "bien ait qu'ainsi parla."

Lors fist escripre briez et puis les delivra
A sept frans messagers que son corps bien monta,
De haster ses enfans bonnement leur pria.
Et chascun vistement en son chemin entra,   3230
Et par mer et par terre chascun tant esploita
Que lez sept enfans sceurent comment ala.
Se jurerrent Celui qui les fist et fourma
Que leur peres par eulz bien secourus sera.
Diray de Dagoubert comment il se hasta,   3235
Entre lui et sa gent tellement esploita
Que devant Foucarmont tout autour se loga.
Bonne ville y avoit ens ou temps qui passa,
Qe li roy par sa prosse la ville concquesta
Et dedens le chastel Ciperis assiega.   3240
Le conte fut dedens qui petit de gent a.
Seigneurs, or entendés de quoy il s'aviza.
Sez .x. filz qu'il avoit a armer commanda
Et leur dit, "Mes enfans, sçavez comment il va.
Cheans a .x. mille hommes que on adoubera,   3245
Se ferons ung estour encontre ceulz de la
Pour rescourre les proies que le roy concquis a.
Qui les pourroit ravoir et ramener de cha,
Trop mieulz attenderions le secours qui venra."
Et les enfans respondent, "Si soit com vous plaira.   3250
Benis soit qu'aujourd'hui bien s'i esprouvera."

106.

Le conte Ciperis qui tant ot hardement
Par le conseil ses filz s'est armés vistement.
Aussi firent ses filz et trestoute leur gent,
Puis dirent a leur pere, "Yssons hardiement.   3255
Entre tant que Franchois ont leur entendement
A fichier les peussons pour le leur logement.
Ja mais ne les arons si bien a no talent.
Car puis qu'ilz leveront leurs tentes ensement,
Ce n'est point pour aler non tant que a present.   3260
Ains est signe s'ilz poevent qu'ilz nous feront tourment.
Affamer nous pourront s'ilz poeuvent nullement.
Mais qui pourroit avoir ad ce commencement
Partie de cez proies dont ilz ont largement
Plus nous en doubteroient a tousjours vraiement."   3265
"Par foy," dit Ciperis, "bien me plait ensement."
Dont ordonna sez hommes Ciperis noblement

Et puis issirent hors trestous couvertement.
Es Franchois se ferirent qu'il n'en sceurent nient, 3270
Ne ja mais ne cuidassent qu'il eüssent content,
Pour tant que Ciperis cuidoient seul de gent.
Et Ciperis se fiert em mi eulz plainement
Et ses filz et ses hommes par itel couvenent
Que chascun s'i abat le sien appertement.
Qui veït Ciperis en icel capplement 3275
Abatre et reverser Franchois hideusement
Du plus hardi vassal eust il ramembrement
Qui oncques portast armes ne vestit garnement.
Aussi font ses enfans trestous communaulment.
"Avant, seigneurs baron," dit Ciperis le gent, 3280
"Se ces Franchois sont drus ne les doubtés noient,
Mais boutés les par terre bien et hardiement,
Com plus est dru le blé plus soie on largement."

107.

Moult fut grans ly estours quant vint a l'aprochier.
La veïssiés maint coup donner et emploier 3285
Sur ceulz qui entendoient a leurs tentes drechier.
La faisoit Ciperis sa gent fort manchier
Et tuer et abatre, ochire et mehaignier.
Entr'eulz que Ciperis entent au caploier,
Et o lui ses enfans qui sont fors et legier, 3290
S'en part deux de ses filz pour la proie acoeullier,
Se furent avoeuc eulz quatre cens souldoiers,
Les aultres ont laissié au grant estour planier.
S'aqueullirent lez proies qu'ilz voulrent fourragier,
Et trestout le bestail qu'ilz voulrent gaignier, 3295
Bien .viij. cens grosses bestes que gardoient vachier,
Et .x. mille brebis et pors pour encrachier.
Tous conduirent par forche en leur chastel planier,
Car cilz qui lez gardoient ne firent nul dangier,
Ilz furent de le gent Ciperis le guerrier 3300
Qui Franchois par leur forche voulrent desgoubillier.
Quant Orable choisi lez proies herbergier
Moult fu lie en son coeur en lui n'ot qu'eslechier.

108.

Moult fut lie la dame, grant joye demena
Quant elle vit la proie que layens arriva. 3305
Tout droit a Ciperis ung chevalier ala

Qui lui dit que la proie est au chastel piecha.
Lors ot Ciperis joye, la retraite sonna,
Ciperis o sa gent arriere retourna.
Mais ce fut si a point que toute l'ost de la 3310
Se debvoit assambler a ceulz qui gouverna,
Se plus fust demouré il n'en retournast ja.
Ses hommes et sez filz par devant lui mena
Tant qu'a leur sauveté ens ou chastel entra.
Dont fut la grande joie que layens on mena. 3315
Car pour .ij. ans de siege malaise n'aront ja.
De char, de vin, de blé, a plenté il y a.
Entr'eux venra secours qui lez visetera.
Et le roy Dagoubert quant la voix escouta
Ot grant doeul a son coeur, Ciperis mennecha, 3320
Et dit que ja mais jour il ne s'en partira
Se l'ara mort ou prins, ensement le jura.
Mais je croy bien de vray que parjurés sera
Se les roix sont venus que Ciperis manda.
Il sera moult joyeulz quant paix avoir pourra 3325
Ainsi qu'en le chanson on vous recordera.

109.

Moult fut roy Dagoubert dolans et courouciés
Quant il sceut que sez hommes furent tous detrennés.
Bien .xij. cens en ot que mors que mehaigniés.
Si ont perdu leurs proies dont il ne fut point liés. 3330
Bien dit que Ciperis sera vif escorchiés,
Le faulz garchon bastars qui tant est sourcuidiés.

. . . .

Dont s'est il advisé, le cuvert regnoiés,
Tayons fut Ciperis, d'Orliens tenoit lez fiés.
Cil dit a Dangoubert oyont tous lez princhiers, 3335
"Sire, vous avés tort qu'ainsi le desprisiés,
Car il est bon vassal et hardi chevaliers.
Et si est vo nepveu, vo fille est ses moulliers.
Si estes en sa terre entré et avanchiés
Sans lui a deffier, c'est mal fait et pechiez. 3340
Ce n'est point ung garchon que, si tost soit playés,
S'il n'avoit en s'aÿde que lez sept roix prisiez
Qu'il a tous engendré et qui sont voz niez,
S'il est d'eulz au besoing secourus et aidiés,
Et se il vous voeult nuire, tout de vray le sachiés, 3345

Escaper n'en pourrés pour or, ne pour deniers
Que vous n'en soiés mors ou mené prisonniers."
"Marcus," dit Dagoubert qui moult fut aïrés,
"Laissiés tout ce ester et plus ne m'en plaidiés.
Se vous avez paour se vous en refuiez. 3350
Mais ad ce que je voy tout adez vous plairés
Par devers Ciperis que faire ne devriés.
S'il est fil de vo fille pour ce ne deüssiez
Faulser par devers moy de qui tenés vo fiez."
"Sire," se dit Marcus, "or ne vous courouchiés, 3355
Car il n'a homme en France fors vous, bien le sachiés,
Se il lui mesfaisoit que bien n'en fut vengiés.
Mais vous estes no sire et no souverain chief,
Plus de vous que d'un aultre doibz souffrir les dangiers."

110.

"Marcus," se dit le roy, "laissiés ester a tant. 3360
Ne vous esmervelliés s'il me va ennuiant
Quant cil que j'ay bien fait et mis en honneur grant,
Et a qui j'ay donné terre si souffisant,
A mon fil enherbé par son felon beubant.
Se vous commande a tous ychi, petit et grant, 3365
Que demain au matin aprés solail levant
Assalés le chastel car je le vous command.
Ja mais n'ara de port le traïtour puant.
Il enherba mon filz que mon corps amoit tant.
Il se poeut bien vanter et aler afermant 3370
Que se tenir le puis par quelque couvenant
Qu'a ung arbre sera pendus incontinent."
Ainsi va Dagoubert Ciperis manechant,
Mais le conte ne le doubte la montance d'un gant.
Car bien scet que le roy envers lui a tort grant. 3375
Si s'affie en son droit qui l'ira deffendant,
Et s'atent le secours que l'aultrier fu mandant.
Celle nuit fit le roy guaitier son ost puissant
Par le duc de Bourguongne qui tant ot fier talent,
Et par le seigneur d'Estampes au hardi couvenant, 3380
Et le roy Salemon de Bretengne tenant
A .xx. mille hommez d'armes bien armés a command,
Pour l'amour Ciperis qu'il ne voist hors issant.
Car plus ilz le redoubtent que nul oysel volant.

111.

Moult fut noble le gait et moult y ot de gent,	3385
Et le roy se coucha en son trefz bel et gent.	
Et lez princes par l'ost ont prins herbergement	
Jusquez a l'endemain aprés l'ajournement,	
Que le roy se leva. Se fist armer sa gent	
Pour livrer ung assault moult enforchiement	3390
A Foucarmont la tour qui fut faicte a chiment.	
Le roy a fait sonner ses trompes haultement,	
Dont coeurent a l'assault trestous communement,	
Jusquez sus les fossés font ung batillement.	
Mais Ciperis ot fait malicieusement	3395
Aprester ars a tour pour traire radement.	
Tous ceulz qu'ilz en ataingnent abatent mort senglent.	
Si fort trairent ce jour et si tres hardement	
Que plus de .v. cens hommes mirent a finement	
Dont le roy Dagoubert ot moult le coeur dolent,	3400
Car reculer couvint lui et trestoute sa gent.	
La endroit fut le roy bien .ij. mois plainement	
Et eust adonc conseil de pluisieurs de sa gent	
Qu'il fesist engins faire pour geter radement,	
Pour les murs craventer et la tour ensement.	3405
Le roy si accorda et fist commandement	
En pluisieurs bonnes villes que sans arrestement	
Venissent charpentiers et trestoute aultre gent.	
Plenté en y ala a cestui mandement,	
En l'ost ne demoura ne cheval ne jument	3410
Que ne fust mis en oeuvre pour amener briefment	
Le bos et le mairien en l'ost communaulment.	
Le maistre dez engiens fist ouvrer radement	
Lez charpentiers pour faire lez engiens vistement.	
Pour le chastel abatre sont en grant pensement,	3415
Mais ainchois que ilz l'aient a leur commandement	
Se vouldroient tous estre dedens leur cazement,	
Ainsi que vous orrés assez prochainement.	

112.

Moult ot roy Dagoubert son coeur triste et iré,	
De grever Ciperis avoit grant volenté.	3420
De besongnier ot moult lez charpentiers hasté	
Mais ainchois qu'ilz aient engien fait ne levé,	

Voulroient ilz tous estre en leur paÿs ralé.
Se vous diray pour quoy mais qu'il vous viengne a gré.
Ainsi que Ciperis estoit ung jour monté 3425
Au plus hault de la tour adz crestiaux aquenté,
Avoeuc lui sa femme Orable au corps mollé,
Et qu'ilz se devisoient du roy et du barné,
Leurs enfans aveuc eulz trestous .x. arrouté,
Et regardoient l'ost environ et en lé; 3430
Mais n'orent adz crestiaux point longuement esté,
Quant Ciperis choisi ung penonchel doré
Et puis une baniere de fin or frazellé.
Le champ estoit d'argent et d'azur sus broudé,
Ung grant arbre au millieu noblement ordonné, 3435
Une fleur de lis d'or au senestre costé,
Et si ot trois leuppars au millieu painturé.
Si tost que Ciperis ot l'ensengne advisé,
Il a dit a sa femme qui le coeur ot sené,
"Dame, confortés vous! Ayés joye mené! 3440
Car vous arés secours ains brief terme passé.
Vecha vo fil Guillame d'Engleterre fievé.
Qui que doie faillir point ne m'a oublié.
Or seront, s'il plaist Dieu, cilz de la revidé."
Quant la dame l'ouÿ grant joye a demené, 3445
Point ne fut aussi lye pour l'or d'unne cité.

113.

Joieulz fut Ciperis quant son fil adviza
Et la riche baniere qui au vent balya.
Tant ot o lui de gent qu'aveuc lui amena
Que .xx. mille combatans ce jour on lez nombra. 3450
Guillame d'Angleterra sus ung prés se loga,
Ses tentes fist lever qu'on y acaria.
Et quant le roy de Franche la nouvelle escouta,
Que c'est fil Ciperis cil qui est venus la
A tel effort de gent, tout le sang lui mua. 3455
Par son ost fist crier, ung herault le nuncha,
Que nul n'isse de l'ost pour aler cha ne la,
Mais que chascun soit tout prest quant le besoing sera
Par quoy sousprins ne soient, et on lui ottria.
Ainsi que Ciperis l'ost son fil regarda 3460
Vit d'unne aultre partie ainsi qu'il lui sembla

Venteler dez banieres ainsi qu'il les porta.
Si tost que les banieres Ciperis avisa,
Soiés fis et certains que la joye doubla.

114.

Joyeux fut Ciperis et bien y ot raison 3465
Quant il vit lez banieres de tous sez filz par nom.
Moult bien les a congnut si a dit a hault ton
A sa noble femme qui Orable ot a nom,
"Dame, bien vous debvez cher tenir par raison,
Car oncques telle portee de femme ne vit on 3470
Que vous avés portee, loés en soit Jhesom.
Or regardés venir ces nobiles penons,
Et ces grandes banieres la ou sont cilz lyon,
Se sont trestous vos filz, moult bien les congnoist on."

115.

Seigneurs, or entendés pour Dieu qui fist la mer, 3475
Des enfans Ciperis que moult font a doubter.
Au Tresport arriverrent a tout maint bacheler,
La firent ilz leurs tentes tout ensemble lever,
Puis vont lez nobles freres l'un l'aultre festier.
Lors alerrent ensemble ces roix parlementer, 3480
Et dit le roy Guillame qui Englois doibt mener,
"Se j'estoie creeus, par le Dieu qui n'a per,
Nous ferions demain toutes nos gens armer
Pour aler cez Franchois veoir et revider.
Car se ilz nous veoient chi granment sejourner, 3485
Vous les verriés trestous en leur paÿs raler,
Ou leur arriere ban dedens Franche mander.
Car le roy a grant terre qu'a lui doibt acliner.
Et quant le fers est chault on doibt sus marteler."

116.

Ainsi sont accordés les frere droicturier 3490
Pour l'endemain matin faire leur gent rengier
Pour assaillir Franchois au fer et a l'achier.
Lors alerrent ensemble celle journee logier.
Lez sept filz Ciperis prinrent ung messagier
Qu'ilz firent a leur pere celle nuit envoier. 3495
Et une lettre close lui alerent baillier,
S'avoient mis dedens ce que m'orrés nunchier:

Que Ciperis leur pere qui tant fait a prisier
Gard bien que n'isse hors de son chastel planier
Jusquez a l'endemain qu'ilz voulrent commenchier   3500
Le bataille et l'estour pour le roy dessegier;
Et que quant il verra l'estour plus enforchier,
Adonc pourra issir o lui ses chevalier,
Et leur freres aveuc qui sont poissant et fier.
Ainsi disoit la lettre que vous oez nunchier.   3505
Guillame appella tantost ung messagier,
La lettre lui bailla et lui va rencarchier
D'aler a Foucarmont le grant chastel planier,
Pour ce message faire et la lettre baillier.
Le messagier se part, que Dieu gard d'encombrier,   3510
Tant fist qu'au chatiau vint sans point de l'atargier.
En la sale monta ou furent les princhier,
Ou qu'il voit Ciperis s'en va agenoullier.
"Sire," dit le message, "Dieu vous gard d'encombrier.
La hors sont vos enfans, tous les freres guerrier,   3515
De par moy vous saluent, mez grans seigneurs princhier.
Ceste lettre droit chi vous ont chi envoiet,
Et vous mandent par moy que demain sans targier
Encontre les Franchois commenceront chembier."

117.

"Messagier," dit le conte, "par de la en irés,   3520
Et a mez beaux enfans de vo bouche dirés
Qu'aussi tost isteray que vous commencherés
La bataille et l'estour et les introduirés
Que se roy Dagoubert est en l'estour entrés,
Que il ne soit par eulz ne plaiés ne navrés.   3525
Car il est no droit sire et no droit advouez;
Nul mal ne lui vouldroie par Dieu qui fut penés,
Mais se prendre le poevent en vie et en santés,
Que rendre le me puissent, leur en saray bon gré."
Le messagier lui dit, "Bien leur sera comptés."   3530
Dont prent congié au conte si s'en est retournés.
Bien voulsist que la guerre durast .x. ans passés.

118.

Le message s'en part si que vous segniffie,
De Foucarmont issi, s'a se voie acoeullie.
Jusquez en l'ost dez sept roix ne s'i arresta mie,   3535

La nouvelle leur pere leur a tost denunchie,
Et comment il leur mande et humblement leur prie
Que le roy Dagoubert qui France a en baillie
Ne soit ja mal mené d'eulz ne de leur maisnie.
Mais se prendre le poevent sain et sauf et en vie 3540
Il leur recquiert a tous qu'il ait en sa baillie,
Si qu'accorder se puissent par amours conjoïe:
Et que sur toute riens que ilz ne laissent mie
A commenchier demain bataille et estourmie,
Et d'assaillir Franchois en bataille rengie: 3545
Et si tost qu'il verra commenchier l'envaÿe,
Il istera dehors o lui sa compaignie.
Adoncques lez enfans ne s'arresterent mie,
Ains manderent bataille au roy qui "Franche" crie,
Et que demain matin aprés l'aube esclarchie 3550
L'iroient assaillir s'il n'a sa gent rengie.
Quant le roy Dagoubert a la nouvelle ouÿe
Au mez a respondu que moult bien lui affie
Que il sera tout prest baniere desploïe
Pour eulz a recepvoir, il ne leur fauldra mie. 3555
Ainsi fut dez .ij. pars la bataille affiïe.
Adonc roy Dagoubert a la chiere hardie
Appella Salmon de Bretaigne l'anthie
Et lui a dit, "Amis, par amours je vous prie,
Ordonnons nos batailles si que ne perdons mie, 3560
Car secours est venus a no adverse partie.
Assaillir nous vendront demain je vous affie."
Et Salomon respont, "Bon roy, et je l'octrie."
.x. batailles ordonnent, chascune fut prisie
A .x. mille vassaux armés par grant maistrie. 3565

119.

Seigneurs, or entendés pour Dieu le Roy amant.
L'endemain au matin si qu'a solail levant,
Dagoubert le bon roy de France le vaillant
A renguié ses batailles si come ay dit devant.
Et les filz Ciperis alerent ordonnant 3570
Sept batailles moult riches ou il ot de gent tant.
Guillame le fort roy d'Angleterre tenant
Conduissoit la premiere ens ou front tout devant.
Le fort roy Daboubert lez va bien advisant,
"Hé Dieu," ce dit le roy, "or viengnent cilz enfant 3575

En bataille mortelle contre moy maintenant,
Et se leur ay donné tout quancqu'ilz ont vaillant.
Pour ce dit ung proverbe dont me suis ramembrant,
C'on nourrit tel quayel et va on ellevant
Que puis coeurt sus son maistre, j'en voy chi l'apparant." 3580
"Sire," dit Salemon, "ainsi va maintenant,
Et ancoire venra pis com plus venra avant,
Plus resgnera le monde en malvaistie faisant.
Car encontre tous hommes tant leur soit atenant,
Ne tant leur ait bien fait doibvent tous ly enfant 3585
Aidier leur propre pere qui lez fut engenrant.
Car Nature la donne, se leur vient de bon sang,
Mais je croy vraiement n'est homme tant soit grant
Que s'on vous mesfaisoit le montance d'un gant,
Voire leur pere hors cela vois exceptant, 3590
Que pour vous n'en presinsent vengance si tres grant
Que gré leur en sariés selon mon enscient."
"Par foy," se dist le roy, "telz motz ne vault ung gant,
Car je leur osteray tout quant qu'ilz ont vaillant."
A icelle parolle vont l'estour commenchant 3595
Englois et Escochois vont radement traiant.
Quant le trait fut passé dont se vont aprochant.
Main a main cil a pié estoient tous devant.
Ors issi Ciperis et trestous ses enfant,
Chascun leva baniere au jour dont je vous chant. 3600
Bien les congnut le roix, adonc ala livrant
Sa plus maistre baniere a ung maistre puissant,
Gerard de Mondidier le va on appellant.
Forte fut la bataille au jour dont je vous chant.
Par devant Foucarmont le grant chastel puissant. 3605
Ciperis veïssiés ce jour fort combatant,
Et ses enfans o lui qui tant sont avenant,
En l'estour se reffierent par merveilleux semblant.
Mais le quens Ciperis de Vignevaux le grant
Tous les aultres passoit pour estre mieulz faisant. 3610
Car il n'a consievoit chevalier ne sergant
Qu'il ne fesist verser a terre sur le champ.
Ce jour fit adz Franchois maint destourbier pesant,
Mais tant estoit leal en coeur et en semblant
C'oncques vers Dagoubert ne se fut aprochant, 3615
Ne de lui a mal faire ne se fut avanchant.
Adonc d'Ennevers le conte suffisant

Ou qu'il voit Ciperis celle part va brochant.
Ciperis l'aperchut point ne le fut reffusant,
Fiert le quens d'Ennevers sur son escu luisant, 3620
Et cil d'Ennevers vuide le lance trenchant.
Mais la lance ne pot mie aler adrechant,
Ains passa soubz l'aissielle ainsi qu'en esclissant.
Et le quens Ciperis n'ala mie faillant
Ains assena le conte par itel couvenant 3625
Qu'au senestre costé ala le fer passant.
Le conte est cheü dont vont a lui lanchant
Les enfans Ciperis, Galehault tout devant.
Mais le conte ala "Montjoie" hault criant,
Et a dit adz Franchois, "Seigneurs barons, avant! 3630
Me lairés vous occhire a emcombrier si grant?"
Dagoubert celle part s'en vint esperonnant,
Moult fut puissant en armes n'y ot si souffisant,
Au rescourre le conte d'Ennevers dont je chant.
Y ot moult grant estour et bataille pesant, 3635
Mille hommes en morurent a doeul, je vous creant,
Que d'unne part que d'aultre sur le pré verdoiant.
Mauldit soit il de Dieu le Pere Tout Puissant
Qui brassa le bruvage dont de gens moru tant.

120.

Au rescourre le conte d'Ennevers le baron 3640
Fu fiere la bataille et la dissencion.
Ciperis se deffent qu'avoir ne le poeut on,
Adz Franchois detrenchoit coeur et foie et poulmon.
Mais le quen d'Ennevers remonta en l'archon,
De la gent Ciperis fit grant destruction, 3645
Et le roy Dagoubert et les aultres baron
Y fierent a plain bras en menant hydeux son.
Ly estour renforcha, oncquez tel ne vit on.
Le fort roy Dagoubert a brochié l'arragon,
Ung Yrlandois fery par ytelle fachon 3650
Toutes ses armeüres n'y vaulrent ung bouton,
Voyant roy Bouciquault l'abati au sablon.
Mais le roy Bouciquault n'en fist se rire non,
Riens ne vouloit mesfaire au bon roy son tayon.
Adonc de Danemarce Gracien le baron 3655
Es Franchois se feri, o lui Dannois, Frison.
La gent au roy de France assaillent environ,

Bien euissent occhis Dagoubert a leur bon,
Mais ilz le deportoient c'oncques n'eüt horion.
Et se leur faisoit moult le roy de cuizenchon. 3660
Car des gens Ciperis destruisoit a foison,
Dont Ciperis avoit au coeur grant marison.
Mais le roy ne ferroit pour tout l'or du royon.
En ses gens se feri com le leu au mouton.
A l'estandart du roy de France et de Laon 3665
Ala tel coup ferir qu'il queÿ au sablon.
Et les nobles Franchois, que Dieu fache pardon,
Quant voient leur ensaigne reverser en ung mont,
Telz .x. mille s'en fuirent pour avoir garison
Qui n'avoient rechupt ne coup ne horion. 3670
Leur ost se desrouta entour et environ.

121.

Adonc roy Dagoubert ot le coeur moult dolant
Quant il voit son dompmage tellement apparant.
Et lez bon freres alerrent le roy avironnant,
Mais le roy se desfent a guise d'amirant, 3675
Es gens de son nepveu se fut adventurant.
Adonc vint Marcus d'Orliens le vaillant
Pour aidier Dagoubert se va adventurant.
Ciperis le congnut dont lui va escriant,
"Beaulz taions, rendez vous ou vous serés perdant." 3680
"Par foy," se dit le duc, "ne me rendray noient
Tant que puisse tenir au puing le branc trenchant.
Combien que vous soiez issus de mon droit sang,
Se doibz je a mon seigneur estre reconfortant.
Je ne lui faulray ja tant que je soie durant." 3685
Quant Ciperis l'entent d'aÿr va fourmiant.
Adont tout haultement il s'ala escriant,
"Foularmont, Nostre Dame, or avant mez enfant!
Pregnés le duc en vie, ne le soiés empirant.
Et le roy vo tayon me rendés tout devant." 3690
Quant ses enfans l'ouïrent donc saillirent avant,
Vers Dagoubert tournerent, se le vont escriant,
"Or vous rendés, chier sire, s'il vous plaist maintenant.
Vous n'y povés durer, vos gens s'en vont fuiant."
"Taisiés," dit Dagoubert, "fel garchon recreant! 3695
J'ay plus chier a morir trestout fin maintenant
Que je fusse au dangier de ce bastard puant,

Qui par grant couvoitise enherba mon enfant."
Quant les enfans l'ouïrent moult en furent dolent.
Ly ung qui fut hatif et plus entreprendrant 3700
Ce fut ber Gallehaux, chil est sailli avant.
Dessouz le roy occhit son destrier auferant.
Le roy queÿ a terre, Jhesus va reclamant,
Et Galehault tantost lui ala escriant,
"Se tost ne vous rendés ja n'y arés garand." 3705
Et le roy lui a dit haultement en oyant,
"Je ne me renderay pour nul homme vivant."
Adonc vint Ciperis qui le va escriant,
"Or le pregnés, beau filz, sans lui estre blechant."
Dont le vont lez bons freres autour avironnant. 3710
Que vous iroie je le chanson allongant—
Prins fut roy Dagoubert qu'il ne pot en avant,
Et le duc d'Orliens et aultres ne sçay quant.
Ciperis les envoie au chastel souffisant,
A Orable sa femme que son corps ama tant. 3715
Il meïsmez son corps lez ala conduisant,
Et dit, "Dame, tenés, je vous prie et commant
Que gardez vostre pere qu'il ne voit eschapant.
Car je vous jure Dieu en qui je suis creant,
S'il ne s'accorde a moy ains long terme passant, 3720
La teste lui taulray a m'espee trenchant."

122.

"Dame," dit Ciperis, "par Dieu qui tout crea,
Sans cause m'a grevé le roy que je voy la.
Mais s'a moy ne s'accorde ainsi qu'il me plaira,
Ja mais en son vivant a Paris n'entrera." 3725
"Sire," se dist la dame, "par Dieu qui me crea,
De la paix de vous .ij. mon corps se penera."
A icelle parolle la retraite sonna,
La bataille est vaincue, Franchois n'y demoura
Qui ne soit mort, ou prins, ou en fuite tourna. 3730
Les enfans Ciperis dont ore on vous parla
Rentrerrent au chastel car la nuit aprocha,
Moult grant joye ot au coeur celle qui les porta.
Adonc pour le mengier l'yaue ung sergant corna.
Le conte Ciperis le roy moult honnoura, 3735
A la plus haulte table l'asist et ordonna,
Et sa fille de lez lui qui moult le conforta,

S'i fist seoir sa mere, Ciperis le manda,
Et le duc d'Orliens, plus de gens n'y ara.
Mais qui qui en eust joye Dagoubert point ne l'a, 3740
Ung petit a beü mais oncquez ne menga.
Son doeul et son dompmage moult forment regreta,
Mais ne dit mie en hault tout ce que il pensa.

123.

Moult ot roy Dagoubert la chiere courouchie,
Et la sale fut moult plentureuse et servie. 3745
Le roy voit la vitaille qu'on avoit apointie,
Lors dit a lui meïsmez qu'on ne l'entendi mie,
"Par foy, j'estoie bien tailliez a celle fie
De chi tenir le siege une annee acomplie,
Car moult a cilz batars sa maison bien garnie. 3750
Il est fel et felon, le corps Dieu le maudie!
Par sa grant malvestie tolly mon filz la vie,
Et se suis en prison, vengier ne m'en puis mie.
Car uns homs qui est prins de s'adverse partie
N'a nul bel estriver, c'est bien chose averie." 3755
Ainsi disoit le roy a qui forment anuie,
Et Orable sa fille mist toute s'estudie
Comment puist trouver paix et par quelle maistrie.
Moult par estoit la dame de tous biens enseignie.
Seoir voit devant lui sept roix de seignourie, 3760
Et .x. filz banerés plains de bachelerie.
Et s'i estoit leur mere qui doulchement lui prie
"Pere, pour l'amour Dieu le Fil Saincte Marie,
Et par sa digne mort que Juifz par envie
Lui firent endurer par leur grant felonnie, 3765
Et perchié par Longis sa char qui fut plaiie
Donc du sang precieux ot la veue esclairie,
Adonc pria merchi, se lui fut octroiie—
Car Dieu lui pardonna sa mort et sa haschie.
Tout couvient pardonner, Dieu le voeult et ottriie, 3770
Et qui ne pardonra ja n'ara compaignie
De Dieu de Paradis ne de Saincte Marie.
Voeulliez vous apaisier, sire, je vous em prie
Au conte Ciperis, que Dieu doint bonne vie.
Car ce que vous tenés couroux et felonnie 3775
Je vous jure le Dieu qu'en pain on sacriffie,
C'oncquez Louïs mon frere par lui ne perdi vie.

Ains fut par ung garchon qui morut a haschie,
Que no bon chambrelenc fist morir par envie
Par poison qu'il brassa et par oeuvre anemie. 3780
Pour mon frere honnourer, dont l'ame soit saintie,
Lui donna mon seigneur a boire celle fie.
Aprés lui eust beü, mais Dieu ne le voult mie.
Quant il vit proprement soubz la table vernie
Mourir son chambreleng, dont fut chiere marrie. 3785
Puis moru le mien frere dont je fus courouchie,
Et on print le garchon qui l'oeuvre avoit bastie,
S'en fut pendus le fel qui mort ot desservie."
"Voire," dit Dagoubert, "mais vous ne contés mie
Que le forte gehine que on lui ot baillie 3790
Lui faisoit recongnoistre ce qu'il ne brassa mie.
Et dehors la gehine disoit a voix serie
C'oncques n'avoit pensé celle dyablerie,
Se pregnoit sur son ame s'elle ne fut perie.
Tout ainsi me fut il recordé sans boisdie. 3795
Par ma foy je crois bien qu'il morut par envie.
Tel brassa le poison qui ne s'en vante mie,
Vo mari le brassa quoy que nulz homs en die.
Pour tant que il vous a a femme nochoiie
Cuidoit de doulce France tenir la seignourie. 3800
Car couvoitise est telle, c'est bien chose averie,
Qu'a painez est il homs qu'envers lui ne supplie."

124.

"Fille," se dit le roix, "par Dieu omnipotent,
Je croy que ton mari fit l'empoisonnement
De quoy mon filz morut que j'amoie forment." 3805
Quant Ciperis l'ouÿ se lui dit haultement,
"Par foy," dit il, "damps roix, vous falés en present,
Et se vous ne fussiez mon sire ligement,
Foy que je doibz a Dieu, le Pere omnipotent,
Ja parage ne sang ne portast tensement 3810
Que je ne vous feïsse morir a grief tourment.
Car oncques envers vous ne mesfis nullement,
Ainsi m'ayde le Sire a qui le monde appent,
Qu'oncquez le enfant n'ot par moy encombrement,
Fors que bien et honneur, Dieu le scet vraiement, 3815
Que hui vous a monstré vostre fait plainement.
Et par cellui Seigneur qui ne fault ne ne ment,

Vous ne m'eschapperés pour or ne pour argent
Se m'arés amendé vo mesfait plainement,
Et que vous requerés vers moy paix vraiement. 3820
Et qui plus vous en priera pendus soit il au vent,
Car a vous n'ay fourfait un denier soeulement.
Si en tenrés prison tant et si longuement
Que vous irés de vie a vo trespassement."
"Par Dieu," se dit le roy qui grant aïr sousprent, 3825
"Vous me povés tenir assés et longuement,
Car pour mort ne destresse ne pardonray noient
La mort de mon enfant s'en aray vengement.
Pour ce s'en vo prison me tenés chi present,
Se pense de certain point n'y seray gramment." 3830
Quant Ciperis l'ouÿ a peu de doeul ne fent.

125.

Seigneurs, or entendés pour Dieu le Roy amant.
Humais orrés hystoire courtoise et avenant,
Dez hoirs de Vignevaux qui tant furent vaillant,
Et comment Ciperis le prinche combatant 3835
Fut fors contre ceulz qui le furent nuisant.
Humais pourrés ouïr com par fait convenant
Congnut son gentil pere Phillippe le vaillant,
Qui tint toute Hongrie et arriere et avant.
Diray de Ciperis comment fut esploitant. 3840
Le roy emprisonna du tout a son command,
A garder l'ot livré a sa femme plaisant.
Et a Robert d'Aumarle ou tant se va fiant,
Marcus, duc d'Orliens fu il tost delivrant
Pour l'amour de sa mere Clarisse au corps plaisant. 3845
Ciperis demoura en Foucarmont le grant
Dolans et courouchiés seulement pour ytant
Qu'au bon roy Dagoubert ne poeut par nul semblant
Trouver paix ne accord par nesun convenant.
Ses enfans appella Ciperis a ytant, 3850
La se va Ciperis a eulz tous conseillant
Comment se maintenra ne par quel convenant,
Ne se sus le royalme ira ses gens menant,
Ou se de celle guerre se passera a tant.
Adonc parla Guillame d'Engleterre tenant 3855
Et lui a dit, "Chier pere, ne vous voit desplaisant,
Tout ce que bon me semble vous iray conseillant.

Nous lairons coye France sans estre desertant,
Se verrons la maigniere du bon roy avenant,
Espoir dedens ung mois il sera advisant. 3860
Et Dieu y ouvrera par son digne command.
Mais ad fin que trouvés ne soiés ignorant,
Nous ne retournerons en nos lieux tant ne quant
Si arés paix a lui que sommes desirant.
Et se paix ne poeut estre en brief terme passant 3865
Devant Paris irons a no barnage grant,
Et se le concquerrons qui qui en soit dolant.
Se vous couronnerons a Rains a no command.
Prez sommes de cent mille ou plus, mon enscient.
Et s'i actenderons au fort l'arriere ben 3870
N'aiés doubte de perdre contre prince vivant,
Tant que soions en vie vous arés bon garant.
Nous vivrons et mourrons en vo droit deffendant
Et sans aultrui mesfaire s'ilz ne mesfont devant.
Nous mecterons nos hommes en garnison puissant 3875
Es chastiaulz, és cités la iront sejournant
De si jusquez a tant qu'on les ira mandant
Se ce vous semble bon j'en ay dit mon semblant,
Car se nous eslongions, estre pourriés dolant,
'Homs garnis n'est honnis,' ce dient ly aucquant." 3880

126.

Ainsi disoit Guillame que vous oés compter,
Ad ce conseil se vont tous ensemble accorder.
Ciperis fist leurs gens partir et dessevrer
Tout par mi son paÿs et leur fist commander
Qu'a nullui ne mesfachent sur la teste coupper. 3885
Es cités, és chastiaux lez fist par ordre aler,
Ad fin s'il est besoingz qu'il lez puist retrouver.
Ciperis et sez filz qui tant font a loer
Tout droit a Foucarmont se voulrent demourer.
Souvent voulrent au roy dire et admonnester 3890
Que la mort de son filz il voulsist oublier
Et que loyaulz amis ilz peussent demourer,
Ains se lairoit, se dist, tous les membres copper.
Or vous lairay du roy ung peu chi a parler,
Du charbonnier Hellie vous voulray deviser. 3895
Vous avez bien ouÿ de piecha recorder
Comment l'empereür Oursaire au coeur ber

Voult le charbonnier avoeucques lui mener
Au regné de Hongrie par de de la la mer.
Assés prés de Morons voult ses tentes lever 3900
Et voult au roy de Cipre bataille demander.
Le roy de Cipre tost lui ala acorder
Car tant avoit de poeuple qu'on ne le pot nombrer,
Ce jour fut assigné qu'on debvoit assambler.
L'empereür le fist dedens Morons mander 3905
Et quant le roy Phillippe pot le vray escouter
Qu'il aroit le secours, Dieu en print a loer.
Tant firent Chrestiens et tant voulrent pener
Que lez .ij. ostz ensemble se voulrent ajouster.
Par devant la cité se voulrent assambler, 3910
La ot pesant estour qui fit a redoubter.
Bien se porta Hellies le noble bacheler
Car ce jour print ung roy a qui qui deust grever.
L'empereur d'Allemengne s'i voult bien esprouver,
Aussi fist de Hongrie Phillippe au vis cler. 3915
Mais de ceste besongne me voulrai brief passer
Car bien vous sçay a dire et de certain conter
Que les Sarrazins vouldrent nos gens si fourmener
Qu'il couvint Chrestiens en la cité rentrer,
Tant encombrement de mors sur lez champs demourer 3920
Qu'a bien .xvij. mille lez peüst on nombrer.
L'empereur d'Alemengne voult en la cité entrer
Et le bon roy Phillippe qui le voult adrescher.
Qui grant doeul demenoit de ce ne fault doubter,
De ce qu'avoit perdu si nobles bacheler, 3925
Ne peut vaincre son coeur si se prent a plourer.
Quant l'empereur le voit forment lui deust peser,
Adonc l'arraisonna si com orrés compter.

127.

Quant le roy empereur a la chiere hardie
A perchut le bon roy qui de pitié larmie, 3930
Adonc l'arraisonna par amours conjoÿe
Et lui a dit, "Beau niez, pour Dieu le Filz Marie,
Qu'avez vous a plourer, ne le me celez mie."
"Par foy," se dist Phillippe, "j'ay moult la chiere irie
Que tant avons perdu par la gent regnoiie. 3935
Or nous ont assegié tout autour par envie,
Et s'est nostre gent morte et par paiens honnie.

Et si n'est no cité mie trop bien garnie,
Se n'atens plus secours de homme qui ait vie."
"Par foy," dit l'empereur, "vous parlés de folie. 3940
Tant que Dagoubert vive je ne me doubte mie.
Ne povons mal finer par nesunne partie,
Secours lui manderons ou nom Saincte Marie.
S'amenra son povair, il ne me fauldra mie,
Et s'amenra le conte de Vignevaux l'anthie, 3945
Ciperis qui est duc de toute Normendie,
Qui espousa la fille Dagoubert chiere lie—
S'en ot .xvij. filz plains de bachelerie,
Dont lez sept en sont roix tenans grant seignourie.
Li ung a espousee ma fille la gensie 3950
Et tient toute Behaigne qu'il a en sa baillie.
L'aultre est roy d'Angleterre une terre jolye,
Li tiers est roy d'Irlande o lui a gent prisie.
Le quart est roy d'Escosse c'est bien chose averie.
Le .v.me des roix dont je vous segniffie 3955
Il tient de Noyrevuegue toute la seignourie.
Et le .vi.me roix Danemarche maistrie.
Le septime de Frise a la terre saisie.
Le noble roy de Franche qui tant a seignourie
Leur ayda a concquerre la terre seignourie, 3960
Et tout ont concquesté a l'espee fourbie.
Au monde n'a tel gent ne qui soit si hardie."
Quant Phillippe l'entent a haulte voix s'escrie,
"Sire, cil Ciperis qui a telle maisnie—
Dont est il, de quel lieu, et de quelle lignie?" 3965
"Par foy," dit l'empereur, "ne le vous celleray mie.
Dagoubert son nepveu l'apelle a chiere lye,
Et je croy que c'est drois, et raison si ottrie,
Car il fut filz Phillippe qui sa char ot banie
De Franche pour le cause que il ot engrossie 3970
. . . .
Marcus le duc d'Orliens a la chiere hardie.
La dame ot nom Clarisse si com vous signiffie.
En une grant forest de Vignevaux l'anthie
Acoucha celle dame, qui ses aisez n'ot mie,
Du gentil Ciperis qui tant a courtoisie. 3975
Oncquez plus noble prince ne but de vin sur lie."
Quant Phillippe l'ouÿ tout le sang lui fourmie.

128.

Phillippe de Hongrie quant le fait escouta
Du noble Ciperis et le bonté qu'il a,
Bien scet que c'est son filz et que il engenra. 3980
Tout en fut esbahis que si bien pourfita,
S'il en ot joye au coeur ne le demandez ja.
Adonc parla Hellie qui point ne s'arresta.
Toute la nacion Ciperis recorda,
Et comment ly hermite Ciperis alleva, 3985
Comment le roy anglois ens au bos le trouva,
Comment en Engleterre avoeuc lui mena,
Et comment le gaiant sa mere gouverna,
Et comment d'Engleterre ly bers s'en retourna,
Et comment le gayant occhit et affina, 3990
Et comment par ce point sa mere delivra,
Et comment le chastel par lui soeul concquesta;
Sa cousine germaine de puissedi trouva,
Et dez mains a traïtres par son povair l'osta,
Depuis par le sien gré la belle il espousa; 3995
Et la belle maisnie que son corps engenra,
Et le grant seignourie dont chascun pocessa,
Et comment Ciperis en son coeur desira,
Que il peüst tant vivre et qu'il ne morut ja,
S'aroit veü le pere qui son corps engendra. 4000
Quant Phillippe ot ouÿ ce qu'il lui devisa
De la joye qu'il ot de sez beaulz yeulz ploura.
Moult grant joye a son coeur Phillippe recouvra
Quant de son filz ouÿ que tel regnommee a,
Et de tous sez nepveux dont compter ouÿ l'a. 4005
De joye qu'il en ot mainte larme ploura.
Quant l'empereur le voit point ne lui agrea,
Tantost et sans delay a Phillippe demanda
Pour quel cause c'estoit qui si grant deul mena.
Dont respondi Phillippe, a haulte voix cria, 4010
"Par ma foy, Empereur, ma pensee orrés ja.
Plus ma vie cheler mon corps ne le vouldra."

129.

"L'empereür nobile," dit Phillippe ly bers,
"Point ne vous doy celer le lieu ou je fus nez.
Je fus filz a Clotaire, de France fu casés. 4015

Frere suis Dagoubert qui ja est couronnés.
G'engendray Ciperis de quoy chi me parlés
En la dame Clarisse qui tant ot de beaultés.
Et pour lui fus banis de France le resgnés.
D'Orliens l'em menay qui est bonne cités 4020
Pour doubte que son corps si ne fut embrasés.
Par mi le Normendie fumes acheminés
Es bos de Vignevaux la fumes encontrés.
La fumes de murdriers assaillis et robés,
Et la me fut tolue Clarisse dont oés. 4025
Oncques puis n'en auï parler a nulz costés
Fors seulement ichi qui parlé en avez.
Or soit de ces nouvellez Jhesus Chris graciés."
Quant l'empereür l'ot s'en fut moult porpensés
Pour ce que roy Phillippe se fut la tant chelés 4030
Qu'oncquez mais ne voult dire a homme ses secrés.
De la joye qu'il ot s'est gaiement portés,
Et dessur tous Hellie s'est de joye assaiziés.
Lors commencha la joye mais telle ne verrés.
La nouvelle s'espant environ et en lés 4035
Que leur seigneur estoit le droit frere carnelz
Au noble roy qui est de France couronnés,
Dont li poeuple fut moult joyeux en ses pensés.
L'empereür appelle ung clerc qui fut lettrés,
Ung brief lui fit escripre tout a ses volentés, 4040
En secours recquerant par droictes amistés
Au noble roy de France et Ciperis aprés.
En ce brief estoit tout les fais bien devisés,
De Phillippe le ber qui estoit retrouvés
En l'honneur ou il est, et les grans magestés. 4045
Et puis s'est haultement l'empereür escriés,
"Qui fera ce message, seigneurs, ne le me chelés."
Quant Hellie l'entent a genoulz s'est getés
Et lui dist, "Empereur, par Dieu de magestés,
Je vous requier et prie que ce brief me livrés, 4050
Je feray ce message, or ne le me reffusés.
S'aultre y va de moy par Dieu qui fut penés
Ains qu'il soit .iiij. jours du tout me perderés."

130.

Tant depria Hellie a l'empereur puissant
Que la lettre lui baille dont il fut moult joyant. 4055

Bien scet que nul meilleur n'y sera chevauchant
Pour faire la besongne dont mestier orent grant.
Phillippe lui pria, au nom du Roy puissant,
Que le roy Dagoubert il lui voist saluant,
Et Ciperis aussi que moult va desirant, 4060
Et trestous ses enfans qui ont regnom si grant,
Et Hellie lui jure qu'il fera son command.
Tout droit a mienuit aprés le coq chantant
S'en departi Hellies de la cité plaisant
Par la faulse poterne qui fut vers Oriant. 4065
Il passa par mi l'ost de la gent Tervagant,
Si tres bien sot aler par le Jhesus command
Qu'oncques n'y fut perchut de nul homme vivant.
Tout droit vers Lombardie se va acheminant,
De venir dedens France aloit moult desirant. 4070
Par foy, bon est mestier qu'il se voit esploitant,
Car il n'est homs au monde en ce siecle vivant
Que entre Dagoubert et Ciperis le grant
Peüst paix accorder par nesun couvenant.
Car le roy Dagoubert ne voeult croirre noiant 4075
Que Ciperis n'ait couppes en le mort son enfant,
Pour ce qu'il lui livra le hanap en buvant
Ou le venin fut mis. Las, il n'en sceut noyant.
Mais se Dieu gard Hellie qui fort va exploitant,
Robert, celui d'Aumarle, qui ce ala brassant, 4080
Sera pour son salaire paiés par le pendant.

131.

Seigneurs, oés pour Dieu le Pere Esperitaulz!
Humais orrés hystoire de quoy lez vers sont biaux.
Ce fut a Pentecouste que lez jours sont moult chaux,
Que ly quens Ciperis qu'on dit de Vignevaux 4085
Tint court de sez barons dez plus especiaux,
Pour le roy honnourer qui de France fut baux.
A tous venans donna a mengier sans deffaulz,
Voire a ceulz qui d'estat portent lez apparaulx,
De ceulz ne tint on compte qui eurent mais drappeaulx, 4090
Ains avoient de maches ou de bastons grans caux.
Ce jour fit Dagoubert Ciperis ly loyaux
Asseoir au hault bout dont beaulz sont lez hotaulx,
Ciperis d'aultre part o ses enfans royaulx.
Aveuc le roy seoit Marcus le duc loyaux 4095

Et Orable sa fille au corps especiaux.
Chascun y fut servis de bons metz et de biaulx.
La dient maint parler en devisant entr'aux,
Pour le paix a trouver dient maint mot nouvaux.
Mais on y eust usé l'acier de mil coutiaux   4100
Ains que la paix fut faicte, tant fut le roy courchaux.
Et ainsi qu'on servoit dez entremez nouveaulz,
Vechi venir Hellie le charbonnier loyaulx
Qui ot cherchiet lez terres et lez mons et lez vaulz.
Esté ot a Paris la cité principaux,   4105
Pas n'ot trouvé le roy qui fut emperiaux.
On lui dit dez nouvelles dont il ne fut point baux.
A Foucarmont s'en vint dont ly dongon fut haulz,
Ou chastel est entré si deschent come igniaux.
Puis entra en la sale dont ly mengier fut beaux,   4110
Ou que il voit lez princes si se trait devers yaulz,
De Dieu lez salua le Pere Esperitaulz.
Quant Ciperis le voit s'en fut joyeulz et baux,
Point ne fut aussi liés pour le cité de Meaulx.

132.

Hellie le vassal les princes salua,   4115
Devant le roy de France a terre se geta,
Son brief tout scellé tantost lui delivra
De par l'empereür qui salut lui manda.
Dagoubert print le brief et dedens regarda,
La teneur en lut si que clerc n'y appella.   4120
Quant la lettre entendi tout le sang lui mua,
De joye et de pitié de ses yeulz larmia.
De la joye qu'il ot le brief lui eschappa,
Ciperis print le brief, lire le commanda
A ung sien chappellain qui tout lui desclaira.   4125
Quant il ot la teneur ses mains en hault leva,
De la joye qu'il ot Jhesus Christ gracia.
"Hellie," dit ly bers, "entendez a moy cha!
Cil brief nous segnefie qui le voir en dira
Que le roy de Hongrie le mien corps engendra.   4130
Dictes moy s'il est vray et ne le chelez ja."
"Sire," se dist Hellie, "ainsi le nous compta
Par devant lez barons et l'empereur de la.
Et en ce recordant mainte larme ploura.
Par moy salut vous mande et a tous ceulz de cha, 4135

Et especialment le roy me commanda
Qu'a vo mere Clarisse que je voy seoir la
Baillasse cest anel que le roy me charga.
Il me dit que la dame bien le congnistera."
Adonc devant la dame Hellie s'adrecha, 4140
L'anel lui ataindit et celle le baisa.
Adont parla la dame que chascun l'escouta.
"Par Dieu," dit elle, "Hellie, riche present y a.
Vit ancoire le prince ou mon corps s'adonna?"
"Ouïl," dist il, "Ma dame, par le Dieu qui fait m'a. 4145
Il est roy de Hongrie ou riche paÿs a,
La rouÿne ot a femme qui l'aultrier devia.
Le roy est sans femme mais ung noble filz a."
Dont ot joye la dame et en son coeur jura
Que ainchois qu'elle muire le noble roy verra. 4150

133.

Seigneurs, or entendés pour le Dieu ou on croit!
La joye qui fut la, nulz homs ne le diroit.
Le quens de Vignevaux ung clerc en appelloit,
La lettre lui fist lire que chascun l'entendoit.
La trouverrent comment Phillippe on banissoit, 4155
Et comment le royalme qu'il tient concquis avoit,
Et com le roix de Cipre aussi assis l'avoit,
Et comment le secours doulchement leur prioit.
Quant lez princhiers ouïrent ce que le brief disoit,
Pour cez bonnes nouvelles chascun joyeulz estoit. 4160
Et qu'il ara secours chascun le prometoit
Excepté Dagoubert que nul mot ne disoit,
Pour tant que il vit bien qu'eschapper ne povait
S'au conte Ciperis bonne paix n'acordoit.
Mais quant son filz Louÿs au coeur lui ramentoit 4165
Pour tout l'or qu'oncques fu pardonner ne povait.
Mais il lui pardonra ains que le vespre soit,
Ainsi que vous orrés briefment chi endroit.

134.

Moult fu joyeulz le conte Ciperis le hardi
Quant ouÿ la nouvelle de son pere genti 4170
De ce qu'encor fut vif, a Dieu grace rendy.
Bien dit veoir l'ira ainchois le moys d'apvril.
Adonc le bers Hellie a table se seÿ

De tous biens a foison fut noblement servi
Or oyés grant merveille pour Dieu qui ne menti 4175
Comment Robert d'Aumarle ot au corps l'anemy.
Quant il vit la endroit Hellie le hardi
A soy meïsmez dit que nulz ne l'entendi,
"Par le foy que je doy a Dieu qui ne menti,
S'en infer debvoie estre dampné o l'anemi, 4180
Se morrés vous par moy ains que soiés parti.
Vous tuastes mon pere au riche brant fourbi,
Mais j'en seray vengié ains qu'il soit avespri.
Et Ciperis aussi en mourra se je pui."
Adonc dedens sa chambre s'en ala sans detri 4185
Tost et appertement ung mal venin saisi,
N'est homs s'il en mengue qui n'ait son temps fini.
Puis revint a Hellie noblement le servi,
Semblant fit que par feste l'honnoura et chieri.
Mais Hellie tousjours se gardoit bien de lui. 4190
Non pourquant le traïtre le venin espandi
En la couppe doree en versant devant lui.
Mais ainsi qu'il versoit ung pau en espandi,
Sur le bort de la coulpe tout plainement queÿ.
Il estoit aussi noir comme arrement boully. 4195
Hellie s'en perchut qui se doubtoit de lui,
Quant cela vit si noir tout le sang lui fremy.
Sur ung petit de char a le venin saisi,
A ung levrier le gete qui estoit devant lui.
Quant le chien ot mengié a la terre queÿ, 4200
Et quant Robert d'Aumarle ot le levrier choisy
Destourner se cuida mais Hellie sailly.
Aprés Robert s'en va si s'escrie a hault cry,
"Par Dieu," dist il, "traïtres, vous revenrés par chi."
Voeulle Robers ou non, par les flans le saisi 4205
Lors lui a dit, "Cuvers desloyal, foy menti,
Ce que brassé avés buverés sans detry.
A vostre intention avez vieument failli."

135.

"Traïtres," dit Hellies, "par Dieu qui fit la mer,
Le brassin buverés que vous voultés brasser." 4210
Adonc le va briefment en la sale mener,
Par devant les barons qui sirent au digner.
La lui dit, "Faulz traïtres, Dieu vous puist craventer!

Ce que mesfait avés vous feray comparer.
Vous me cuidastes bien ychi empoisonner." 4215
"Par foy," ce dist Robert, "Hellie, vous mentés
De tant que me voulés de ce fait encoupper.
Mespregnés envers moy, se le debvés amender."
Lors vont devant le conte l'affaire recorder.
A genoulz se geta Robert le bacheler. 4220
"Chier sire," dist le fel, "vous sçavés bien au cler
Que je vous ay servi tousjours bien sans faulser,
Et tant que vous avez volu hors demourer
M'avés baillié vo femme et vos biens a garder,
Qu'oncques nulz de mon corps ne me voult villoner, 4225
N'oncques nulz en mon corps ne poeut nul mal trouver,
Se ce ne fut Hellie qui coeur a plain d'amer,
Qui me met que j'ay voulu venin brasser
Pour le faire morir et la vie finer.
Hellie, je ne saroie de tel ouvrage ouvrer, 4230
De quoy m'aviseroie de son corps enherber?
Oncques ne me mesfit le noyel d'un sollier."
"Vous mentés," dit Hellie, "vo pere voulz tuer
Pour ce qu'il ne servoit que de gens desrober.
Je dis devant le roy qui Franche a a garder 4235
Que le sien filz morut par vostre empoisonner,
Et Ciperis cuidant a la mort condempner.
Et maintenant aussi m'en cuidastez donner,
Se nier le voulés je le vous voeul prouver,
De mon corps contre vous en bataille o capler." 4240
Adonc lui va son gant en la plache geter.
Quant Robert l'a veü couleur print a muer,
A soy meïsmes dit c'on le pot escouter,
"Vechi .ij. malvais chemins, ne sçay lequel aler."

136.

Moult fut dolens Robert le traître pullent, 4245
Sans parolle respondre se tait bien longuement.
Quant Ciperis le voit se lui dit haultement,
"Robert, a quoy pensés, pour les Sains d'Orient?
Que ne pregnés ce champ tost et ignellement
Puis que ne vous sentés de l'empoisonnement. 4250
Ou deffendre ou congnoistre le vous couvient briefment."
"Chier sire," dit le fel, "par les Sains d'Orient,
Oncquez je ne pensai ycestui errement.

Car je prens sur mon ame et sus mon sauvement
De ce fait chi endroit suis je pur innocent." 4255
"Par foy," dit Ciperis, "puis qu'il est ensement,
Donc deveriés le champ prendre hardiement
Contre Hellie qui vous encouppe cruelement.
Vous estes bien tailliés, s'en vous a bon talent,
De champier a lui voiant toute la gent. 4260
Se trouver me faloit ung champion vraiement
Pour ung dez plus puissans de tout mon tenement
Prendroie vostre corps pour ung tournoiement."
"Sire," se dit le fel, "par Dieu Omnipotent,
J'ay au corps maladie qui force me deffent. 4265
Et telz est beau de corps et fourniés paraument
Qui n'a mie santé du tout a son talent—
Ce n'est mie fin or trestous ce qui resplent."

137.

Ainsi disoit Robert que Jhesus Christ mauldie.
"Chier sire," dit Robert, "par la Vierge Marie, 4270
Ne creés de legier si faicte dyablerie.
Se Hellie sur moy a pensé par envie
Pour grever le mien corps, pour ce ne doibt on mie
Croirre si de legier sa faulse genglerie.
Et avoeucques tout ce, par Dieu qu'on sacriffie, 4275
Je levasse le gant mais j'ay grief maladie
De goute qui me tient a la destre partie,
Si quez je ne suis mie en estat, quoy qu'on die,
De champier contre homme qu'aujourd'hui soit en vie."
Quant Ciperis l'entent moult se merencolie. 4280
Pour les tours qu'il trouvoit et qu'ensement varie
Se print moult a doubter, adonc ly quens s'escrie,
"Donnés moy celle couppe, ou est cil vin sur lye,
La ou le venin fu geté par tricherie?"
Quant Hellie l'entent la couppe a tost saizie 4285
A Ciperis le donne qu'il ne s'arresta mie.
Quant le conte le ting a haulte voix s'escrie,
"Robert," dit Ciperis, "oyés que je vous die.
Vostre excusacion avons assés ouÿe,
Vechi le venin propre dont le vassal Hellie 4290
Se doubtoit que au boire il ne perdit la vie.
Il dit que par vous fut ceste poison bastie,
Et vous dictes que non, ne le congnissiés mie.

A prouver le vous voeult l'armeüre vestie,
Et vous vous excusés par vostre maladie. 4295
Mais yceste excusance si ne poeut souffire mie.
Dont par celui Seigneur qui vint de mort a vie,
Vous buverés ce chi soit ou sens ou folie.
Je ne sçay s'il y a ou bien ou tricherie,
Je dis que c'est raison sans nulle villonnie. 4300
Et se aprés ce boire vous demourés en vie
Tant q'uns homs fut alé demie lieue acomplie
De tel mort qu'il vous met sus debvra morir Hellie.
Et se vous en morés sa cause est gaignie.
Faictes, delivrés vous, car aultrement n'est mie." 4305
Quant Robert l'entendi tout le sang lui fourmie.
Non pour tant le traître tant en son sens se fie
Que bien cuide desfaire du venin la maistrie.
Non pourquant par malice et par sa tricherie
A respondu au conte oyant la baronnie, 4310
"Sire, j'obairay a vostre commandie.
Mais force n'est point droit, ce tesmongne clergie."

138.

Seigneurs, si faictement que conté on vous a
Le conte Ciperis ceste cause juga.
Robert fut moult dolent non pourquant ne le monstra, 4315
Car quoy que moult fut saige, le venin redoubta.
Mais il se resconforte qu'en son sens se fia,
Adonc saisi le couppe, Ciperis lui bailla,
Si en but tout le vin que point n'en demoura.
Les prinches le regardent qu'entour lui furent la. 4320
Aussi tost qu'il l'eut but bien sauver se cuida,
A sa loiere vint, une boite en sacqua.
Mais Hellie le bers de ses poingz lui osta,
Et lui a dit, "Traîtres, ja riens ne vous vaulra.
Vous lairés ouvrer ce qu'en vo corps entra." 4325
Et quant Robert perchupt que morir lui faulra,
Et que nulle remede valoir ne lui poulra,
Par devant les barons a genoux se geta
Et puis a Ciperis moult haultement parla.
"Noble sire," dist il, "pour Dieu qui tout crea, 4330
Pardonnés moy tout ce que mon corps mesfait a.
Car enherber vous voulz en ung jour qui passa,
Dont le filz au bon roy entre vos bras fina,

Et ly bon chambrelenc aussi en devia.
S'en morut le varlet qu'oncquez mal n'y pensa. 4335
Hee! Noble roy de Franche, qui seés par de la!
Je vous requier pour Dieu qui se mort pardonna,
Pardonnés moy la mort que vo filz endura.
Car Ciperis mon seigneur en ce fait couppez n'a."
A ce mot le venin au corps lui escoffa 4340
Si qu'a terre queÿ et la mort l'empressa.
Quant Ciperis le voit tout le sang lui mua,
Adonc moult haultement a sa gent escria.
"Que le corps soit pendus tantost," il commanda.
Et on le fit ainsi que nul ne reffusa. 4345
"De tel fait, tel merite," ouÿ l'avés piecha.

139.

Ainsi morut Robert le traître murdrier
Que d'empoisonner gens vouloit faire l'ouvrier.
Pour ce dient les saiges du temps cha en arrier,
"Tel cuide aultrui grever qui se greve premier." 4350
Pour ce Robert le dy qui avoit tant d'or mier
Que de l'hostel au conte estoit tout despensier.
Ciperis ot grant joye, pour vray le puis nunchier,
Lors a prins ses enfans et sa gente moullier,
Par devant le sien oncle Dagoubert au vis cler 4355
Se vont, voiant lez princes, trestous agenoullier.
"Oncle," dit Ciperis, "or vous povés juger
Qui fist le vostre filz du siecle devier.
Or sçavez qui a tort, il n'y a qu'esclairier,
Mais combien qu'aie droit me voeul humilier. 4360
Car je vous prie pour Dieu qui tout doit justicer,
Qu'envers moy vous voeulliés humblement apaisier.
Combien que je vous tiengne comme mon prisonnier,
Et que par vostre oultrage me faictez essillier,
Se me doibz je vers vous de tous poins obliger, 4365
Car j'ay vo fille a femme que j'aime et tiens cher.
Je suis filz vostre frere Phillippe le guerrier
Que paiens ont assis a leur grant encombrier,
Certes bien le devriés ad ce besoing aidier."
Quant Dagoubert l'ouÿ se print a larmier 4370
Et lui a dit, "Beau niez, plus ne vous quier nier.
La mort de mon enfant me pot au coeur touchier
Si que ne le povaie par nul tour oublier,

S'en ay vers vous mesprins par mon felon cuidier.
Se vous requier merchi ou nom du Droicturier, 4375
Et se vous ay convent loialment sans boisier
Que pour tous les dompmages de cel vostre hiretier
De mon noble royalme arez vous ung quartier."
"Sire," dit Ciperis, "par Dieu le droicturier,
Vous ne fustes point prins pour vous a essillier. 4380
Je n'aray de vo terre ne arpent ne bonnier,
Assés m'avés donné, Dieu soit vostre loyer.
Alons aidier mon pere pour Dieu le vous requier,
C'est vo frere germain, ne le debvés oublier."
Quant le roy l'entendi se le coeurt embrachier, 4385
Et lui a dit, "Nepveu, bien vous doy avoir chier.
Ains plus loyal de vous ne monta sur destrier."

140.

Seigneurs, or entendés pour le Dieu ou on croit.
Ce jour orent joie grant plus qu'on ne vous diroit
Pour le paix des .ij. princes que chascun desiroit. 4390
Hé Dieu, que dame Orable grant joie au coeur avoit,
Et lez filz Ciperis chascun grant joie menoit,
Et le bon duc d'Orliens Jhesus Christ gracioit,
Mais le gentil Hellie sur tous joyeulz estoit.
Adz trompes, adz nacaires ceste paix on crioit. 4395
Ainsi passa le jour et le vespre venoit,
Noble fut li mengiers, je ne sçay qu'il coustoit.
Aprés couchier chascun qui voult couchier aloit.
Jusquez a l'endemain que le solail levoit
Que lez barons ouïrent le service benoit. 4400
Aprés le Dieu mestier parlement se faisoit
Que le roy Dagoubert en Franche s'en iroit,
S'assambleroit sez hommes a force et a esploit.
D'aultre part Ciperis ses ostz remanderoit,
Et les gens ses enfans qu'ens ou païs estoit. 4405
Le fort roy Dagoubert de Vignevaux partoit
O le duc d'Orliens qui bien le compaignoit.
Environ .xxx. lancez o le roy cheminoit
Car de nulle personne le roy ne se doubtoit.
Le conte Ciperis assés le convoioit, 4410
Et puis en son chastel o sa gent repairoit.
Dez lettres fist escripre et puis les seeloit,
Par toute Normendie tantost les envoioit.

Dirai de Dangoubert qu'a force chevauchoit.
Entre lui et Marcus qui Orliens justichoit, 4415
De venir a Paris chascun moult desiroit.
Mais s'il sceüst comment Paris se gouvernoit
Ainchois qu'il aprochast, arrier reculeroit.
Mais tant par ses journees esploita le bon roy
Que jusquez a Beauvais point il ne s'arrestoit. 4420

141.

Au palais a Beauvais qui tant est bien murés
Fu le roy Dagoubert de Franche couronnés
Recheü noblement, c'est fine verités,
Du bon conte gentilz et dez bourgois loés.
La lui vindrent nouvelles, ainsi que vous orrés, 4425
De quoy le roy fut moult dolans et aïriés.
Si com seoit a table que digner fut cornés,
Ains qu'il fut du tiers mez servis ne agreés,
Adonc vint ung message ens ou palais montés,
Le fil au bon duc qui fut a Paris deffinés 4430
Par le conte Prouvence, ainsi que vous orrés.
Ou qu'il perchut le roy celle part est alés,
A ung genoul se mist, de lui fut salués,
Et dit, "Ce Jhesus Chris qui en croix fut penés
Sault et gard mon seigneur et o lui ses privés." 4435
Quant le roy le perchut de lui fut appellés,
"Savary," dit le roy, "amis, c'or vous levés.
Qui vous a caché chy ne pour quoy y venés?
Voulentiers le saroie si soie jou saulvés."
"Sire," se dist le bers, "s'il plaist Dieu vous l'orrés. 4440
Je vous di que le conte de Prouvence clamez
Quant il se fu l'aultrier de vostre ost dessevrés,
Il revint a Paris et o lui ses privés.
Se nous fist entendant ens ou palais lités
Que vous fustes occhis et du siecle finés, 4445
Et que il debvoit estre de France couronnés.
Et mon pere le duc qui fut ung de vos pers
Respondi vistement que c'estoit faulsetés,
Et que vous n'estiés mie ne occhis ne tués,
Et que s'il estoit vray que fussiés affinés, 4450
S'aviés ancoire ung frere, Ludovis est nommés,
Qui est de cha la mer n'a qu'un peu retournés,

Et s'est en une abaye rendus et delivrés.
Se dist ainsi mon pere qu'il seroit remandés,
Et que c'est mieulz raison que il fust couronnés. 4455
Quant ly quens Guy l'ouÿ moult en fut aïrés,
Il tira ung coustel qui fut bien affilés,
A mon pere en percha le coeur, c'est verités,
Tant qu'il fut de ce coup a terre mort getés.
Et le cuiday venger ja ne m'en mescreés. 4460
Mais chascun lui aidoit tant que je fus matez,
Je n'eux plus de loisir que d'estre destournés.
Or a tant le traïtre fait par ses faulsetés
Que il est en Paris comme roy couronnés.
Et sont tous les bourgois avoeuc lui accordés 4465
Par le forche d'argent dont lez a avullés,
Dont ma dame a tel doeul ja greigneur ne verrés.
Car de tous vos joyaulz a par forche lez clés.
S'en a la france dame ja plenté de durtés.
Je croy que vo tresor soit par lui essondrés. 4470
Les bourgois l'ont eü, par lui sont rebellés."
Quant le roy l'entendi le sang lui est mués,
Ains ne fut si dolans puis l'heure qu'il fut nez.

142.

Moult fut le roy de France dolans et courouchiés
Quant il ot lez nouvelles qui tant lui furent griefz. 4475
Lors a dit a Savari qui de Bourguongne est chief,
Qu'encoire sera bien le sien pere vengiés.
Adonc il appella tous ses barons prisiés
Que de venir en Franche fussent tost avanchiés.
Et puis lui conseillierent, tout de vray le sachiés, 4480
Qu'il alast a Chisteauz sans estre delaiés
A Ludovis son frere qui estoit repairiés
D'oultre mer ou long temps ot payens guerriés.
Se fut devenu moisnez pour monder sez pechiés.
Mais pour ce que le roy Dagoubert le prisiés 4485
N'avoit plus nulz hoirs marles qu'ilz tenissent ses fiefz,
S'acorda le bon roy et en fut concilliés,
Que hors de l'abbaÿe s'il poeut par nul traitiers
Gettera Ludovis, de lui sera aydiés.
Lors parti de Beauvais et tant s'est esploitiés 4490
Qu'il a passé la Brie et se fut adrechiés.

Tout droit envers Bourguongne dont grant est li terriers,
A Chisteaulz vint le roix et o lui ses princhiers.
La fut il noblement rechups et festiés.

143.

A Chisteaulz vint le roy Dagoubert au corps gent. 4495
La fut bien recheüs d'abbé et de couvent,
La trouva il son frere que tout nouvellement
Ot encarguié l'ordre de Cistiaux proprement.
Quant vit le roy son frere moult fut liez durement,
L'un l'aultre ont acolé et baisié doulcement. 4500
Le roy lui demanda son estat et comment
Il s'estoit maintenus entre payenne gent,
Et pour quoy il se fu la rendu ensement.
"Sire," dit Ludovis, "par le mien serement
J'ay advisé en moy par bon entendement 4505
Que vous avez ung filz qu'aprés vo finement
Maintenroit vo royalme et vo couronnement.
Et je n'ay dedens France de terre plain arpent.
Se me suis chi rendu pour mon gouvernement,
Et sievir Jhesus Chris, s'aquerrai saulvement. 4510
Mais on m'a recordé il n'y a mie gramment
Que vous estiés alés en armes a grant gent
Tout droit a Foucarmont ou Vignevaux apent
Pour grever Ciperis le conte au le corps gent.
Et me dist on aussi que vous meïsmement 4515
Aviés esté occhis dedens un capplement,
Et que vo filz Louÿs qui estoit mon parent
A esté enherbé malicieusement
Par le fait Ciperis, dit me fut ensement."
"Frere," dit Dagoubert, "il va bien aultrement." 4520
Lors lui compta le fait et tout l'advenement,
Et de Robert d'Aumarle le traïtre pullent
Et comment il gehi le mesfait clerement.
Puis lui dit de Guion a qui Prouvence apent,
Comment saisi Paris et son couronnement 4525
Par l'accord dez bourgois et leur alliement.
Quant Ludovis l'ouÿ s'en ot le coeur dolent.
Lors a dit au bon roy, "Frere, par Saint Vincent,
Plus ne voeul estre moisne puis qu'il va ensement.
Ainchois vous aideray a mon esforchement 4530
Tant que Guis le traïtres sera mors a tourment."

Dont jura Jhesus Chris a qui le monde apent
Que plus ne demourra en cloistre n'en couvent.

144.

"Frere," dit Ludovis, "par Dieu qui tout crea
Je vous iray aidier en France par de la." 4535
Lors le ber Ludovis leur abbé appella
Et lui a dit, "Damps abbés, oyés c'on vous dira.
Faictes mander vos moisnes si loingz que l'ordre va,
Et en chascune abbaye ou .lx. en y a,
Mandés ent les .xl. telz com les eslira, 4540
Dez plus puissans de corps que on y trouvera."
Et l'abbé si ottrie volentiers l'acorda.
Lors fist ses briefz escripre et puis les seeilla,
Et par certains messages par tout l'order envoya.
Or vous lairay chi tant que le point en sera, 4545
Se diray du message que le roy envoya
Au conte Ciperis quant de Beauvais sevra,
Pour compter l'adventure, comment le quens Guis a
Convertis les bourgois par l'or qu'il leur donna.
Ainsi que le messagier de Beauvais se sevra 4550
Aveuc une aultre espie ce jour s'acompaigna,
Qui au traître fut que Guion on clama.
En Vignevaux aloit savoir qu'on faisoit la.
Par sen felon malice du mez il s'acointa,
Que le mez Ciperis trestout lui devisa, 4555
Dont il vint, ne ou va, ne qui l'envoioit la,
Et comment Dagoubers a Chistiaux s'en ala
Pour trouver Ludovis son frere qu'il ama,
Et comment les barons du royalme manda
Pour avoir le secours contre Guion de la. 4560
Quant l'espie Guion le fait entendu a
De parlers le blangist, son bon lui accorda.
Puis se mist derrier lui et ung coutel sacqua,
Tellement le feri qu'a la mort le navra.
Puis print sen guaregnon en son sain le bouta, 4565
Au chemin se remist vers Paris retourna.
Tant esploita le fel qu'a Paris se trouva,
Au palais est montés la ou Guion esta.
Le guarengnon lui tent et se lui devisa
Comment le messagier du roy a mort navra, 4570
Et comment sen estat enquist et demanda,

Et comment Dagoubert a Chistiaux s'en ala,
Et comment vers Paris briefment s'avalera
A grant esfort de gens que le roy mandé a.
Quant le glout voit le brief tout le sang lui mua, 4575
Et non pourquant en lui de ce se conforta
Que le quen Ciperis de ce riens ne sara.
Mais il pense a folie, ne scet comment il va,
Car li quens Ciperis tout son esfort manda
Pour secourre son pere qui grant mestier en a. 4580
Ainchois qu'il soit ung mois devant Paris sera,
Combien que il actende Guis sen loyer ara.
Mais ainchois moult de maulz au noble roy fera
Ainsi que vous orrés qu'entendre le vouldra.

145.

Joyeulz fu le traître qu'on appella Guion 4585
Quant de le male espie entendi la raison,
Et que riens ne sara Ciperis au crin blon
Du besoing Dagoubert le bon roy de regnom,
Car plus le redoubtoit que nul homme environ.
Il a droit si le doubte, ad ce que nous cuidon, 4590
Car encoire lui fera Ciperis cuisenchon.
Or vous diray du roy de France le royon
Qui estoit a Chisteaux o son frere de nom,
Ludovis qui des moisnes ot fait assemblison.
Tant en a assemblé en petite saison 4595
Qu'a .xxiij. milliers a tant les nombroit on.
Le noble roy de France qui Dagoubert ot a nom
Manda és bonnes villes qui furent environ
Chevaulz et armeüres en itelle saison,
Qui n'y eust oncques moisne qui n'eust a habandon 4600
Bon healme et gorgiere et espee et blason.
S'orent chascun cheval allemans ou frison.
Ludovis lez mena en son establison,
L'abé et tous ses moisnes a garder le baillon
Pour conduire en bataille quant il en est beson. 4605
De Cistiaux se parti Dagoubert ly frans hom,
A la voie se mist o de ses gens foison.
Tellement esploita par mi la region
Qu'au dehors de Paris tendi son pavillon
A Saint Germain des Prés, celle abbaie de nom. 4610
Ses princes et ses dus manda et maint baron

Et trestout son esfort par mi la region.
Bien cuidoit que le conte Ciperis au crin blon
Fust par devant Paris .viij. jours a de saison.
Pour ce qu'il ot mandé par messagier de nom, 4615
Mais il ne savoit mie le grant destruction
Du mez qui fut occhis de l'espee au felon.
Se Ciperis seüst du bon roy le beson
Trop plus se fust hastés et bien y ot raison.
Non pourquant fut ancoire li bers a Foucarmon, 4620
O lui tous ses enfans qui sont bel dansillon.
Tant orent assamblé de gent grande foison,
De leur gent qu'il parti grant nombre les ot on.
Cent mille sont ou plus en noble establison.
Ciperis print sa mere et les dames de nom 4625
En ung car les fit mectre en noble establison
Pour aler en Hongrie le paÿs de regnom.
Et bien dit Ciperis en sa condicion
Que sa mere fera espouser a baron
Le bon roy de Hongrie, Phillippe, o le crin blon, 4630
Si que de bartardie perdera le regnom.

146.

Seigneurs, or entendez pour Dieu de Paradis.
De Vignevaux parti le conte Ciperis,
Au chemin se sont mis pour aler vers Paris
Ou Dagoubert estoit qui le siege y ot mis. 4635
Des princes ot plenté avoeuc ses moisnes gris
Qui tous furent venus.   Le roy a establis
Sez hommes et ses gens en six batailles mis.
Telle fut l'ordonnance au jour que je vous dis.
Dont fit le noble roy envoier a Paris 4640
Ung noble messagier qui porta ses escrips,
Et manda a Guion le traïtour faillis
Que s'il estoit preud'homs estrait de bons amis,
Que il issit adz champs par dessus lez larris,
Et qu'il atenderoit a conrois establis. 4645
Et quant li quens Guion ot les parlers ouïs,
Il respont au message ains qu'il soit miedis.
Istera contre lui armés et fer vestis,
A toute sa puissance de gens d'armes garnis.
Le mez s'en retourna qui les fais ot gehis 4650
Au bon roy Dagoubert qui en fut esjouïs.

147.

Le jour fut accordés, Guion l'ot en couvent,
A issir sur les champs tantost et en present,
Et il n'en failli mie vous orrés bien comment.
Car moult de souldoiers ot le gloux pour argent, 4655
Bien quatre temps de gent ot li glous vraiement
Que n'ot le roy de France voire tant qu'a present.
Tous issent de Paris, bourgois et aultre gent,
Tant qu'ilz furent adz champs n'y font arrestement.
Et le roy Dagoubert fist sonner haultement 4660
Pour son ost esmouvoir ses tromppettes d'argent.
Dont murent les banieres tost et incontinent.
Le conte de Prouvence venoit premierement,
Au conte de Poitiers assembla plainement.
A l'assambler ensemble veïssiés grant tourment, 4665
Et bataille mortelle et moult fier caplement,
Et chevaliers verser et morir a tourment,
Entre piés de chevaux fouler vilainement.
Car cil qui chiet a terre, je vous ay en couvent,
Morir le convenoit sans nul rescapement. 4670

148.

Grande fut la bataille et ly estour mortelx,
De navrés y ot moult, de grant cris ont getés,
Trop eüst dur le coeur qui n'en eüst pité.
Mais le fel duc Guion qui tant fut desguisés
Commanda que sez hommes fussent tous arroutés, 4675
Et leur a dit a tous et ses commans fut telz:
"Seigneurs, se nullement Dagoubert encontrés,
Ne son frere qui s'est de s'abaye dessevrés,
Gardez bien que tantost ilz soient desmembrés.
Mieulz lez ayme mors que vifz, ne m'en mescreez." 4680
Et cilz lui ont dit, "Sire, nous ferons tous vo grez."
Et le roy Dagoubers qu'en l'estour est boutés
A l'encontre Guion s'est a lui assamblés.
De la lance qu'il tint fut si bien assenés
Que du cheval courant fut a terre versés. 4685
Mais point ne fut blechié car trop bien fut armés.
Quant Dagoubert le vit de lui fut ramp[r]onez,
Et dit, "Quens de Prouvence, par Dieu qui fut penez,
Se je puis esploitier ancoire comparrés
Le fait pour quoy vous fustez a Paris couronnés. 4690

Mais ancoire ne suis occhis ne afinés.
De prendre la couronne vous fustez trop hastés,
Mai se haste n'est preu, ouÿ l'avés assés."

149.

Le bon roy Dagoubert au coeur imperial
Abati le faulz conte a terre du cheval. 4695
Dessus lui fut l'estour merveilleux et mortal.
Ains qu'il fut remonté au destrier communal
En y eut geté jus maint nobile vassal.
Mais le felon traître qui si fut desloyal
Pour le conte rescourre fut fait grant batestal. 4700
Et le roy Daboubert de France l'herital,
Salemon de Bretengne et leur gent communal,
Et Ludovis le frere Dagoubert le leal
Entre lui et ses moisnes tous montés a cheval
Occhient tant et tuent de le gent criminal 4705
Que tous en sont couvers et le mont et le val.
Car tant furent les moisnes fort et hardi vassal
Que tout jus abatoient le maistre et le cheval.
Celui jour orent moult de paine et de traval,
Et moult cruel estour le felon Prouvensal. 4710

150.

Au rescourre le conte ains qu'il fut rellevé
Moult fut grant le estour, maint homme y ot tué.
Mais par leur grant prosse a cheval l'ont monté,
Mais a ung cry qu'il fit quant il fut rellevé
Le noble roy de France fut si avironné, 4715
Plus d'eux .xxx. le fierent sur l'esme fin jesmé.
Et bien croy qu'ilz eüssent prins et emprisonné,
Quant Ludovis son frere et ses moisnes lettré
Et tous les aultres princes qui furent bien monté
Vinrent a la rescousse, le roy ont visité. 4720
Des gens Guion ot moult detrenchié et navré.
Hé Dieu! Que Ludovis si fut bien esprouvé,
Aussi firent ses moisnes de bonne volenté.
Mais la y ot grant doeul et grant adversité,
Car l'abé de Cistiaux y fut a mort navré, 4725
Et bien .lx. moisnez y ot il craventé.
Quant ce vit Ludovis s'en ot le coeur iré,
Et jura celui Dieu qui maint en Trinité

Que s'il poeut nullement, il sera amendé.
Dont se fiert en l'estour, s'a "Monjoie" crié, 4730
Et son frere le roy n'a mie reculé,
Salemon de Bretengne ou moult a de bonté,
Et le conte du Perche qui tant fut alosé,
Et cil de Mondidier qui Berard fut clamé.
Savari de Bourgnongne point ne s'est oublié. 4735
Entour l'heure de vespres fut le mortalité
Plus grant et plus orrible que devant n'ot esté,
Et d'unne part et d'aultre en ot maint afolé.
Et que vous aroie jou longuement sermonné.
Le frere de Guion y fut a mort navré— 4740
Celui fut d'Angou né, le paÿs bien poeuplé—
Par le bon Savari de Bourguongne nommé,
Car de la mort son pere vengier ot volenté.
Quant Guion voit son frere qui a mort fut livré,
Si grant doeul ot au coeur a peu ne fut dervé, 4745
Si grant doeul en demaine qu'au deable s'est donné,
Et a regnié Dieu et sa grant magesté.

151.

Forte fut le bataille dont vous oés nunchier.
Qui veïst de Bourguongne Savari le princhier
Comment il scet ses coups asseir et emploier 4750
A destre et a senestre Prouvenchaux detrenchier,
Et ces Parisiens occhire et mehaignier.
Il ne fiert homme nul tant s'en saiche gartier
Qu'il ne cravente mort et abat au terrier.
Et quant roy Dagoubert se voit ainsi aidier, 4755
Et Ludovis son frere et les moisnes cloitrier,
Et le conte du Perche et celui de Poitier,
Et le conte d'Anjou et son frere Regnier,
Le conte de Vendome, Berart de Mondidier,
Chascun se mist en paine du bon roy avanchier. 4760
La poeüst on veoir ung estour si tres fier,
Et ochire a tous lés maint vaillant chevalier,
Et d'unne part et d'aultre si merveilleux templier,
Qui n'y ot si hardi n'en faulsist esmaier.
A celle empainte la vers solail abaissier 4765
Perdi le noble roy Bernard de Mondidier.
Car par devant son frain em my l'estour plainier
L'ala ferir ung conte qui ne l'ot mie chier,

Pour faire sa baniere a terre trebuchier,
Et pour faire le roy reculer tout arrier, 4770
Et par son grant malice le fery par derrier
Qu'il ne s'en donna garde se fit les las trenchier.
La teste o le healme abat au sablonnier,
Et le corps queÿ mort du cheval sans targier.
La couvint la baniere a terre trebuchier, 4775
Et quant le roy le voit si s'en pot arrierer
Pour la mort de Berard va le roy larmier.

152.

Pour la mort de Berard qui Mondidier tenoit
Fut le roy Dagoubert ce jour au coeur destroit.
Et veoit la baniere qui a terre gisoit, 4780
Dolent en fut au coeur, a peu n'en esragoit.
Le quen de Monluchon par devant lui perchoit
Qu'az piés de son cheval la baniere fouloit.
Le roy vint celle part qui grant doeol en avoit,
D'unne espee a .ij. mains celui tel coup donnoit 4785
Que trebuchier couvint, car le corps devioit.
"Oultre," se dit le roix, "traïtre malleoit!
De fouler ma baniere feïstes mal esploit."
Dieu! L'ennoia cha jus et lui en desplaisoit,
Quant ung felon traïtre ainsi la vieutissoit. 4790
Adont roy Dagoubert sur le destre perchoit
Ung noble chevalier qui Prouvenchaux estoit,
La baniere Guion en celui jour pourtoit.
Lors le roy Dagoubert tellement le frappoit,
Si quez tout en ung mont devant lui l'abatoit. 4795
La fut grans ly estours mainte vie coustoit.
Lors li bers Savaris qui Bourguongne tenoit
Deschendi du cheval a terre s'abaissoit.
La baniere du roy vistement rellevoit
Dont grant pris et grant los ce jour en conqueroit. 4800

153.

Pesant fu le estours, encontre l'anuitier,
Vers solail esconsant y ouïssiez crier
Ensengnes cez heraux pour l'estour renforcier.
Oncques mais vous n'ouïstez bataille pronunchier
En canchon qu'on deüst autant auctorisier. 4805
Car toute jour dura de prime commenchier

Jusqu'a l'anuitement sans boire et sans mengier,
Forquez tousjours combatre et sans retraire arrier,
Et sans que nulz voulsist fuir ne eslongier,
Forsques tousjours ferir et capler et lanchier. 4810
Tant dura cest estour dont vous oez nunchier
Que le nuit aprocha, se leur couvint laissier.
De deux pars se retraient, le roy se va logier
Adz tentes et adz trez qu'on fit auz prés drechier.
Et Guion s'en ala dedens Paris lanchier. 4815
Ainsi se departirent dez deux pars les guerrier,
Car il n'y ot celui qui de repos n'ait mestier.
Guyon, quens de Prouvence, fist sa gent ennuier
Et rentrer a Paris, la se vont herberger.
Mais tant estoit dolans ne se sot conseillier 4820
Pour la mort de son frere qui fut fort chevalier.
Bien dit que il fera au roy le cief trenchier,
Et le duc Savari trestout vif escorchier.
Mais se Dieu voeult sauver Ciperis le princhier,
Son doeul redoublera si com m'orrés nunchier. 4825

154.

Moult fut dolant Guion en lui n'ot qu'aïrier
Pour son frere qui vit devant lui mort geter.
Oncquez en celle nuit il ne daigna soupper,
Et sez hommes s'en vont adz hostelz reposer.
Mais le roy Dagoubert ne se vault dessevrer 4830
Du champ ou la bataille si ot voulu ester
Tant qu'il ot fait Berard de Mondidier lever,
Et tous ses chevaliers qu'on pot la mors trouver
Qui desoubz lui estoient.   Il lez fist emporter
A Saint Germain dez Prés qu'on doibt bien honnourer. 4835
La les fist noblement l'endemain enterrer.
Aprés le Dieu service fist ensemble mander
Lez princes et lez prés qu'il ot a gouverner,
Et leur a dit, "Seigneurs, que vous poeut il sembler?
Nous avons moult perdu dont on poeut veoir cler, 4840
Nos gens sont amenris, dont il me doibt peser,
Peu en ay aveuc moy pour a eulz assembler.
Or suis moult esbahi que Ciperis le ber
N'est de piecha venus, car je le fis mander
Dez dont que de Beauvais je me voulz desloger. 4845
Mais oncques le message je n'en vi retourner.

Je me doubte qu'il n'ait eu annoy a l'aler
Par quoy il n'ait peü en son message errer."
Certes si avait il, comme ouïstes compter
Comment la male espie l'avoit fait afiner. 4850
Mais le roy n'en sot mot dont moult lui deut peser.
"Seigneurs," se dit le roy, "or oyés mon penser.
Se c'estoit vo consaulz, je voulroie mander
Trieves au fel Guion pour .xv. jours passer.
Et en tant manderay a Ciperis le ber 4855
Qu'il fache ses enfans et sez hommes haster,
Et qu'a men grant besoing me viengne conforter."
"Sire," dient sez hommes, "Dieu vous a fait parler."

155.

Ainsi que le bon roy avoit parlement prins
De treves demander contre ses anemis, 4860
Adonc vint ung message qui la vint a fuitis.
Ou qu'il perchut le roy prestement s'est vertis,
De Dieu le salua, le Roy de Paradis,
Et lui a dit, "Franc roy, le conte Ciperis
Se recommande a vous a trestous sez subgis. 4865
De toute ceste guerre ne savoit .ij. espis,
Quant ennuit lui fut dit qu'il estoit mienuis,
Tout droit dedens Pontoise ou sa herberge ot prins.
Or vous mande, chier sire, de par lui le vous dis,
Que vous vous tenés fort contre vos anemis. 4870
Car vengance en arés ains qu'ilz soit la tiers nuis.
Se seront chi endroit ains qu'il soit miedis."
Et quant le roy de France a cez parlers ouÿs,
Ses mains leva en hault si loa Jhesus Chris.
Dont fit monter le roix de ses princes eslis, 4875
Il meïsmes monta sur son cheval de pris,
Aveucques lui monta son frere Ludovis.
Encontre le secours s'en vont moult esbaudis,
Mais guaires loingz n'alerrent quant d'eulz fut bien choisis,
Le baniere et leur ost a trouvee a devis. 4880
Ce jour fist l'avangarde Enguerran le gentilz,
Qui estoit roy de Frise ou il a cras paÿs.
O lui furent ses freres qui furent seignouris.
Le roy les encontra, Dagoubert le hardis,
Moult leur fist grant honneur, car ilz sont sez amis. 4885
Ainsi qu'il bien vegnoit lez enfans Ciperis,

Est venus en aprés le conte Ciperis,
La se sont festiés et moult bel conjoïs.
Dagoubert lui compta du conte qu'ot mespris,
Qui s'est fait couronner dez bourgois de Paris. 4890
"Sire," dit Ciperis, "la chose vient au pis.
Mon pere est assiegié entre les Arrabis,
Ou il atent secours de tous sez bons amis.
Il faut mander bataille au traître faintis,
Et se il le reffuse, foy que doy Saint Denis, 4895
Assaulrons tellement la cité de Paris
Qui n'y ara crestel qui ne soit jus flatris.
Et ferons tel justice de ceulz qui ont mespris
Que on en parlera jusqu'au jour dez Juifz."

156.

Ainsi dit Ciperis qui tant fut redoubtés. 4900
Du bon roy Dagoubert fut il moult honnourés.
Il print place de terre tout a ses voulentés.
L'endemain au matin que solail fut levés,
Par le conseil du conte qui tant fut honnourés,
Manda au quen Guion le fort roy couronnés 4905
Journee de bataille; le jour fu devisés.
Et Guion l'otria, si fit que fol prouvez,
Car trop avoit de gent Dagoubert ly loés.
Toutesfois fut le jour assis et ordonnés
Que Guion isteroit o ses gens adoubés. 4910
Joyeux en fut le roix et Ciperis le bers.
Adont ot Ciperis ses gens bien ordonnés,
En .xvij. batailles lez fist en verités.
Chascun en donna une de sez enfans charnelz.
La baniere de France ot Ciperis le ber, 4915
Bien dit qu'aultre de lui n'en seroit emblaiés.

157.

Aprés ce que le roy de France la garnie
Ot ordonné sa gent par moult belle maistrie,
Tout droit devant Paris la cité seignourie.
Et Guion le traître a bataille rengie, 4920
Est issu de Paris de quoy il fist folie.
Le commun de Paris par leur fole esploictie
S'ont chascun ordonné a sa connestablie.
Et issirent ce jour par leur fole esramie,

Encontre leur seigneur a qui ont foy plevie. 4925
Mais quant ilz apperchurent si noble baronnie
Que le roy ot o lui et telle compaignie,
Adonc voient ilz bien qu'ilz orent fait folie.
A decheüx se tindrent a tant qu'a celle fie,
Si qu'ilz furent d'acort tous de volenté onnie, 4930
Qu'ilz iroient au roy qui tant ot seignourie
Pour lui crier merchi de volenté onnie.
Car on dit bien souvent que folie laissie
Vault assés mieulz que celle qui est par acomplie.

158.

Quant le noble commun de Paris la cité 4935
Voient que Dagoubert avoit tant assamblé
De gens avoeucques lui, moult furent esfraé.
Non pourquant furent ilz ce jour bien advisé,
Car par l'accort d'eulx tous sont vers le roy alé,
En requerant merchi pour Dieu de magesté. 4940
Et dient, "Noble roy, se nous fusmez geudé
Avoeuc le duc Guion qui tant scet faulseté,
Ce fut par les grans maistres qui sont en la cité.
Obaïr nous couvint tout a leur volenté,
Ou aultrement fuissons honnis et vergondé. 4945
Or vous prions merchi, ayés de nous pitié,
Et nous vous servirons sans nulle faulseté."
Quant le roy les auÿ moult les a regardé,
Dont parla Ciperis au bon roy redoubté,
Et lui dit, "Noble roy, aiés leur pardonné. 4950
Se venront avoeuc vous en cel estour morté,
La verrés que pour vous se seront bien prouvé."
"Par foy," se dist le roy, "bien m'y suis accordé,
Mais qu'ilz me voeullent dire et avoir encuzé,
Ceulz qui sont a Guion et ami et privé 4955
Et qui encontre moy sont premier rebellé."
"Sire," dit le commun, "ilz vous seront nommé,
Et seront devant vous piés et puings amené."
Dont furent a merchi rechups et creanté,
Et furent mis devant vers Guion le dervé, 4960
Pour commenchier l'estour et la mortalité.
Moult lui firent ce jour de paine et de griefté,
Car ses meilleurs amis lui orent craventé.
Et quant Guion lez voit, le sang lui est mué.

A sez barons a dit, "Cil commun est dervé; 4965
Ilz sont o moy issus de Paris la cité,
Et maintenant se sont contre moy arrousté,
Je croy qu'aveuc le roy se soient retourné.
Voiés comme mes gens ochient, n'en ont pitié."
"Par foy," dit ung bourgois dez grans de la cité, 4970
"Bien croy qu'aveuc le roy se soient retourné.
A merchi lez a prins, tout leur a pardonné."
Et quant Guion l'entent a peu n'est forsené;
Il a dit a sa gent, "Je n'ay point bien ouvré.
Je croy par ce commun pourrai estre enguenné. 4975
Je n'oseray ja mais rentrer en la cité,
Car quant commun s'esmoeut, soit bien ou mauvaistié,
Il n'est homs qui y puist trouver nulle amisté."

159.

Moult fut dolans Guion quant il voit retournés
Le commun de Paris, a peu qu'il n'est dervés. 4980
Car ilz ont tous ses hommes malement atournés
Et lez aultres batailles desrengent a tous lez.
De toutes pars s'assamblent contre lez parjurés,
Ils tuent et occhient sans nombre et sans pitez.
Adoncques est venus le frere redoubtés, 4985
Guillame d'Engleterre fut premier desroutés
A l'encontre Guion ot ses archiers menés.
Cilz commenchent a traire de carriaux empenés
Et quant trait fu failli dedens se sont boutez.
Lez enfans Ciperis point ne sont reculez, 4990
Et Guion et ses gens ne lez ont reffusés.
Ains abaissent les lancez chascun en grant fiertez,
Car moult furent hardis, le trait estoit passé.
Et Louïs d'Alemengne a Guion est alés,
Par si tres grant vertu qu'a terre fut portés. 4995
Ne sçay a quoy il tint que le coeur n'ot crevé,
Je croy que le dyable ce jour la l'ont gardé.

160.

Abatu fut Guion par cil Louïs le ber,
Ja le feïst adz piés dez chevaulz defouler.
Mais tant y ot de poeuple qu'on ne le pot grever, 5000
Car le fel traïtour le firent rellever
Et par forche de gent sus ung cheval monter.
Ja orrés du traïtre dont se voult adviser.

Quant il vit que sa gent n'y povaient durer,
Et que ilz se pregnoient forment a reculer, 5005
Par son felon malice va celui appeller
Qui portoit sa baniere moult s'i povait fier.
"Savés," se dit le fel, "que vous voeul commander.
Au plus tost que verrés a nos gens assembler
Lez hoirs de Vignevaux pour lez nos deffouler, 5010
Se laissiez vo baniere a la terre tamer,
Et je lairay aussi ma grant targe verser,
Et vous partés dez rens sans nul homme appeller,
Entr'eux que on fera l'estour plus escaufer.
Et g'iray aprés vous, se povons eschapper. 5015
Car puis que le dyable ont voulu apporter
Lez hoirs de Vignevaux nulz n'y pourroit durer.
Car autre tant vaulroit ung dyable rencontrer
Que le mendre d'eulz tous pour vray le puis compter.
Je n'y vois aultrement que nous puissons saulver. 5020
Et s'il advenoit chose que peüssons aler
Ou paÿs de Prouvence que je doy gouverner,
Tant d'or et tant d'argent feray o nous trousser
Que nous en pourrons bien .xij. sommiers mener.
Puis irons en Hongrie ou je pourrai trouver 5025
Le riche roy de Cipre qui siege si voult lever
Droit par devant Mouron pour Phillippe atrapper,
Le pere Ciperis que je doibz peu amer.
Acointier m'y voulray par mon subtil parler,
Se lui voulray nouvellez de Dagoubert compter, 5030
Et du fel Ciperis qui fait gens assembler
Pour secourre Phillippe; mais, par Saint Guillemer,
Sarrasins leur feray venir a l'encontrer."
Ainsi que vous orrés cy aprés raconter.
Et cil a respondu, "Or pensons de haster, 5035
Car je ne vous faulray tant que pourray durer."
Or sont issus dez rens, s'ont prins a cheminer,
Et la laissent leur gent destruire et decopper.
En plains champs se sont mis sans point de l'arrester,
Qu'oncquez ne s'en perchurent duc, conte, ne princhier. 5040
Par ce point eschapperent lez faulz felons murdrier.

161.

Dés or s'en va Guion que Dieu otroit tourment.
Et cil qui se baniere portoit ou caplement
Le sievoit tout adez sans le perdre noient.

Mais puis que le traître se parti faulsement 5045
Et leur baniere fu perdue tellement,
N'ot il és gens Guion nesun ralliement.
S'en couvint tant morir en l'estour plainement
Que ce fut grant hideur a veoir le tourment.
Que vaulroit le long compte ne faire allongement? 5050
Mors furent et destruis ou finis a tourment.
La ot prins dez bourgois de Paris plus de cent,
Qui orent au traître tous juré serement.
S'en aront leur salaire assés prochainement.
Et c'est droit et raison, Escripture l'aprent, 5055
Cil qui sert bon seigneur, bon loyer en atent.
Mais qui sert traïtour il ne doibt ensement
Avoir par nul endroit fors malvais paiement.
Pour lez bourgois le di qui couvoiteusement
Faillirent au besoing leur seigneur faulsement, 5060
Et si se combatirent a leur esforchement
Contre lui pour lui mectre a son destruisement.
Tant dura cel estour que sus l'avesprement
La bataille failli qui cousta grandement.
Et le roy Dagoubert dont je fay parlement 5065
Celle nuit demoura adz champs, lui et sa gent.
Et quant vint l'endemain aprés l'ajournement
Entra dedens Paris, lui et plenté de gent.
Tout jusquez au palais n'y fist arrestement.
La rouÿne y trouva courouchie forment 5070
Pour le mal qu'elle ot eu du traître pullent,
Et pour lez gros bourgois de la cité ensement
Qui orent a Guion fait tel acointement.
Mais si tost que la dame qui tant ot pensement
Perchupt le noble roy sain et sauf ensement, 5075
Garie fut de sez maulz tost et incontinent.

162.

Au palais a Paris fut l'assamblee grant,
Quant le roy rot Paris moult en furent joyant
La grant communaulté quy y fut demourant.
Mais lez riches bourgois de quoy il y ot tant 5080
Qui orent obaÿ au felon souldoiant
En furent celui jour moult durement dolant.
Au dehors de Paris les fut on tous menant,
Mais oncquez pour priere ung on n'en fu deportant.

Et li quens Ciperis a faite commandant 5085
Ung bien hault escharfault qui fut et large et grant.
Et par dessus le hourt on les iroit metant,
Puis a mandé dez fevres se leur va commandant
C'on leur cuise les nerfz a ung bon fer ardant
Dez garés et dez bras et dez mains ensievant. 5090
Se n'aront nesun membre de quoy soient aidant.
Et nulz ne le reffusa, cilz firent son command,
Et par dessus lez hours on lez ala mettant.
Puis la porrent ilz morir d'unne mort esragant.
Quant justice fut faicte en Paris vont tournant, 5095
Au roy ont recordé trestout le couvenant.
Dont le roy s'esbahy et moult fut esmaiant
Quant il sot la justice dont furent justichant.
Adonc plus de cent fois le roy se va seignant.
Quant justice fut faicte ainsi qu'on va criant 5100
Dez bourgois dont je di em Paris sont rentrant.
Puis fut de par le roy fais et criés ung bant
Que l'endemain matin soit chascun atournant
Pour aler en Hongrie, et on fist son command.
Et chascun fut prest nul n'y fut delayant. 5105
Au dehors de Paris la se furent monstrant.
Et par dit de heraux furent ce jour nombrant
Cent et .l. mille tous a cheval montant.
S'estoient bien armés point je n'en suis parlant.
A ces mos se partirent et s'en vont dessevrant. 5110
Et dit l'auctorité qu'ilz esploiterent tant
Que droit par mi Bourguongne se sont acheminant.
Mais je vous lairay d'eulz si seray retournant
Au traître Guion qui estoit eschapant
De l'estour dont je dis devant Paris le grant. 5115
Tant fist par sez journees qu'en Prouvence fut entrant,
Sien estoit le paÿs et Auvergne ensievant.
Tant fit le fel Guion qu'il ot gens assemblant,
Bien furrent .iiij. mille en armes relluisant,
Et bien .xij. sommiers de deniers monnoiant 5120
En mena le traître, Dieu le voit craventant.
Et bien dit que ja mais ne sera arrestant,
Se venra a Hongrie ou paiens sont manant,
Au fort roy Aquillant vouldra estre ajoustant,
Et regniera Dieu qui de Vierge fut naissant, 5125
Ains que roy Dagoubert ne voit a fin menant.

Ainsi disoit en lui le traître puant.
Mais tous les maulz qu'il brasse seront seur lui tournant,
Ainsi qu'en le chanson vous orrés ensievant.

163.

Seigneurs, or entendez pour Dieu le droicturier.	5130
De Prouvence parti Guion le losengier	
A .iiij. mille barons qu'il ot a justicier.	
Le chemin vers Hongrie prinrent a esploitier.	
Tant ala le traître sans point de l'atargier	
Qu'en l'ost roy Aquillant s'est venus adrechier.	5135
Et tant fit qu'a celui roy il se vault acointier,	
Par devant lui s'en va tantost agenoullier.	
Et dit, "Ce Mahommet qui tout a a juger	
Gard le soudan de Cipre qui tant fait a prisier,	
Et tous ses bons amis qui l'aiment et ont chier;	5140
Et il voeulle confondre et donner encombrier	
Au fort roy Daugoubert le traître murdrier,	
Qui par force m'a fait de sa terre vuidier	
Sans cause desservie par son oultre cuidier.	
Mais s'il plaist a Mahom m'en cuide bien vengier."	5145
Et quant roy Aquillant l'ouÿ ainsi plaidier	
Tantost a commenchié ses yeulz a collier.	
Et puis a haulte voix lui print a escrier.	
"Ou vas et dont es tu, nous viens tu espier?	
Par Mahom, se savoie je t'iroie escorchier."	5150
"Sire," dit le traïtres, "n'ay soing de tel mestier.	
Ains suis venus a vous comme bon chevalier	
Pour requerir vengance de felon parctonnier	
Qui se dit roy de France. Il m'a fait essillier	
Et mon pere destruire, ochire, et mehaignier.	5155
J'estoie per de France n'a pas ung an entier,	
Mais comme traïtour il m'en a fait vuidier.	
Et je n'en puis nul droit avoir au vrai juger	
Pour ce qu'il a tel terre soubz lui a justicier.	
Or ay ouï nouvelles que vous et vo princhier	5160
Estiés dedens Hongrie pour la terre essillier.	
Je suis a vous venus comme a mon seigneur chier	
A qui voeul obaïr tout a son desirier,	
Et pour la loy Mahon acroistre et exauchier."	
Quant Aquillant l'ouÿ en lui n'ot que esleschier.	5165

164.

Quant le roy ot Guion ouÿ et escouté,
Se lui a dit, "Vassaux, dictes moy verité.
Se vous creés Jhesus dont on a tant parlé,
Ne vous tenroie o moy pour l'or d'unne cité.
Mais se croirre voulés en Mahom l'honnouré   5170
Et au ber Tervagant et Juppin nostre dé,
Je vous voulray monstrer amour et amisté.
Car tant feray par forche et o moy mon barné
Que vous serés vengié tout a vo voulenté
De ce roy Dagoubert dont vous m'avez parlé.   5175
Et puis irons en France a qui qui desagré."
"Sire," se dist Guion le traître prouvé,
"Je vous ay en couvent dessus ma loyaulté
Que pour l'amour de vous et de faire vo gré
Je regnieray Jhesus que j'ay long temps amé,   5180
Et sa Mere Marie que je ne prise ung dé.
Ne toute leur puissance mez q'un pourchel tué,
Ne tous les Sains qui sont en leur grant magesté.
Et dez chi lez regnie de coeur et de pensé."
A tant fit crois a terre si a dessus passé   5185
Et raquié par dessus en faisant grant vieuté.
Et dist, "C'est ou despit de toute trinité."
Quant lez paiens le voient s'en ont joye mené.
La disoient entr'eux qu'Aquillant l'amiré
Seroit de tout le monde ains que l'an soit passé,   5190
Du tout sires et maistres a faire tout son gré.

165.

Joyeulz furent paiens quant orent advisie
La maigniere Guion qui fit telle folie
Qu'il regnia Jhesus et sa Mere Marie.
Dessus tous en ot joye Aquillant de Persie.   5195
Adonc a prins Guion le roy sans nul detrie
Et si l'en amene dedens sa mahommie,
Par devant Mahommet qui ne vault une allie
L'ont mené faire hommage et par foy franchie
Qu'aultre dieu ne cresra ja mais jour de sa vie.   5200
Et Guion l'accorda et jura par folie.
Le fort roy Aquillant sa fille lui ottrie
Qu'en la loy de Mahom ot a nom Salatrie,

Et a son mariage lui a donné Surie,
Bien dit qu'il le fera roy de celle partie.   5205
Lors Guion le traître le vray lui segniffie
Du riche roy Phillippe ne Morons la garnie,
Qui fut frere au roy de France la jolie,
Et pere Ciperis de Vignevaux l'anthie.
Et comme il se paine de Phillippe faire aÿe,   5210
Et comment ilz ont fait de France departie
A grant plenté de gent et noble baronnie.
Quant Aquillant l'ouÿ tout le sang lui formie.
"Guion," dit Aquillan, "par Mahom qu'on deprie,
Combien ont il de gent en leur connestablie?"   5215
"Sire," ce dist Guion, "c'est droit que le vous die.
Le conte Ciperis a qui est Normendie,
Cilz a bien cent mille hommes soubz lui en sa baillie.
Il a .xvij. filz plains de bachelerie,
Dont lez sept en sont roix tenans grant seignourie."   5220
"Par foy," dit Aquillans, "j'ay bien nouvelle ouÿe
Qu'ilz sont fiers et puissant et plains de baronnie.
Et le roy Dagoubert, quel gent a il chargie?"
"Par foy," se dist Guion, "ne le vous celeray mie.
A bien .lx. mille est bien son ost prisie."   5225
"Mahom," dit Aquillans, "je te loe et gracie.
Foy que doy a Mahom ou le mien corps se fie,
Tous les actenderay, soit science ou folie."
Ainsi disoit le roy que je vous segniffie.
Or en lairay ester tant comme a ceste fie,   5230
Se vous diray du roy de France la garnie.
Tant a mené sa gent qu'ilz vindrent en Hongrie,
Par le païs s'en vont l'armeüre vestie.
Ciperis fut devant, l'avant garde maistrie.
Ainsi qu'il cheminoit par les champs celle fie   5235
Et o lui ses enfans trouverent une espie
Qui venoit de Morons la cité enforchie.
Philippe l'ot envoié vers son frere a hatie
Pour avoir son secours ou il perdoit Hongrie.
Du traître Guion sçavoit toute la vie   5240
Comment ot regnié Dieu et Saincte Marie.
Ciperis l'arresta et lui dit, "Je te prie,
Se tu es messagier, ne le me choiles mie."
"Ouïl, sire," dist il, "par tous les Sains c'om prie.
Voeulliez moy ensegnier Dagoubert chiere lye   5245

Pour lui dire nouvelles de Phillippe de Hongrie.
Car je viens de Morons la cité batillie
Et de l'ost Aquillant qui gouverne Persie,
Si en sçay des nouvelles assés ou em partie."
Quant Ciperis l'entent si en fit chiere lie, 5250
Tost et incontinent et sans faire detrie
Le mena vers le roy qui France a en baillie.
Et quant le roy perchupt a .ij. genoulz se plie,
Et dit, "Icellui Dieu qui tout a en baillie
Le roy Dagoubert gard et sa grant baronnie! 5255
Vers vous suis envoié par le roy de Hongrie
Qui est le vostre frere ainsi le vous affie.
Se vous mande par moy que toute Hongrie
Perdera ceste fois se de vous n'a aÿe.
Car le roy Aquillant qui est roy de Persie 5260
Est par devant Morons, bien l'avés ouÿ dire,
Ung an a tenu siege o lui s'Esclavonnie,
Et tant qu'en la cité n'a pain ne vin sur lie.
Et li quens de Prouvence que on appelle Guie
Au fort roy Aquillant est venus en aÿe, 5265
O lui .iiij. mille hommes de Prouvence partie.
Et a Dieu regnié et la Vierge Marie
Par itel convenant qu'il lui fera aÿe
Pour la mort de son pere vengier a celle fie,
Et a vous Ciperis faire moult grant hachie. 5270
Et se lui a donné sa fille Salatrie,
Se sera heritier de trestoute Surie.
Et se vous dis pour vray par la Vierge Marie,
Que cil roy Aquillant qui est roy de Persie
A tant de Sarrasins qui sont de son aÿe 5275
Qu'a bien .iiij. cens mille sont nombrés quoy qu'on die."
Quant le roy Dagoubert ot celle voix ouÿe
Moult en fut esbahis, si fu sa baronnie.
Car contre tant de poeuple de la geste noirie
Furent peu nos Franchois pour faire caplerie, 5280
Car de .iiij. contre ung est trop forte partie.

166.

Quant le roy Dagoubert de Franche le paÿs
Entendi le message qui lui dit si fais dis,
Et que le traïtour qui avoit a nom Guis
Avoit regnié Dieu, le Roy de Paradis, 5285

Pour aourer Mahom qui dez pors fut occhis,
Le roy en fut au coeur dolans et esbahis,
Et que .iiij. cens mille de paiens arrabis
Contre cent et cincquante creans en Jhesus Chris.
Adont a respondu le conte Ciperis 5290
Et que au roy de Cipre qui a nom Aquillis,
"Nous manderons bataille a ung jour qui soit mis.
Se manderons en Hongrie a mon pere de pris
Le jour de la bataille comment est establis,
Et au bon empereur qui bien est nos amis, 5295
S'ilz scevent no venue, bien seront esjouïs.
Se paiens sont foison ne soisons esbahis,
Car Dieu nous aidera, le Roy de Paradis."
Quant le roy l'entendi si en fut esjouïs.
"Par Dieu, vous dictez voir, Ciperis nos amis. 5300
Point doubter ne debvons ces paiens maleïs."

167.

A ytant se partirent nostre gent souffisant,
Tant alerent ensemble par le paÿs fustant
Qu'a une lieue prés du poeuple Tervagant
Sont nos gens arrestés et leurs tentes levant. 5305
Lors manda Dagoubert au fort roy Aquillant
Journee de bataille, cil le fut otriant
Par le conseil Guion le traître puant
Qu'il tenoit pour ami, mais ains en son vivant
Si mortel anemi il ne fut acointant, 5310
Ainsi que vous orrés recorder au roumant.

168.

Or fut journee prinse, si que dit vous avon,
A l'endemain matin sans atendre saison.
Acordé l'ot le roy qui Aquillant ot nom.
Oncquez n'ot si grant joye par nesunne occoison 5315
Li quens de Vignevaux et Dagoubert en son.
Envoient en Morons l'espie de regnom
Pour dire la nouvelle au bon roy Phillippon
Et au bon empereur qu'il aiment de coeur bon
Du jour de la bataille et de la caplison; 5320
"Et qu'ilz soient matin armés sur le sablon,
Et trestoutes leur gent et leur establison,
Et qu'ilz vuident dehors se il leur vient a bon

Quant temps sera et hoeure que nous commencheron."
Adonc s'em part l'espie coiement a larron 5325
De si jusqu'en Morons n'y fist arrestison.
Ou palais a trouvé le bon roy Phillippon
Et le bon empereur seant sus ung lezon.
Si tost qu'il les perchupt se mit a genoullon
Et dit, "Ce Jhesus Chris qui souffri passion 5330
Gard le roy Dagoubert de France le regnom,
Et Ciperis le conte et ses enfans par nom,
Et se gard de peril de mort et de prison
Iceste compaignie que chi endroit voion.
Riche roy de Hongrie, oyés que nous diron. 5335
Le fort roy Dagoubert de France le royon,
Ciperis et ses filz qui sont bel dansillon,
A vous se recommandent par tel devision
Qu'ilz vous font a savoir et nous le vous dison,
Demain aront bataille au chant de l'oseillon, 5340
Droit a solail levant par dessus le sablon
Et que dehors issiés quant il sera saison.
Car nos gens aconduient une dame de nom,
Mere est a Ciperis, Clarisse l'appellon,
Et fille au duc Marcus d'Orliens le regnom." 5345
Quant Phillippe l'ouÿ ains tel joye n'ot homs.

169.

Phillippe de Hongrie ot au coeur grant baudour
Quant la nouvelle ouÿ de ce noble secour,
Et qu'il pourra veoir de ses amis la flour,
Son frere et le sien filz a la fiere coulour, 5350
Et s'amie Clarisse qui fut de grant valour.
L'espie en appella qui fut de riche atour,
Lors lui a dit, "Amis, vous ferés vo retour
Par devers le mien frere qui tant a de valour,
Et lui dirés, amis, que feray son volour; 5355
Et que demain matin me trouvera en l'estour."
Et le mez retourna sans y faire sejour,
Oncquez ne s'arresta, se vint au roy Franchour
Et lui a dit response de son frere Phillippour,
Comment il doibt issir adz champs sur la verdour. 5360
Quant Dagoubert l'entent au coeur en ot baudour,
Ses gens fist ordonner sans actendre loisour.
Adonc ont leurs batailles apointiés sans errour.

Lez .xvij. enfans Ciperis le princhour
Orent chascun bataille a gouverner ce jour. 5365

170.

Et li quen Ciperis qui ot coeur de lyon
La baniere de France ot en establison.
Humais pourrés ouïr d'un estour moult felon
Et grant desconfiture et grant occhision
Qu'il avint sur paiens, ainsi que nous diron. 5370

171.

Seigneurs, or entendés pour Dieu le creatour.
Lez Chrestiens chevauchent a joye et a baudour,
Cent et .lx. mille tous hardis poingnour,
Vers l'ost roy Aquillant chevaulchent par fierour,
Tant qu'ilz virent rengier celle gent paiennour 5375
Qui se furent armés dez le matin au jour.
Tous estoient rengiés, Dieu leur doint deshonnour.
Nos Chrestiens leur viengnent adz champs sans nul demour,
Les archiers commencherent a traire par vigour,
Aprés leur trait failli commencha fier estour. 5380
Bouciquaut point et broche le destrier Missaudour,
Cil qui de Noirevuegue tint la terre et l'honnour.
Ung Turc ala ferir sur l'escu paint a flour,
Que mort le trebucha illec sur la verdour,
Puis crie, "Noirevuegue, tirés avant, seignour, 5385
Sur ces chiens desloyaulz qui a Dieu n'ont amour."
En la premiere eschielle ont nos gens le millour,
Car Bouchiquaux y fiert comme bon vassovour.
Ses grans coups departoit sur la gent paiennour,
Tant payen veissiés occhire a grant dolour 5390
Que du sang de leurs corps en print l'herbe coulour.
Ne fut mais tel bataille regardee a nul jour.

172.

Seignours, devant Morons fut grande la bataille,
Et paiens se deffendent comment que le plait aille.
Adonc il vint ung Turc qui fut armé d'escaille, 5395
N'ot plus felon paien jusqu'au Mont de Calvaire.
Ou qu'il voit Chrestiens ne laist ne les assaille.
Ung chevalier feri par dedens la bataille,
Au roy Bouciquault fu qu'en l'estour se traveille.

Ung tel coup lui donna de l'espee qui taille 5400
Qu'a terre l'abat mort a qui qui en desplaise.
Quant Bouchiquaut le voit, cuidiez qui ne lui caille.
Tellement le feri le chervel en la taille,
Si souëf l'abat mort qui ne brait ne ne baille.
Puis en feri ung aultre qu'il lui ront le coraille, 5405
Et le tiers et le quart leur a occhis sans faille.
Et puis leur escria, "Tres orde, vieu merdalle!
Ja mais vous n'en irés comment que le plait aille."
Adonc point Gracien, le roy de Cornouäille,
Et puis Louïs aprés a tour sa grant bataille, 5410
Dessus lez Sarrazins chascun y fiert et maille,
Aussi dru lez abat come esprevier fait covaille.
Gracien en mit .vi. a terre sur l'herbaille,
Et Paris en mit .iiij. dessus le sablonnaille,
Et le roy dez Anglois durement lez travaille. 5415
Quant Ciperis lez voit s'en rit sus se ventaille,
Au roy de France a dit, "Vechi grant baronnaille!
Regardés vos nepveux com chascun fiert et maille.
Je vous pri que metés tous leurs bienfais en taille."

173.

Dagoubert le bon roy ot le coeur moult gaillart 5420
Quant ses nepveux choisi qui sont fiers que lieuppart.
Adoncques est venu Gallehault celle part
Et li quens de Ponthieu qui vers la mer s'espart,
Claires et Amandis qui furent beaulz vitart.
Gallehault fut devant qui les grans coups deppart, 5425
Ces Turcqs defroisse et ront ce jour de mainte part.
Tout ainsi lez renverse que faulcon le maillart.
Salatre abati et le payen Gringnart,
L'amulame d'Orbrie, ung soudan Achoppart.
Aussi tost l'ot occhis comme ung petit poupart. 5430
Ja les eussent Franchois cachiés a l'estandart,
Mais le fort roy de Cypre qui de ce fit esgart,
Et le faulz regnié Guion ou Dieu n'ait part
Se fierent en l'estour com lyon ou lieuppart.
Bien sont .lx. mille orguelleux et gaignart. 5435
Occhis nous ont ung conte qui tenoit Mont Belliart,
Et le frison Morant et le danois Berart,
Et telz .v. cens dez aultres dont il n'ot nulz couärt.
Nos gens sont reculés plus que le get d'un art,

Mais tost les rassambla Gallehault le gaillart, 5440
Et le roy Dagoubert qui de doeul frit et art.

174.

Seigneurs, or entendés pour la Vierge discree.
Ja feuissent reculés la premiere assamblee,
Et no gent Chrestiane malement lapidee,
Quant les batailles vinrent chascune est destelee. 5445
Le roy de France y vint o lui sa gent armee,
O lui fut Ciperis, la baniere ot portee.
Nos gens coeullierent coeur quant virent l'assamblee.
Et a celle hoeure la dont je fay devisee,
Yssirent de Morons, celle cité muree, 5450
Phillippes et l'empereur et leur gent redoubtee,
Bien furent .xvi. mille de gent bien adoubee.
Mais toute celle gent fut ainsi qu'afamee,
Se sont plus afieblis et leur char plus penee,
Et on dit bien souvent qu'i n'est si male espee 5455
Que cest de grant famine ou elle s'est boutee.

175.

De la cité de Morons issirent sans detry,
Sur lez champs noblement ont leur jour estably
Es tentes des paiens se fierent sans merchi.
Tout quancqu'ilz ont trouvé ont a terre flastri, 5460
Plus de .ij. mille paiens ont ilz mort et feny.
Mais le quen Josué de l'estour se parti,
Avoeucques lui alerent .xxx. mille Arrabi,
Vers lez Hongrois s'en vont que Dieu gard d'ennuy.
De tous lez les encloent, lez paiens foy menti, 5465
Lors commencha bataille et ung estour furny.
Oncques de plus cruel homs a parler n'ouÿ.
Se Dieu ne lez aÿde leurs jours sont acomply,
Car peu furent Hongrois s'orent jeu mal parti,
Et se sont de mengier trop forment affiebly. 5470
Pour ce dit ung parler qu'on a souvent ouÿ,
"Mieulz vault la clef dez champs quant on guerrie ainsi
Qu'a demourer en fort de vivrez desgarni."

176.

Forte fut la bataille et pesant la merlee,
A ung lez et a l'aultre fut forment redoubtee. 5475

Moult furent paiens fiers icelle gent duree,
Hongrois ont assaillis au trenchant de l'espee.
Ainchois qu'on fut alé de terre une lieuee,
Fut la gent de Hongrie a moictié decoppee.
Se Dieu ne gard Phillippe et sa gent honnouree   5480
Et le bon empereur a la chiere membree,
Ja mais n'eschapperont sans vie avoir finee.

177.

De Dagoubert diray comment il se porta.
Au regnié Guion tout premier assambla,
D'un roit espieu qu'il tint encontre lui jousta.   5485
Et Guion contre lui mie ne le refusa.
Et le roy Dagoubert tellement l'assena
Que tout du premier coup a terre le versa,
Mais tant fut bien armés que point ne le navra.
Guion fut fors et vistes, en estant se leva,   5490
Noblement se deffent qui le voir en dira.
D'unne espee a .ij. mains entour lui bien frapa
Tant qu'elle pot durer nulz homes ne l'aprocha.
Pour avoir le secours, "Parse," hault escria,
Et "Cipre," au fier soudant de crier se pena.   5495
Quant le roy Dagoubert le sien cry escouta,
Et que sus les Franchois son langaige tourna,
De Guion lui ramembre a la raison qu'il a.
Ou qu'il voit Ciperis haultement lui cria,
"Biau niez, je vous requier qu'on prende cestui la, 5500
Faictes qu'on l'ait en vie pour cil qui tout crea.
Ce me semble le fel qui Guion a nom a."
Quant Ciperis l'entent celle part s'adrecha,
Guion ont assailli et de cha et de la.
La fut prins tout en vie mais ainchois moult cousta, 5505
Au bon roy l'ont livré; quant le roy l'avisa
N'en voulsist point tenir tout l'or que Dieu crea.
Or aproche le terme que son loier ara.

178.

Or est quen Guion prins du noble roy franchois,
Et l'estour renforcha dessus le sablonnois.   5510
Or diray de Phillippe qui fut roy dez Hongrois,
Et du bon empereur de l'alemant terrois
Qui cuidierent paiens convaincre a celle fois,

Ne sçay que vous diroie ychi de deux en trois.
Mors furent lez Hongrois prés tous a celle fois, 5515
Ne fu le roy Phillippe et l'empereur courtois,
Et des plus suffissans environ cent et trois.
Le fort roy d'Ammarie lez prinst o ses conrois
Et lez fist a ses trez mener ou tort ou drois,
Puis entra en l'estour qui estoit fors et rois. 5520
Tant fist que trouvé fu Aquillant ly regnois,
Le fort roy d'Ammarie lui compta les exploix,
Comment il print Phillippe qui de Hongrie est roix,
L'empereur d'Alemengne aveucques maint Hongrois.
Quant Aquillant l'ouÿ moult fut liés celle fois 5525
"Ahai, Mahom," dit il, "je gracie vos lois
Quant vengier me pourray dez Chrestiens regnois.
Destruire lez feray et morir a mon chois."

179.

Moult ot joye a son coeur le fort roy Aquillans
Quant il sot que Phillippes estoit prins dez Persans. 5530
La grant joie qu'il maine ne diroit homs vivans.
En l'estour se bouta par itel couvenant
Que tout quanqu'il encontre estoit a mort metant.
Moult fut prenans l'estour, oncques ne fut plus grans.
Que vous seroie jou longuement devisans. 5535
Tout jusquez a la nuit fut ly estour moult grans,
Que chascun de son gré fu retraite sonnans.
Sans demander l'un l'aultre de respit couvenans
Chascun s'ala logier adz trez et a brehans.
A leurs trez retournerrent, la furent herbegans. 5540
Aquillans commanda qu'on lui soit amenans
Phillippe et l'empereur et lez prisonniers frans.
Et le roy d'Ammarie en a fait ses commandz,
Et au roy Aquillans il les fu presentant.
Et quant Aquillans fu Phillippe regardans, 5545
Il lui a dit, "Phillippe, estes vous souvenans
Que le mien pere fu par de cha guerrians
Vers le roy de Hongrie qui l'ochit a plains chans;
Et sa fille espousastes, se fustes pocessans
Du regné de Hongrie que vous estes tenans; 5550
Puis passastes la mer adz nez et adz calans,
Le royalme de Cipre vous fustes destruisans,
S'ochisistes mon pere qui le fu deffendans,

Et moult de mez amis tous dez plus souffisans,
Que freres que germains .xxxij. atenans? 5555
Cuidiés vous, je vous prie, que le soie oublians?
Nennil, par Mahommet, bien me seray vengans
Au royalme de Cipre qui tant est lés et grans.
Et sçara on parler de chi jusqu'a mille ans.
Car mené y serés sain et sauf et vivans, 5560
Et puis si vous feray les costes et lez flans
Escorchier et saler pour avoir plus d'ahans.
Puis serés par quartier despeché com meschans,
Et pendus sus mez portes de mes cités vaillans."
"Sire," se dist Phillippes, "Jhesus le tout puissant 5565
Me doint grace et povair par ses dignes commans
De tel mort prendre en gré sans estre desperans."
Puis dit en lui meïsmes que le fut escoutans,
"Aussi puissant est ouïr c'oncques fut a nul temps,
Ung jour de respit vault bien cent mille besans." 5570

180.

Le fort roy Aquillans dont je vous segneffie
A baillié roy Phillippe au fort roy d'Aumarie
Pour lui rendre et livrer en Cipre la garnie.
Se jura Aquillans tous les dieux de Surie
Qu'a Phillippe tenra en Cipre compaignie, 5575
Et tous ceulz qui o lui demourerrent en vie.
Mais je croy que la chose est aultrement partie
Se Dieu gard Ciperis et sa bonne maisnie.
Diray de l'ost de Franche que Jhesus benaÿe.
Ciperis fit le guait en icelle nuitie 5580
Et ses enfans o lui qui ne dormirent mie,
Et le quens de Ponthieu qui sur la mer costie,
Moult fut riche le guait qui guaita l'ost serie.
Mais le roy Aquillans de Cipre la garnie
Manda tous ses barons qu'il ne s'atarga mie 5585
Et leur a dit, "Seigneurs, ne lairay ne vous die
Je sçay bien tout de vray, se Mahom ne m'aÿe,
Que durer ne pourray par nesunne mestrie
Contre roy Dagoubert qui France a en baillie.
Je tiens en ma prison Phillippe de Hongrie 5590
Pour qui je suis venus en icelle partie.
Se los qu'ains que la chose soit par nous empirie
Que nous soions tous prestz et nostre ost habillie

Envers le mienuit, c'est ce ou je m'otrie,
Si en ralons no voie pour avoir garandie 5595
Au port de Bazemport ou est nostre navire."
Et chascun dez paiens volentiers si allie.
Quant vint a mienuit que le coq s'esbanie
Aquillant commanda que l'ost soit deslogie,
Si tres priveement qu'on n'y ait noise ouïe. 5600
Et cilz le font ainsi que nulz ne brait ne crie,
Pour ce que ilz cuidoient raler a leur navie.
Mais li quen Ciperis ot en l'ost une espie,
Aussi tost qu'il perchupt dez paiens le maistrie,
A Ciperis revint em mi la praerie. 5605

181.

Seigneurs, or entendez pour Dieu le droicturier.
Quant l'espie perchupt lez paiens deslogier,
Au plus tost que il pot se remit au sentier,
A Ciperis s'en vint le noble guerrier,
Et lui a dit, "Chier sire, par Dieu le droicturier, 5610
Ainchois que vous voiés ja le jour esclairier
S'en seront tous fuis le paien pautonnier.
Car je viens de leur ost ouïr et espier
L'estat et le maintieng. Mais pour vrai puis nonchier;
A le roy Aquillant Phillippe prisonnier, 5615
Et le bon empereur Oursaire o le vis cler,
Et bien .iiij. cens hommes que contes que princhier.
Au fort roy d'Ammarie lez a voulu bailllier,
Pour eulz mener en Cipre lez a volu chargier.
La lez fera, se dit, saler et escorchier." 5620
Quant Ciperis l'entent en lui n'ot qu'esmaier,
"Vray Dieu," se dit li quens, "qui tout as a jugier,
Oncquez ne vi mon pere que Jhesus voeulle aidier.
S'au besoing je lui fail j'en arai reprouvier,
A qui que je faulsisse, je doibz mon pere aidier." 5625
Oyés de Ciperis comment voeult esploitier.
Oncques mais vous n'ouïstez retraire ne nunchier
De plus soutil de lui pour son ami aidier,
Et pour son anemi grever et dompmagier,
Comme fut Ciperis le conte au vis fier, 5630
Ainsi que vous orrés en l'histoire nunchier.

182.

Le quens de Vignevaux, Ciperis au coeur ber,
Quant dez paiens ouÿ tout l'estat recorder,
Qui ainsi s'en vouloient a mienuit aler,
Pour le roy de Hongrie droit en Cipre mener, 5635
Tantost va ses enfans devant lui appeller
Et se leur commanda que ilz fachent monter
Trestoute leur maisnie sans point de l'arrester.
Et cil le font esrant sans point de contrester.
En .iiij. lieux les fit embucquier et aler 5640
Autour dez Sarrazins pour eulz avironner,
Par quoy ilz ne peüssent par nul tour eschapper.
Et le roy Aquillans fist ses ostz aprester,
Et a fait a celle hoeure toute sa gent monter,
A chemin s'en est mis pour s'en cuidier aler. 5645
Mais le bon roy Andrieu qu'Escosse doibt garder
Estoit a ce lez la ou il cuidoit passer.
Aussi que la friente a aperchupt au cler
Il a fait dez falos et toises alumer,
Tant en y avoit la que on y vit bien cler. 5650
Roy Andrieu esperonne le cheval qui fut ber,
Contre roy Aquillant s'est volu assambler,
Et le Turc contre lui ne daigna reffuser.
Le roy Andrieu ala sa lance droit porter,
Et ala de ce coup le Turcq si assener. 5655
Durement le navra le sang en fit combrer.

183.

Le fort roy Aquillant ot moult le coeur dolant,
Quant se senti navré a peu de doeul ne fent.
Ou qu'il voit roy Andrieu retourna vistement,
A lui est rassamblé par itel couvenent 5660
Que le corps et le coeur lui percha fierement.
Mort le trebuche a terre qui qui en fust dolent.
Adonc vint Ciperis le conte o le corps gent,
Roy Andrieu vit queïr a terre mort senglant.
. . . .
"Mais par celui Seigneur qui ne fault ne ne ment, 5665
Vo corps sera vengié tout esrant en present,
Ou je mourray aussi a deul et a tourment."
Dont broche le destrier qui ne coeurt mie lent,

Contre roy Aquillant behourda tellement
Que mort l'abat a terre, la ot sen paiement. 5670
Ja mais au roy Phillippe il ne fera tourment,
Mors est roix Aquillans qui qui en soit dolent.

184.

Mors est roy Acquillant qui France gouverna.
Mal vint sus Chrestiens car plus ne s'en rira.
Quant Ciperis le voit haultement s'escria, 5675
"Or avant, mez enfans, par foy or y perra
Lequel de vous trestous le plus en ochira."
Adoncques la bataille fierement commencha,
Encontre lez paiens chascun si esprouva.
Quant Sarrasins perchurent le fait comment il va 5680
Que leur sire estoit mort chascun se dementa.
Peu monstrerrent deffense car chascun s'esmaya.
Ilz s'en tournent fuiant li ung cha, l'aultre la.
Mais le quen Ciperis o les enfans qu'il a
Lez ont si fort sievis que moult en craventa. 5685
Tant dura celle cache que Ciperis trouva
Le fort roy d'Ammarie qui son pere garda
Que vers la mer aloit ou bien entrer cuida.

185.

Ainsi que d'Ammarie le roy au coeur amer
Vault entrer en la mer pour sa vie sauver, 5690
Et nos bons prisonniers y cuidoient mener,
Adonc est Ciperis le noble bacheler,
O lui tous ses enfans et sa gent sans amer.
La vint le charbonnier Hellies au coeur ber
A tout bien .x. mille hommes qu'il ot a gouverner. 5695
Es paiens se ferirent au juste recorder
Tout ainsi qu'on voit fourdre jus du ciel avaler.
Qui la veïst payens ochire et craventer
L'un mort deseure l'aultre trebuchier et verser.
Le quens de Vignevaux print fort a escrier, 5700
"Foucarmont, Nostre Dame, or avant bacheler!
En lairez vous mon pere mener oultre la mer?"
La commencha bataille crueuse a regarder.
Tous crient "Vignevaux" pour paiens effraer
Si hault que roy Phillippe les ouÿ bien crier. 5705
Dont en simple parolle Dieu volut gracier.

Quant le roy d'Ammarie oÿ ainsi crier
Adz hoirs de Vignevaulz moult se pot esmaier.
Non pourquant il se print a haulte voix crier,
"Avant, payens, avant, venés sur ce gravier   5710
Pour ces Franchois destruire qui nous font encombrier.
Nous sommes trois contre ung, c'est avantage ber."
La veïssiez payens a puissance rengier,
Tous ceulz qui n'estoient mie ancoire en la mer.
Mais cilz qui sont és nez commenchent a singler   5715
En la mer s'esquiperrent sans vouloir retourner,
Et dient l'un a l'aultre, "Ralons nous hosteler.
Lez hoirs de Vignevaux sont dyables d'enfer.
Homme n'est mie sage qui les voeult encontrer,
C'est ung trois mais vignage de si fais bacheler." 5720

186.

Seigneurs, or entendés pour Dieu le Fil Marie.
Ses gens faisoit rengier le fort roy d'Ammarie
Et pour combatre s'est noblement appointie.
Lors a dit Ciperis a la chiere hardie,
"Frapons nous tous dedens sans avoir couardie."   5725
"Par foy," dit Gallehault, "ad ce parler m'otrie.
Je voy la la baniere au roy de d'Ammarie,
Pour sa gent rallier la au vent desploiie.
Mais par la foy que doy a la Vierge Marie
Par moy sera versee ou je perdray la vie."   5730
"Par foy," dient sez freres, "nous vous ferons aÿe."
Si fu le charbonnier qu'on appelloit Hellie.
Gallehault tout premier a le lance abaissie,
Tout droit a la baniere a sa voie adrechie.
Cellui qui le baniere tenoit, je vous affie,   5735
Assena tellement de l'espee fourbie
Que la baniere abat entre gent paiennie.
Quant le roy d'Ammarie ot celle oeuvre choisie
Gallehault assailli aveuc sa baronnie.
Tous l'ont avironné par telle felonnie   5740
Que s'il n'eüst secours il eust perdu la vie.
Avoeuc lui se bouta le charbonnier Hellie,
De lui veoir combatre fut grande melodie.
D'unne hache a .ij. mains qui fut clere et fourbie
Frapoit environ lui sur la gent anemie,   5745
Que la teste trencha roy Clacquedent d'Orbrie,

Par lui fut mors le roy qui tint toute Nubie.
Adonc est Ciperis qui la chiere ot hardie,
Ou qu'il perchupt le roy qui tenoit Ammarie
Le feri de sa lance, telle lui a baillie, 5750
En la char le navra que le sang en rougie.
Mais la lance rompi se ne le tua mie.
Non pourquant l'abati sur l'herbe qui verdie,
Et le bon charbonnier s'en vint celle partie.
Quant le roy vit a terre sa hache a descliquie, 5755
Ainsi qu'il se levoit lui donna tel hachie
Qu'il lui a des espaulles la teste jus rongnie.
Quant Ciperis le voit haultement lui escrie,
"Pour quoy l'avés tué, Hellie, je vous prie,
Que ne l'avés vous prins et moy rendu en vie? 5760
Se m'en fusse vengié tout a ma commandie."
"Sire," se dit Hellie, "ne vous souffit il mie?
Ly homs est bien pugnis qui le teste a trenchie."

187.

Or est mort d'Ammarie le fort roy mescreant,
Et la baniere a terre dont paiens sont dolant. 5765
Adonc de toutes pars se vont il deffoucant,
Et les aulcuns aloient en hault merchi criant.
Telz y ot qui disoient qu'ilz seront baptisant,
Et on les print en vie se les fut on lyant.
Mais le gentilz Hellie par nesun convenant 5770
Ne rechepvoit nesuns a merchi tant ne quant.
Ains les metoit a mort quancqu'il fut actaignant.
.xij. paiens occhit qui aloient tenant
Phillippe de Hongrie et l'empereur poissant.
La sourvint Gallehault, filz Ciperis le franc, 5775
Qui bien ayda Hellie au ferir du taillant.
L'empereur ravisa le bon charbonnier franc
Se lui a dit, "Hellie, Jhesus vous soit garant.
Voeulliés nous desloier au nom du Roy Puissant."
La furent desliés tost et incontinent, 5780
L'empereur et Phillippe se vont bien adoubant,
Puis se vont en l'estour forment habandonnant.
Que vous iroie jou le chanson allongant!
Tous furent mors ou prins Sarrasins et Persant,
Ceulz qui furent en nez ne furent point meschant. 5785
Ciperis point et broche trestout par mi le champ,

Pour trouver le sien pere estoit moult desirant.
Entr'encontrés se sont et se vont ravisant.
Galehaux et Hellie vont Ciperis disant,
"Vechi le roy vo pere qui vous fu engenrant. 5790
Oncques mais ne le veïstes en jour de vo vivant."
Quant Ciperis le voit vers lui se va traiant,
Du destrier deschendi tost et incontinent,
Par devant le sien pere s'en va agenoullant.
Et Phillippes ala vistement deschendant, 5795
Le sien filz acola qu'oncquez en son vivant
Il ne l'avoit veü dont moult fut ennuiant.
De joye et de pité qu'ilz ont, je vous creant,
Se paumesrent tous deux tous les barons veant.
Tous ceulz qui les regardent en orent pitié grant. 5800

188.

Moult fut grande la joye que chascun demenoit
Pour le bon roy Phillippe qui delivrés estoit
De le prison adz Turcz et son filz qu'il ravoit.
A Dagoubert fut dit comment la chose aloit,
Quant il en sceut le vray, Jhesus Christ gracioit. 5805
A Phillippe s'en vint, moult estroit l'acoloit.
A la recongnissance grande pité avoit.
Phillippe le sien frere doulcement merchioit
De ce que secouru en ce point il l'avoit.
Que vous feroye jou de court plait long exploit! 5810
Droit par dedens Morons chascun s'en retournoit,
La fu roy Dagoubert honnouré bien a droit,
Et le bon empereur qui d'Alemengne estoit,
Et le roy de Hongrie et Ciperis le droit.
Les hoirs de Vignevaux point on n'y oublioit. 5815

189.

Les dames demanderent le roy et le marcquis
Qui furent bien parees de leurs riches habis.
En leurs chambres estoient a joye et a delis
Pour ce que les payens estoient a la fin mis.
Adoncques vint Phillippes qui entr'elles s'est mis. 5820
De Dieu les salua, le Roy de Paradis.
Toutes les regarda a la bouche et au vis,
Mais non plus ne congnut Clarisse dont je dis
Que s'il ne l'eüst oncques veü a nesun dis.

Congnoistre ne sçavoit s'amie o le cler vis.　　　　　　　　　　5825
.xl. ans ot passés et trestous acomplis
Qu'il ne l'avoit veüe, ne en fait ne en dis.
Ce ne fut point merveille s'il le congnut envis.
Quant Clarisse perchupt qu'il fut si ententis
Une dame demande, "Qui est ce marcheïs?"　　　　　　　　　　5830
Et celle dit, "Ma dame, selon le mien advis,
C'est le roy de Hongrie qui ja fut vos amis."
Quant Clarisse l'entent son coeur lui est transis,
Son anel qu'elle avoit a hors de ses dois mis,
A Phillippe le monstre en disant piteux dis.　　　　　　　　　　5835
"Cest anel me donnastes, frans prince seignouris,
Au jour que m'em menastes de l'Orliens paÿs."
Quant Phillippe l'entent de grant joye en a ris,
Adonc l'a acolee qu'il n'y a terme quis.

190.

La joye fut moult grande ens au palais royon　　　　　　　　　　5840
Quant Phillippe congnut Clarisse o le crin blon.
Adoncquez vint le roy de France le royon
Et le quen Ciperis qui le sieut au talon,
Avoeuc l'empereur qui tant estoit preud'hom,
Et pluisieurs aultres princes dont je ne sçay le nom.　　　　　　5845
Temps fu d'aler mengier, le soupper corna on.
Ainsi que ilz debvoient asseoir habandon
Adonc vint Ludovis le frere Phillippon
Et frere a Dagoubert le roy de grant regnom.
O lui furent ses moisnes qui furent bon baron,　　　　　　　　　　5850
Paiens orent sievis a bonne intencion,
S'en orent maint occhis adz champs sur le sablon.
Le fort roy de Tartare qui ot nom Herembron
Orent mort et occhis a grant destruction.
Ens au palais entra Ludovis le frans hom,　　　　　　　　　　　　5855
Ou que il voit Phillippe le print par le geron,
Doulcement le festie, ce fut bien de raison.
La commencha la joie, ains telle ne vit hom,
La peüst on veoir d'instrumens maint doulz son.
Que vous iroie jou allongant la chanson!　　　　　　　　　　　　5860
Celle nuit s'en alerrent reposer le baron,
Jusquez a l'endemain que le jour cler vit on,
Que chascun auÿ messe par grant devocion.
Si espousa Phillippe Clarisse o le crin blon.

La fut mis soubz le drap Ciperis le frans homs, 5865
Et aprés le service dont je fay mencion,
Sont venus au palais de moult gente fachon.
O faulzdestuel fut mise Clarisse, se dist on,
Couronnee d'or fin, honneur lui porta on.
La perdi Ciperis a tousjours le sournom 5870
D'estre clamés bastars.   Ce lui vint moult a bon,
N'en voulsist point tenir le tresor Salemon.

191.

Nobles furent les noepces dont je fay parlement,
Oncques nulz homs ne vit plus bel esbatement.
Puis sont alés couchier Phillippe o le corps gent, 5875
Coucha aveuc Clarisse qu'il ama lealment.
En celle nuit y ot d'eulz .ij. grant parlement,
Et de leurs adventures conterrent l'errement.
Ainsi se deviserent jusqu'a l'ajournement
Que feste renforcha qui cousta grandement. 5880
Que vous feroie jou plus long devisement?
Ung mois dura la feste dont je fai parlement.
Aprés s'en departirent trestous communaulment,
L'empereur d'Alemengne s'en va premierement,
Et le roy Dagoubert, Ciperis ensement, 5885
Et trestous ses enfans et Ludovis le gent.
Prinrent au roy Phillippe congié isnellement
Et a Clarisse aprés la rouÿne au corps gent.
Grande fut la pité a cil departement,
Dez plours ne des regrés ne ferai parlement. 5890
Chascun s'en retourna dedens son tenement.
Le roy revint en France avoeucques lui sa gent,
Et Ludovis son frere qu'il ama loyalment,
Ciperis et sez filz et des aultres granment.
S'em menerent Guion le traître pullent 5895
Tout droit en Avignon qui a Prouvence apent.
La l'ont fait lez barons decoler mortelment
Et detraire a chevaulx et morir moult vieument.
Puis font pendre lez membres a la pluie et au vent,
Puis revindrent en France au gré Dieu qui ne ment. 5900
Ung mariage firent ad ce temps proprement
Du frere au roy a qui Coulongne apent.
Baudour fut appellee, moult avoit d'enscient,
Soeur fut a Theseüs, se l'histoire ne ment, 5905

Cel qui entra en l'aigle de fin or qui resplent
Pour l'amour d'unne dame qu'il ama loyalment,
Fille fut l'empereur de Romme proprement.
Et icelle Baudour dont je fay parlement
De Corbie fonda l'abye plainement.   5910
Ce fut Saincte Baudour que Dieu ama forment.
Or enforche matere de quoy lez vers sont gent,
De batailles, d'assaux, de grant tournoiement,
Com Ciperis de France ot le couronnement,
Et comment il regna au monde puissaument.   5915
Amés fut et cremus de toute bonne gent,
Et de maulvais haïs pour ce que nullement
Ne voult de trahison souffrir l'aplicquement.
Qui d'aultrui se chastie c'est bel doctrinement.

192.

Seigneurs, or entendés pour Dieu que tout crea!   5920
Vous avez bien ouÿ en no livre de cha
Com li quens Ciperis le sien pere trouva,
Et comment en Hongrie sa mere l'espousa.
En Morons demourerrent, mais on vous en laira.
Diray de Ciperis qu'en Vignevaux rala,   5925
O lui tous ses enfans dont .xvij. y a,
Et leur gent et leurs hommes dont plenté il y a.
Ouÿ avés comment le roy Andrieu fina
En l'estour de Morons ou maint en demoura.
Or avoit il sa fille donnee, n'en doubtez ja,   5930
Au fil de Ciperis que Paris on clama.
Dont Ciperis le conte dit qu'en Escosse ira
Pour couronner son filz, raison si adonna.
En ce noble paÿs tous ses enfans mena,
Jusques en Angleterre, point il ne s'arresta,   5935
Pour aler en Escosse en Berevuic de la.
Tous les fieues d'Escosse a Berevuic manda
Pour son filz faire hommage si que droit l'aporta.
Ciperis ot a faire forment au lés de la,
Car au paÿs d'Escosse dez rebellés trouva.   5940
Si que .ij. ans ou plus la guerre y demena,
Et en cellui tempoire roy Dagoubert fina,
Dont grant meschiez avint en France par de la.
Car le ber Ludovis n'estoit mie droit la,
Ains fut par dedens Grece, ou payens guerria   5945

O le frere sa femme, Theseüs se nomma.
Roy estoit de Coulongne, seigneur ad ce temps la,
Depuis fut empereur et Romme gouverna,
A cause de sa femme en laquelle engenra
Gadifer.   Theseüs de Grece pocessa.   5950
De plus hardi baron nulz a parler n'orra
Comme cilz Gadifer, car depuis amena
Ludovis dedens France et si le couronna
A l'aÿde son pere qui loyalment resgoia,
Ainsi qu'en aultre hystoire trouver on le pourra.   5955
Mais a tant m'en tairay et mon corps vous dira
Pour quoy France ot a faire quant Dagobert en fina.
Le royalme fu vuagués mais ung duc s'avancha
Qui revint d'oultre mer ou Ludovis laissa,
Ou adz faulz Sarrasins le vendi et livra.   5960
L'avoir qu'il en rechupt dedens France aporta,
Par lez grans dons qu'il fit, lez barons aveugla,
Et leur fist entendant que Ludovis fina,
Et Theseüs aussi avoeuc qui il ala.
Mais vendus lez avoit adz Sarrasins de la.   5965
Or aproche le terme que son loyer ara,
Car qui fausseté cache faulseté il prendra.

193.

Seigneurs, or entendés pour Dieu le Roy amant!
Abreger vous vouldray le chanson maintenant.
Cilz Lambert fit grans dons et se fist entendant   5970
Que Ludovis fut mort; dont lez princes puissant
Saisirent le royalme et furent departant,
L'un ung tiers, l'aultre ung quart; mais cil Lambert fit tant
Qu'il gouverna Paris, Rains, Laon ensievant.
Et estoit a lui lez aultres obaïssant   5975
Par les dons qu'il donna.   Si vont tous obligant,
Se ce ne fut le duc d'Orliens au coeur frant,
Et celui de Ponthieu Gasselin le vaillant.
Mais cil ne se vouloient obligier tant ne quant.
Bien lez trois pars d'un an fut cilz Lambert rengnant   5980
Et vault avoir Baudour qui puis fit de biens tant,
Mais la noble rouïne si n'en voulu noient.
Dont il lui fit souffrir maint grief mal apparant.
Mais puis en fu vengié la rouÿne plaisant,
Car cellui Gadifer, dont j'ay parlé devant,   5985

Qui fut filz Theseüs le hardi combatant,
Quant il sceut de son pere le certain couvenant,
Et du ber Ludovis qui fut prison tenant,
Par dedens Anthioce, la le tint ung Persant.
Acherres ot a nom, mais Gadifer, l'enfant, 5990
Mena en Anthioce ung tel arriere bant
Qu'il desconfit par force Acherre le Persant,
Et se print la cité d'Anthioce le grant,
Et delivra son pere et Ludovis le frant.
Dedens Constantinnoble lez fut il ramenant. 5995
La leur vint ung message de France le plaisant
Que Baudour envoioit a son nepveu vaillant.
Ung brief leur presenta ce més dont je vous chant
Ou toute la teneur du fait fut apperant.
La mort de Dagoubert y fut, je vous creant, 6000
Et de Lambert d'Angiou trestout le convenant,
Que la terre ot saisie et en fait son command,
Et voeult avoir par force Baudour au corps plaisant.
Quant lez barons l'ouïrent moult en furent dolant.
Mais Gadifer jura le Pere Roy amant 6005
Qu'il fera comparer a Lambert le tirant
La faulse trahison qu'il ala pourpensant.
De ce ne menti mie, car je vous ay creant
Qu'il passa haulte mer a tout l'arriere ban,
Et vint par dedens France et se fut amenant 6010
Son pere et Ludovis, mais il ala devant.
Et fist tant que Lambert ot contre lui en champ.
Tellement si prouva qu'il le fist recreant
Et lui coupa le cief a l'espee trenchant.
Mais pour ce qu'il est mis en ung aultre rommand 6015
Et que tous ses fais chi y sont plus apparant,
M'en voeul passer en brief, se diray plus avant
Comment la guerre en vint merveilleuse et pesant
Du conte Ciperis et sez enfans vaillant
Encontre Ludovis qui fut son atenant. 6020
Et il n'est si grant guerre quant se va esmouvant,
Que guerre de parens qui sont appartenant.

194.

Seigneurs, or entendés pour Dieu et pour son nom.
Tant fit ce Gadifer dont j'ay fait mençon
Que il tua Lambert qui fit le trahison. 6025

Et fit tant a l'aÿde son pere Theseon
Que de tous les rebelles prinrent pugnicion,
Et firent Ludovis roy de la region,
Et fut sacrés a Raims comme roy de regnom.
Tous lui firent hommage lez prinches et le baron. 6030
Theseüs et son fil furent la grant foison
Avoeucques Ludovis qui tant ot de regnom.
Mais Theseüs ouÿ en icelle saison
Nouvelle d'Esmeré le roy de Prenoiron.
Car ung legaut si vint qui ot a nom Simon 6035
Et lui dit que le roy qui Esmeré ot nom
Estoit mors et fenis, Dieu lui fache pardon.
Se debvoit escheïr la grande region
Au bon roy Theseüs, car il estoit baron
A le fille Esmeré dont j'ay fait mencion. 6040
Pour tant a Ludovis print congié habandon
Et a sa soeur Baudour qui fit grant plourison.
Vers Romme s'en alerrent et pour tant en lairon.
De Ciperis diray qui ouÿ mencion
En Escosse ou il ot esté mainte saison. 6045
De la mort Dagoubert lui dist on le couron,
Et comment Ludovis maintint la region.
Quant Ciperis en sot le certaine occoison
Il jura Jhesus Chris qui souffri passion
Qu'il vouldra calengier la terre en sa parchon 6050
A cause de sa femme qui Orable ot a nom.
Car nul plus prochain hoir trouver n'y pourroit on.
Dont fit appareillier vaissaulz et maint dromon,
Cent et .l. mille tout par compte et par nom,
Entrerrent en vassaux dont je fay mencion. 6055

195.

Le quens de Vignevaux, Ciperis au coeur frant,
Par mi le haulte mer ala forment singlant,
Avoeuc lui ses enfans qui moult furent vaillant,
Et aveuc les gens d'armes qu'il ala conduissant.
Les maronniers de mer qui l'ost vont conduisant 6060
Sont a terre venus et se vont aancrant.
Le barnage s'en ist, par le païs s'estent.
Au bon roy Ludovis fut dit le convenant
Se povez bien sçavoir qu'il ot le coeur dolant.
Les haulz barons de France ala tantost mandant 6065

Et leur a dit, "Seigneurs, entendez mon semblant.
Il est vray qu'il n'a pas ung termine mon grant
Que m'avés couronné du royalme puissant.
Es ce a droit ou a tort?   Alés y regardant.
Je ne voeul que par moy soit nul meschief venant,   6070
Se je le tiengz a droit je l'yray deffendant
Pour morir a dolour en estour ou en champ.
Et se je l'ay a tort la couronne enquergnant
Au voloir Ciperis me seray obligant,
Car a tort ne tenrày ja de terre plain gant.   6075
Or me dictez le vray et le vostre semblant.
Que maudit soit de Dieu, le Pere tout puissant,
Qui voir ne m'en dira sans estre variant."
Adonc n'y ot princhier qui ne fut quoy taisant.

196.

Seigneurs, or entendés pour Dieu de magesté.   6080
Le bon roy Ludovis a briefment appellé
Le grant conte de Flandres qui Raoul fut nommé
Et qui tenoit d'Artois toute la grant conté,
Conseil lui a recquis comment aroit ouvré.
"Sire," se dit le conte, "par Dieu de magesté.   6085
Se j'estoie de France comme vous couronné,
Ja mais ne perderoie la noble digneté
Qui ne l'aroit par force dessus moy concquesté.
Se vous priés merchi ains que soiés frappé,
On ne tenra de vous ne bien ne honnesteté.   6090
Vous avés le royalme mis en prosperité
Qui estoit dez seigneurs ainsi que desnué
Par felons traïtours qui l'orent gouverné.
Et vous avés grant poeuple cy endroit assamblé,
Tous prestz pour chevauchier se l'avés commandé.   6095
Faictes tantost crier par Paris la cité
Que tout noble et non noble soient tost apresté
Pour aler avoeuc vous ou vous venra a gré.
Se li quen Ciperis est en vo terre entré,
Si alés contre lui le front en hault levé   6100
Et deffendés vo terre que Dieu vous a donné.
Soit a tort ou a droit ayés ce fait porté."
"Par foy," se dit le roy, "vechi conseil nottré.
Tout ainsi sera fait que le m'avés compté."
Adonc est ung message ens ou palais entré   6105

Devant le roy s'en vint et si l'a salué,
"Sire," dit le messager, "or oyés verité.
Je vous di pour certain sans en avoir bourdé
Que le quen Ciperis, lui et tout son barné,
A l'Escluse et au Dan, la sont ilz arrivé. 6110
Cent et .l. mille sont par compte nombré,
Et dient que de Flandre gasteront la conté
Et d'Artois pour ytant que le conte alosé
Vous aida a sacrer a Rains, celle cité."
Et quant le quens de Flandres a celui escouté, 6115
Ains ne fut si dolans puis le jour qu'il fut né.

197.

Quant le conte Raoul de Flandres et d'Artois
Entendi du message le parler et le voix
Plus fut dolant au coeur qu'il n'ot esté dez moys.
Aussi fut Ludovis qui de France fut roix. 6120
Illeuc estoit le conte qui dit a ceste fois,
"Or vous requier pardon, Ludovis le courtois,
Bailliés moy vos gens d'armes et trestous leur conrois.
Ce qu'en Paris en a, et se dedens .ij. mois
Ne vous rendz Ciperis a faire vo voloirs 6125
Je voeul perdre la teste et trestous mez avoirs.
Et vous resposerés a Paris tout cel mois,
Mandez l'arriere ban qu'il viengne sans delais.
Puis venrés aprés moy en la terre d'Artois,
Et se me fault besoing tost en orrés la voix." 6130
"Par foy," dit Ludovis, "je feray vos vouloirs."
Lors fit par mi Paris crier pour une fois
Que tout noble et non noble se mectent en arrois
Pour aler o le conte et fachent a ses cois
Et qu'ilz fachent pour lui autant que s'il fut roix. 6135
Dont n'osa reffuser chevalier ne bourgois.
Raoul le quens de Flandres apresta son harnois,
De Paris s'en parti a moult noble conrois,
O lui .lx. mille de gens d'armes courtois,
En chevaulz et en armes pour commenchier tournois. 6140
Moult desire cil conte a revengier ses drois
Encontre Ciperis qui ot sept fis a roix.
Mais tel cuide se honte vengier aulcune fois
Que plus le multeplie, se lui croit ses anois.

198.

Seigneurs, or entendés pour Dieu qui fut penés. 6145
Li quens Raoul de Flandres et d'Artois en aprés
Se parti de Paris ainsi que vous oés,
O lui .lx. mille de gens bien adoubés.
Vers le paÿs d'Artois se sont acheminés,
Et le roy Ludovis fut a Paris demourés 6150
Qui ses arriere bans ot tout par tout mandés.
Or advint ad ce temps que recorder oés
Que son frere Phillippe de Hongrie fievés
Fut parti de sa terre. Prins l'en fut volentés
Pour venir veoir France le lieu ou il fust nés 6155
Et trestous ses amis dont il y ot assés.
Mais de lui vous lairay, se seray retournés
Au conte Ciperis qui tant fut redoubtés,
Qui estoit dedens Flandres ainsi que vous oés.
Puis entra dedens Bruges ou tant ot richetés, 6160
Malgré tous les Flamencgz fut le bourc concquestés
De lui et de sez hommes, mais au temps dont oés
La ville ne fut close de murs ne de fossés.
La fut prinse la femme du conte dont oés
Et sa fille la gente qui moult ot de beaultés. 6165
Et les bourgois lui firent par forche feaultés,
Et print d'eulz tous hommage ou ilz fussent tués,
Le tindrent a seigneur, ce fu leur advoués.
La lui vindrent nouvelles telles que vous orrés
Que le conte de Flandres fut du paÿs sevrés, 6170
Et que roy Ludovis lui ot ses gens prestés,
Et que l'arriere ban fut tout par tout mandés,
Et que le quens de Flandres s'en vint tout aprestés
A .lx. mille hommes fer vestis et armés
Pour grever Ciperis s'il en a poestés. 6175
Quant le conte l'entent n'y a compté .ij. dés.
Tantost a ses enfans par devant lui mandés
Et leur dit, "Mes enfans, sçavez que vous ferés.
Je vous jure sur Dieu qui en croix fut penés
Que cellui de vous tous soit ains nés ou main nés 6180
Qui me rendra le conte tout a mez volentés
Mort ou vif, je vous di en toutez verités,
Sa fille lui donrai ou tant a de beaultés.
Conte sera de Flandres et d'Artois par de lez.
Or verray je liquelz voeult estre mariés 6185

Voire de ceulz seigneurs qui ne sont assenés."
"Par foy," font les enfans, "ne vous soiés doubtés.
Voeulle ly quens ou non il sera atrappés,
Et le vous livrerons ou bon gré ou mal grés,
Car pour tel don acquerre voulrons estre penés." 6190

199.

Le conte Ciperis a la chiere hardie
Se departi de Bruges, o lui sa baronnie,
Vers Artois s'achemine qu'il ne s'arresta mie.
Or diray de Raoul de France la garnie
Qui venoit en Artois a toute s'obanie. 6195
Ung jour vint a Ahrras la cité batillie.
Le conte Ciperis le sceut par une espie,
Se jura Jhesus Chris, le Fil Saincte Marie,
Que celle part ira, n'en reculera mie.
Jusquez a la Bassee a sa voie acoeullie, 6200
Dedens la ville entra point n'y ot fremerie,
Droit la se refreschi et toute sa maisnie.
Au quen de Flandres fu celle chose nunchie,
Que Ciperis estoit a grande chevauchie,
Estoit a la Bassee une ville esbahie. 6205
Lors se parti d'Arras o lui sa baronnie
Et s'en vint droit a Lens une chastelerie.
Mais il ne fut a Lens point la tierce nuitie
Quant ly quens Ciperis et sa grant ost banie
Avironnerent Lens, moult bien l'ont assiegie. 6210
Voire li quens de Flandres ne lui agrea mie,
Drechier vit mainte tente qui fut d'oeuvre jolie,
Et voit mainte baniere qui au solail flambie.
De chascun dez sept roix chascun avoit la sie.
D'aultre part la baniere au duc de Normendie, 6215
Ce fut quen Ciperis de Vignevaux l'anthie,
Tout droit ens ou millieu de son ost ressongnie.
Quant le conte de Flandres a celle oeuvre choisie
En lui meïsmez dit, "Doulche Vierge Marie,
Comment me maintenray vers celle gent haÿe, 6220
Qui de nient sont venus en si grant seignourie,
Et par le roy de France qui a perdu la vie?
Le conte Ciperis que Jhesus Chris mauldie
A poeuple o lui assés selon mon estudie
Pour concquerre lez portz de toute paiennie. 6225

Et se m'a on compté n'a pas tierce nuitie
Que le ville de Bruges il a prinse et saisie
Et ma femme et ma fille il a en sa baillie.
Or m'a il assegié en celle enfermerie,
Ou n'a ne pain ne vin ne vitaille garnie.   6230
Et j'ay .lx. mille hommes en ma baillie,
Assés leur convenroit pour soustenir leur vie.
Se je mande bataille a m'adverse partie
Et ce vient au droit jour j'ay oeuvre mal partie.
Car ilz sont trois contre ung et si sont gent prisie.   6235
Non pourquant foy que doy le Digne Fruit de Vie,
Ains qu'il soit demain jour, ne le aube esclarchie,
Lez iray visiter o moy ma baronnie
Pour conquerir vitaille, se Jhesus si ottrie.
Car il n'est forteresche tant soit auctorisie   6240
Ou il fache bon estre puis qu'elle est mal garnie."

200.

Ainsi le quens de Flandres en lui se devisoit.
Les princes appella qu'aveucquez lui avoit,
Et le conte demande que conseilliez y soit
Comment se maintenra au siege la endroit.   6245
Et chascun lui compta comme bon leur sembloit.
Mais le conte de Flandres sen vouloir leur disoit
Comment la volenté en son coeur lui entroit
D'aler sus Ciperis qu'asiegé le tenoit
Pour concquerre vitaille se leur gré y estoit.   6250
Quant lez barons l'ouïrent, chascun lui accordoit.
A tant se sont trestous appointiés la endroit
Et ly quens et ses hommes mis en noble conroit.
Dez portes sont issus qu'on ouvri la endroit,
Jusques a l'ost Ciperis oncquez ne s'arrestoit.   6255
"Flandres" print a crier si que chascun l'oöit,
Tout ce qu'il encontre a terre reversoit.
Au conte Ciperis la nouvelle en aloit
Qui estoit sur son lit ou il se reposoit,
Mais sachiez de certain que tous armez estoit.   6260
Lors se leva briefment que point n'y arrestoit,
Une lance a saisie et au cheval montoit.
Ses gens sont adoubés tantost en noble arroit
Par devers la bataille li grans ostz s'adrechoit.

Si commencha estour ou maint homme finoit 6265
Ainsi que je diroie qui ouïr le voulroit.

201.

Le conte Ciperis ne s'i est arrestés,
En la bataille en est moult radement boutés.
Le riche roy Guillame d'Engleterre fievés
A la lance baissie dont le fer fut trempés. 6270
Fiert le comte de Champaigne par itel poestés
Qu'a terre l'abat mort sans estre rellevés.
Lors a traite l'espee qui lui pent au costés,
Entour lui fiert et frappe tellement a tous lés
Q'un car en chariant y fut moult bien passés. 6275
Voeulle le quens de Flandres, au coeur en est tourblés,
La lance mist en feultre, celle part est alés.
Sur Guillame s'adreche sans estre deportés,
Tellement l'a feru qu'a terre fut portés.
Mais le roy fut isgnel si s'est tost rellevés 6280
Puis crioit "Engleterre" et "Vignevaux" aprés.
Adonc vint Ciperis qui ouÿ ces parlers
O lui .v. de ses filz noblement conraés.
Ou qu'ilz oient Guillame, celle part sont alés.

202.

Au rescourre Guillame fut fiere la tenchon. 6285
Le roy estoit a pié par dessus le sablon,
S'espee tint au puing dont le taillant fut bon.
Lors Guillame ly bers qui coeur ot de lyon
Fiert le conte de Brie qui lui fit cuisenchon.
Lui lancha de l'espee quant qu'il pot de randon 6290
Que tout mort l'abati sans y avoir renchon.
Quant Guillame le voit si en loa Jhesom.
Par mi le frain saisi le bon cheval frison,
Bien y cuida monter a sa devision.
Mais Franchois l'avironnent come les leups mouton, 6295
La sourvint Ciperis qui en ouÿ le son.
Ou qu'il perchupt le conte de Flandres au lyon
Celle part s'adrecha, brochant a esperon.
Bien cuida le bon conte mettre a destruction,
Mais premier assena le duc dez Bourguegnon. 6300
Tellement le feri Ciperis habandon

Qu'a terre l'abat mort qu'il ne dit o ne non.
Puis a tiré l'espee qui lui pent au giron
Entour lui fiert et frappe par tel condicion
Qui il actaint a coup est mort sans raenchon. 6305
Quant le conte de Flandres aperchupt la faichon
Ne fut mais si dolans en ung an de saison.
A Ciperis s'en vint irés comme ung lyon.
D'unne espee a .ij. mains le fiert tel horion
Que le sang en sailli qui couroit de randon. 6310
Quant le conte de Flandres en perchupt le fachon
Se dit en reprouvier par grant aïrison,
"Ciperis, mal avés gasté ma region,
Et mis mes bonnes villes en vo subjection.
Mort ou vif vous rendray au roy de Mont Laon." 6315
Quant Ciperis l'ouÿ s'en ot doeul a foison,
Se vengier ne s'en poeut, ne se prise ung bouton.

203.

Quant Ciperis ouÿ li quens qui le remp[r]ona
Adonc le noble quens son olivant corna.
Et au son de ce cor ses enfans assambla, 6320
A eulz tous se plaindi du quen qui le navra.
Et les enfans respondent que bien vengié sera.
Adonc poingnent ensamble que mieulz mieulz y frappa.
Vers le conte de Flandres celle gent se tourna.
Le gentil Ciperis une lance prins a, 6325
Ou qu'il perchupt le conte haultement dist lui a,
"Mettez vous a deffense ou vostre corps mourra."
Lors mit lance sus feutre, vers le conte brocha,
Et le conte de Flandres mie ne recula.
Bien et hardiement a Ciperis jousta. 6330
Sur l'escu Ciperis sa grant lance brisa.
Ciperis le refiert que point ne l'espargna,
Ens au destre costé la lance lui bouta
Que tout oultre le corps bien .ij. piés y passa.
Du coup rompi sa lance, mais Ciperis sacqua 6335
Le riche branc d'achier, au conte rassambla.
La l'eüst mort ou prins quant ses gens vinrent la,
Par forche l'ont rescoux et remené de la.
La retraite ont sonnee car temps en fut piecha.
Ensement que le conte en Lens entrer cuida, 6340
Les enfans Ciperis s'y adrecherrent la,

Entre Lens et l'estour se boutent par de cha.
La porte concquesterrent maulgré ceulz qui sont la.
A mort mirent lez gardes onc pié n'en eschappa.
Bien .x. mille hommes d'armes dedens la ville entra. 6345
Quant le conte le sceut a peu qu'il ne derva,
"Ahay," dit il, "fortune, qu'en vous se fiera,
Je sçay bien qu'en la fin il s'en repentira."

204.

Quant le conte de Flandres vit la ville de Lens
Qui ainsi fut saisie et par force de gens, 6350
Si dolans fut au coeur a peu qu'il n'ist du sens.
Lors se cuida le conte bouter tout hors des rens
Pour aler vers Arras dont sires fut presens.
Mais il ot une encontre dont au coeur fut dolans.
Car Thierri le dansiaux qui tant fut de bon sens 6355
Apperchut le conte, a lui vint par assens.
D'unne lance le fiert dont le fer fut moult gens,
Tellement qu'a la terre l'abati plat adz dens.
Puis lui cria, "Frans contes, pour Dieu a moy te rendz,
Ou tu seras occhis tout en l'heure presens." 6360
Quant le conte ouÿ ces amonnestemens
A Thierri se rendi qui en fu diligens,
Car briefment le fist prendre et saisir par ses gens.
Se le fist em mener tout droit par dedens Lens.
Dit fut a Ciperis qui tant fut reverens 6365
De Thierri le sien fil tous lez contenemens.
Lors gracia Jhesus qui est roy sapiens.
Point ne fut aussi liés pour tout l'avoir de Sens.

205.

Loyaulz fut Ciperis quant on lui ot compté
Que Thierri le sien fil ou tant ot de bonté 6370
Avoit par sa proesse le conte concquesté.
Adoncques Ciperis est devers Lens retourné.
Lez batailles avoit par forche concquesté
Au lez ou il estoit. Mais lez Franchois nottré
Estoient en ung mont du tout ramonchelé. 6375
Ainsi que Ciperis cuide estre en Lens entré
Encontra lez Franchois qui furent rassamblé.
Dolans furent du conte qu'ainsi fut attrappé,
La commencha bataille et grant mortalité.

La fu prins le bon quens de Beauvais la cité 6380
Et le quen de Soissons qui Flourent fut nommé
Et maint prince puissant de grant terre cazé.
Lez aultres furent mors, ou en fuite tourné.
Ainsi fina l'estour qu'a chascun a cousté.
Ciperis vint a Lens o son riche barné, 6385
Ens au palais entra qui fut d'antiquité.
Adonc li fut le conte de Flandres amené.
Quant Ciperis le voit se l'a arraisonné,
"Conte," dit Ciperis, "or vous a Dieu monstré
Qu'a tort et sans raison fut mon oncle sacré 6390
Sans ce que riens y fusse hucquié ny appellé
Moi qui suis per de France le plus prochain nommé,
A cause de la fille que jou ay espousé.
Fille fut Dagoubert qui de present est finé.
Or vous a Dieu monstré vostre grant niceté, 6395
Car je vous tiens prison tout a ma volenté.
S'ay vo femme et vo fille aussi emprisonné
Et dez bourgois de Bruges hommage et feaulté.
Ja mais n'en goirés tant que j'aye santé."
"Sire," se dit li quens de Flandres la conté, 6400
"Je ne m'y atens plus en droicte verité,
Car je sçay de certain que suis a mort navré.
Bien sçay que je mourray ains le tiers jour passé,
Se vous recquiers ung don qui peu ara cousté
Par itelle maigniere qu'on vous ara compté. 6405
Ja n'en amenriera vo pris ne vo bonté,
Ainchois en croistera assés et a plenté."
"Par foy," dit Ciperis, "il vous est accordé.
Or dictez vo vouloir bien vous est ottrié."

206.

"Conte," dit Ciperis au fier contenement, 6410
"Quel don voulez avoir, dictes hardiement."
"Sire," se dit le conte, "je vous requier present
Que pensés de ma fille qui ore est en jouvent,
Qu'aprés moy doibt tenir le bon paÿs flameng.
Ces terres doibt tenir aprés mon finement 6415
Ma fille au corps faitiz; se vous prie humblement
Que Thierri vostre filz qui me print ensement
Ait ma fille marié en droit mariement,
Tantost sans arrester, ad fin que bonnement

Je le voye assenés ains mon definement. 6420
Si vous prie de ma femme qu'ai amé loyalment
Que lui donnés douaire pour vivre honnestement.
Se le faictez venir devant moy plainement
Se prenderay a elle congié benignement,
Car par vous suis navré a mort certainement. 6425
Ma mort vous pardonray par itel convenant
Qu'ensement que j'ay dit soit fait hasteement.
Car je sens a mon coeur la mort qui me sousprent."
Quant Ciperis l'ouÿ grande pité l'em prent.
Ce don lui ottria de bon coeur liement, 6430
Car a ce marchié faire ne perdoit mie gramment.

207.

Seigneurs, or entendés pour Dieu le Fil Marie.
Le conte Ciperis ne s'i atarga mie;
Il manda la contesse qu'au coeur ne fut point lie
Et sa fille la belle qui ot a nom Marie. 6435
Ciperis et ses filz qui tant ont seignourie
Adextrerent lez dames qui font chiere marrie
Em mi la haulte sale qui fut clere vernie.
Quant le conte de Flandres ot sa femme choisie
Haultement s'escria voiant la baronnie, 6440
"Et, contesse," dist il, "vechi no departie,
Tantost defineray car la mort me cuirie.
Et vous, Marie, fille, pour moy ne plourés mie
Et menés en vo coeur soulas et druerie.
Car vous avés mari ains la tierce nuitie, 6445
Thierri de Vignevaux, a celui vous ottrie,
Le plus preu de son corps qui soit jusqu'a Pavie.
La terre et le paÿs a vous sera, m'amie."
Quant la pucelle l'ot se dit a voix serie,
"Pere, je prie a Dieu qui tout a en baillie 6450
Qu'il vous doint, s'il lui plaist, santé et bonne vie.
Ce qu'il vous plaist a faire il couvient que l'ottrie."
Que vous seroit de ce le chanson allongie?
Therri de Vignevaux l'a celle nuit plevie,
Et quant vint l'endemain que le solail flambie 6455
La danselle espousa voiant la baronnie
Devant Raoul son pere de Flandres la garnie.
Sur une coutte estoit le char de lui couchie.
Nobles fut ly digners qui fu fais celle fie,

Puis se passa le jours jusquez a la nuitie. 6460
Aprés s'en va couchier Therri aveuc s'amie
Jusquez a l'endemain aprés l'aube esclarie,
Que le conte de Flandres senti grief maladie.
Therri a fait mander et sa fille Marie
Et leur a dit, "Beauz enfans, sçavez que je vous prie. 6465
Bien sçay que je mourrai ainchois qu'il soit complie.
Or vous requier pour Dieu qu'en pain on sacriffie
Que je soie porté a Arras la garnie
Au temple en la chapelle ou nom Saincte Marie."
"Chier sire," dit Thierri a la chiere hardie, 6470
"Ensement sera fait quant partirés de vie.
Et se vous ay couvent sur Dieu le Filz Marie
Que pour l'honneur de vous et de vo seignourie
Y ferai je fonder une noble abbaÿe
De l'ordre Saint Benoit qui fu de saincte vie, 6475
Et pour vous prieront le main et la nuitie."
Quant le conte l'entengt bonnement le merchie,
Ainsi lui ot couvent Thierri, je vous affie.
Se tint bien couvenent, car il n'en failli mie.
Car Saint Vast en fonda, celle noble abbaÿe, 6480
Et la fist grans vertus le Digne Fruit de Vie.
Car une beste mué leur fist grant courtoisie,
A le pierre porter et le machonnerie.
Seigneurs, ce fut ungz ours, escripture l'affie.
Et en la ramenbrance de ceste oeuvre prisie, 6485
Et de le beste aussi dont je vous segniffie,
En y a tousjours ung ou plus en l'abbaÿe
Que les seigneurs nourrissent dedens l'enfremerie.
Or enforce matiere de grande seignourie,
Oncques nulle ne fut par batailleur nonchie. 6490

208.

Seigneurs, oiés pour Dieu qui le monde crea.
Le noble quen de Flandres que Raoul on nomma
Par la grace de Dieu de ce siecle fina.
Quant li quens Ciperis celle chose advisa,
Adz gros bourgois d'Arras incontinent manda, 6495
Le fait et tout l'estat du conte leur noncha,
Comment le noble quens requist et demanda
D'estre enterré au temple a Arras par de la.
Se leur fault faire hommage si que drois la donra

A leur dame et son filz qui espousee l'a. 6500
Et quant lez bourgois oyent comment la chose ala
Ilz orent a conseil, le commun accorda
Qu'a seigneur le tendront, bien les garandira.
Quant Ciperis l'entengt, de Lens se dessevra,
Aveuc lui ses gens d'armes qu'aveuc lui amena. 6505
Pour aler a Arras vistement s'arousta.
Tous lez prisons en mainent que nulz n'en demoura.
A Arras sont venus ou bien les festia.
Thierri print lez hommages, nuls ne lui reffusa.
On enterra le conte ou il le devisa 6510
Au temple en la chappelle. Thierri puis y fonda
Une noble abaÿe qui maint denier cousta
Ainsi que vous orrés quant le point en sera.

209.

Seigneurs, or entendés pour Dieu qui tout crea.
De Ludovis le roy humais on vous dira, 6515
Qui son arriere ban a Paris assembla.
Bien sont .lx. mille qui a droit lez nombra.
De Paris se parti o les gens qu'il mena,
A Compiengne s'en vint, ou trois mois sejourna.
Mais la ot une espie qui le voir lui compta 6520
Du conte Ciperis comment il esploita,
Comment li quens de Flandres son corps s'i devia,
Et comment l'aisné de tous ses filz espousa
La fille au quen de Flandres, car il lui presenta
Ainchois que il morut; le print et noëpchia. 6525
Quant le roy Ludovis les parlers escouta
Si fut dolans au coeur, ne le demandez ja.
Pour lui bien conseillier ses barons appella
Que chascun si en die ce que bon leur sembla.
Ainsi qu'en parlement furent lez princez la 6530
Adonc vint ber Phillippe qui en Compiengne entra.
Frere fut Ludovis qui France gouverna,
Et pere Ciperis ou tel hardement a.
A privee maisnie de son paÿs sevra
Pour veoir Ciperis qui son corps engendra. 6535
Riens ne sot de la guerre ne comment en ala.
A Compiengne est venus ou Ludovis esta.
A Ludovis fut dit qui grant joye en mena.
Encontre le sien frere incontinent ala.

Quant vint a l'encontrer li ung l'aultre acola. 6540
"Frere," dit Ludovis, "bien soiés venus cha.
S'il plait a Jhesus Chris, vostre corps m'aidera
Vers vo fil, Ciperis, qui moult de maulz fait m'a.
Se n'y mettés remede la guerre coustera."
Quant Phillippe l'entent bel respondu lui a; 6545
"Par foy, frere," dit il, "pour ce ne vien point cha.
Chascun de vous je croy bien son droit gardera.
Riens ne sçay de la chose, ne riens on n'en dira,
Mais au plus fort me tienz si soit qu'estre pourra."

210.

Ainsi disoit Phillippe qui Hongrie tenoit. 6550
Quant Ludovis l'entent tous le sang lui muoit,
Bien voit que le sien frere a son fil ne nuiroit.
Non pourquant a Phillippe sagement respondoit,
"Frere, par celui Dieu qui hault siet et loingz voit,
Voeulliez moy conseillier en nom de bonne foy 6555
Comment me maintenray et par com fait conroy
Vers vo filz Ciperis qui est mon niez de droit.
Il me calenge France pour ce qu'il espousoit
La fille de mon frere qui adont roix estoit.
Or a le quen de Flandres occhis et mort tout roit, 6560
S'a tant de gens o lui qui le voir en diroit,
Cent et .l. mille nombrer on lez pourroit.
J'en ay .lx. mille, c'est trop peu par me foy."
Quant Phillippe l'entent ung petit sousrioit,
Non pour tant respondi, que point ne lui celoit, 6565
"Frere, par celui Dieu qui hault siet et loingz voit,
Destriver a mon fils avés fait pour ce exploit.
Plus puissant n'a au monde, car Dieu soustient le droit.
Quant vous fustes sacré ce ne fut point vo droit;
Celle en deshiretastes que ly droit hoirs estoit; 6570
Et quant ouïstes dire que dessus vous venoit,
Vous deussiez estre alé vers lui en beau conroit
Sans porter armeüre, le couronne en vo doit,
Et lui prier merchi du tort qu'on lui faisoit.
Car cil qui a mesfait hontier ne se doibt. 6575
Jhesus Christ het orgoeul et moult bien le monstroit
Quant il dit de sa bouche qui s'umilieroit
En ce monde cha jus, lassus s'exaucheroit."

211.

Ainsi dit roy Phillippe qui tant fut advenant.
A Ludovis son frere ala il conseillant 6580
Qu'a Ciperis son filz alast merchi priant,
La couronne lui rende qui est d'or relluisant.
Quant lez princes de France vont la chose escoutant
Ad ce conseil se vont volentiers obligant;
Car moult vont Ciperis et sez filz redoubtant. 6585
Tout ainsi qu'ilz estoient illoeuc parlementant
La rouÿne de France vint, au doulz semblant.
A Ludovis s'en vint la dame au corps plaisant
Et lui fut de bon coeur doulcement suppliant
Qu'encontre son nepveu il se voit acordant 6590
Pour l'amour de son pere qu'est son frere vaillant.
Dont lui dit Ludovis trestout le couvenant
Comment tous ses barons le vont la conseillant
Qu'il voit prier merchi au riche duc normand
Que Ciperis a nom, a lui s'en voit rendant 6595
Pour mourir ou pour vivre du tout a son command.
"Par foy," se dit la dame, "vous n'en ferés noient.
Jusqu'a tant que j'aray sceu tout son convenant.
Mais se me voulés croire, je vous en di bien tant,
G'iray parler a lui tost et incontinent, 6600
Se venra avoeuc moy Phillippe au corps sachant.
C'est vo frere germain et se fu engenrant
Ciperis qui vous va tellement guerriant.
A lui irons parler en nous humiliant
Pour vous deux apaisier, se povons faire tant. 6605
Car se il vous tenoit du tout a son command
Au couroux ou il est, anemis est puissant,
Sans ce que paix fut faicte, je m'iroie doubtant
Qu'il vous justichast a guise de tirant,
Car il a le coeur fier comme lyon rampant." 6610
"Par foy," dit Ludovis, "vous alés bien parlant.
En serement sera fait que chi estez disant,
Car le vostre consaulz est bon et proffitant."

212.

Au conseil de la dame s'acorda le bon roix,
Et les princes puissans et Phillippe le courtois, 6615
Et Baudour la roÿne qui les crins avoit blois,

Aveuc le roy Phillippe se sont mis en conroix.
Au chemin se sont mis environ .xxiij.,
Que chevaliers que princes sans armes ne harnois,
Pour convoier la dame a qui Dieu fut courtois. 6620
Ilz ont prins leur chemin pour venir en Artois,
Au quen de Vignevaux parler et a ses hoirs
Qui estoit en Arras o ses princes courtois,
Et trestous ses enfans dont les sept furent roix.
La se rafresquissoient aprestant leur harnois 6625
Pour mouvoir au tiers jour et venir sus Franchois.
Car li quens ot juré voire par pluisieurs fois
Le corps de Jhesus Christ dont il maintint lez loyx
Qu'encontre le sien oncle gardera bien ses drois,
Et le dessaisira du bon paÿs franchois, 6630
Ne lui laira de terre qui vaille .ij. tournois.
Ainsi dit Ciperis qui au coeur fut destrois,
Mais j'ay bien auï dire a certes sans gabois,
Tel jure d'un marchié qui en laisse a le fois.

213.

Seigneurs, oyés pour Dieu le Fil Saincte Marie 6635
Hystoire de grant nom qui moult a seignourie,
Du conte Ciperis et de sa grant lignie.
Or en lairay ung peu tant come a celle fie.
Vous avez bien ouÿ en l'histoire prisie
Comme roy Aquillant devant Morons l'anthie, 6640
Qui estoit roy de Cipre et sire de Persie,
Ot esté desconfis et lui et sa maisnie.
Se rentrerrent aulcuns en mer en leur navie,
Dont ly ung se hasta par itelle maistrie
Qu'en Jherusalem vint, se trouva Salatrie. 6645
Fille fut d'Aquillant le seigneur de Surie.
Par devant lui s'en vint qu'il ne demoura mie,
Et lui dit, "Chiere dame, Mahom vous benaÿe.
Bien debvez en vo coeur estre moult courouchie,
Car vo bon pere est mort et a perdu la vie, 6650
Et sez hommes et ses gens ont esté desconfie.
Car le roy dez Franchois ot la nouvelle ouÿe
Qu'il fut dedens Morons qui siet dedens Hongrie.
S'ala encontre lui a toute s'obanie
Pour le sien frere aidier qui ot chiere hardie. 6655
Mais Franchois n'eussent ja nostre gent empirie

Se ce n'eüst esté le duc de Normendie,
Ciperis a a nom en icelle partie.
C'est le plus redoubté, je le vous certiffie,
De tous les Chrestiens du monde a une fie. 6660
Il a .xvij. filz, la plus noble lignie
Qu'oncques nulz homs veïst en celle mortel vie.
Ce sont tous lez plus beaux de maigniere adrechie
C'on pourroit deviser et de chevalerie.
Sont les plus redoubtés par tout ou on guerrie, 6665
Si en sont les sept roix tenans grant seignourie.
L'un est roy d'Angleterre se l'a en sa baillie,
Le second roy d'Irlande qui est de bos garnie,
Le tiers est roy d'Escosse qui les Englois costie,
Le quart roy des Danois une grant seignourie, 6670
Le .v.e dez filz Noyrevuegue maistrie,
Le .vi.e de Frise tient la terre enrichie,
Et le .vij.e roy dont je vous segniffie
Il est roy de Behengne, car il a nochoiie
La fille a l'empereur que vo corps n'aime mie. 6675
Car vo tayon occhit, le roy de Mirgalie,
Es prés devant Coulongne, moult vous fit villonnie."
Et quant ces motz ouÿ la belle Salatrie,
Celle jura ses dieuz que ne laissera mie
Qu'elle ne passe mer a nef et a galie, 6680
A trestout son effort de Perse et de Surie,
Et iroit sur Oursaire qu'Alemaigne maistrie;
Et que s'elle povait, il perderoit la vie,
Et sa fille Aragonde seroit en fu bruÿe
Ou despit Ciperis qui tenoit Normendie 6685
Et de tous ses enfans qui ont tollu la vie
A son pere Aquillant qui tant ot seignourie.
Puis dit elle tout bas que point ne fut ouÿe,
"Par Mahommet, mon dieu ou ly mien corps se fie,
Quant je seray passee haulte mer a navie, 6690
Se je voy és enfans ce que dit celle espie
Qu'ilz soient si tres beaulz et pleins de baronnie,
Je n'arresteray mais se seray baptisie,
Mais qu'avoir en puisse ung qui m'ara noepcoiie."
Lors manda son effort tout au long de Surie. 6695
Tant fist dedens ung moys si com l'hystoire crie
Que cent mille paiens elle ot en sa baillie.
Et ancoire fit plus le pucelle nourrie,

Car elle cherga tant de fin or qui flambie
Et de pierres tres dignes de vertus seignourie, 6700
Que bien .iiij. tonniaux en ot en sa baillie.
Et se fit entendant a le gent paiennie
Que ce fut pour avoir par tout souldoierie
Pour destruire Franchois et toute leur partie.
Ancor fist amener tous sez dieux sans faillie 6705
Qui estoient massis de fin or qui flambie,
Mahommet y estoit par grande seignourie,
Juppin et Tervagant on n'y oublia mie,
Ne Appollin aussi qui d'oeuvre fut chierie.
Ce furrent tous lez dieux de celle loy haÿe. 6710
Au port d'Acre avoit fait arriver sa navie
De nez et de vasseaulz de vitaille garnie.
Avoeucques ses grans ostz est par dedens lanchie,
Car tant fu desirans au coeur celle Salatrie
De venir par de cha, pour vrai le vous affie, 6715
Que venir n'y cuidoit ja a temps a sa vie
Pour veoir lez enfans de le royal lignie.

214.

Moult par fut desirans Salatrie au vis cler
De veoir les enfans de Vignevaux sur mer.
A ytant fit la belle tous ses vasseaux singler 6720
Par devers Alemengne prinrent a cheminer.
Au bout de .xv. jours, ch'ay ouÿ recorder,
Furent dedens le Rine.   La se vont aäncrer.
La fist tous sez paiens sur la terre monter,
Tout droit a Convalence fist ses ostz arrester, 6725
Car la fu l'empereur qu'elle ne pot amer.
Voirement y fut il o sa fille au vis cler,
Aragonde la belle qui ja voult espouser
Louÿs, filz Ciperis; prés fut de l'enfanter,
Si que ne savoit terme de son corps delivrer. 6730
S'a fait en Engleterre la rouÿne mander,
Hermine qui fut femme roy Guillame le ber;
Et Salemonde aussi qui ot a gouverner
La terre dez Danois, c'est une isle de mer;
Et Flourecte aultressi ne vault elle oublier, 6735
La femme Bouchiquault qu'on ne doibt point blasmer;
Et Avice de Frise qui moult pouvait amer,
Et Simonne d'Escosse qui tant ot le vis cler.

Et se manda Aliz d'Irlande oultre la mer
Pour tenir compaignie et a son enfanter. 6740
Toutes cez sept rouÿnes dont vous oés parler
Furent a Convalence o l'empereur le ber,
En joye et en soulas. Ains au tiers jour passer
Ne voulsist bien chascune, au verité compter,
Estre dedans la terre qu'elle ot a gouverner, 6745
Ainsi que vous orrés en l'histoire compter.

215.

Par dedens Convalence la ville dont je chant
Furent lez sept rouÿnes a Oursaire le grant.
La fille a l'empereur par le Jhesus command
Delivra d'un beau filz que Dieu lui fu donnant. 6750
Au baptisier le firent lez parrins appellant
Cesaire, par son nom, puis ot regnom si grant
Que l'empire de Romme fut depuis gouvernant.
Or est temps que vous die des or mais en avant.
Ainsi que Salatrie la fille au corps plaisant 6755
Fist tant par son effort qu'elle ala asegant
Tout autour Convalence, la cité deduisant,
Tant que issir n'en pot chevalier ne sergant.
Et ancoire y a pis que serai devisant.
Car le bon empereur Oursaire le vaillant 6760
N'ot q'un peu de maisnie aveuc lui demourant,
Car ses bons chevaliers et ses bons Allemant
Furent o Ciperis le conte souffisant.
Or ne poeut il mander ne secours ne garant,
L'empereür nobile moult se va esmaiant, 6765
Et encor lui va pis pour lez dames plaisant.
Et les paiens s'en vont la ville avironnant,
Que la ville assaillirent, moult le vont cuiriant.
Les bourgois se deffendent et se vont molt gardant
Au mieulz que ilz poevent tant qu'ilz porrent avant. 6770
Mais leur besongne aloit tousjours en empirant,
Car lez paiens aloient maint grant engien levant
Pour confondre lez murs de la cité vaillant,
De quoy le empereur n'a talent qu'il en chant.

216.

Dolans fu l'empereur et moult lui ennoya 6775
Quant voit qu'il est assis et nul secours n'ara.

Pour l'amour dez rouÿnes forment se dolousa,
Et ly assauz forment tousjours se renforcha.
Qui vaulroit l'alongier? Le siege tant dura
Que la ville fut prinse.   Qui pot, il se saulva. 6780
Lez paiens y entrerrent a qui qu'il anoya,
Mais au bon empereur la chose mal ala.
Car il lui fu occhis, la teste on lui trencha
Par le command la dame qui le gent gouverna.
Ainsi morut ly bers dont moult en ennuia 6785
Aragonde, sa fille, qui d'enfant relleva.
Prinses furent les dames qui pié n'en eschapa.
La belle Salatrie forment lez honnoura,
Tout ainsi que son corps elle les gouverna,
Et de tout son povair elle lez conforta. 6790
Et leur dit, "Certes, dames, ne vous esmaiez ja.
Nul mal n'arés par moy, nulz ne voûs meffera,
Car encontre tous hommes mon corps vous saulvera."
Lors chascune dez dames du coeur lez merchia.

217.

Prinse fut Convalence la cité de regnom, 6795
Et l'empereur occhis qui Oursaire ot nom.
Salatrie la belle au fourchelu menton
Tenoit les .vij. rouïnes non pas en grief prison,
Car aveuc lui estoient tout en paix sans tenchon.
Puis a fait renfermer la cité habandon, 6800
Et les murs renforchier trestous a l'environ.
Puis a fait pourveïr vitailles a foison
Que pour vivre trois ans n'aroient fallison,
Qu'ilz n'aient a plenté ce que leur sera bon.
Car Salatrie avoit d'or telle garnison 6805
Que par tout Allemengne de son treson parl'on.
Or vous lairai de lui et des dames de nom,
De Ciperis diray, le conte de regnom,
Qui estoit en Arras que en Artois dit on.
Rechupt ot les hommages son filz tout environ, 6810
Concquise avoit Amiens en icelle saison,
Et Corbie et Peronne ou sont ly ploumjon.
Ung jour fut a Corbie Ciperis, ce dist on,
Et le bon roy de France qui Ludovis ot nom
O son arriere ban estoit dedens Noion. 6815
S'ot envoié son frere c'on nomma Phillippon

Et sa femme Baudour qui tant ot de regnom
Par devers Ciperis pour savoir l'ocoison
S'on pourroit apaisier la leur discencion
Et la cruelle guerre.   Car bien dire poeut on   6820
Qu'il n'est si male guerre en nulle region
Que d'amis l'un a l'aultre quant il y a tenchon.

218.

Seigneurs, or entendés, france gent honnouree.
Le conte Ciperis o sa gent aduree
Fut par dedens Corbie qu'il avoit concquestee.   6825
Ainsi que il debvoit souper une vespree
Vechi venir Phillippe de Hongrie la lee
Et Baudour la rouÿne qui tant ot regnommee.
Prés de Corbie furent environ une lieuee.
A Ciperis envoierent dire leur destinee,   6830
Ad fin qu'on leur ouvrist de la porte l'entree.
A Ciperis fut dit sans nulle demouree
Que son pere vint la a teste desarmee,
Avoeucques la rouÿne de France l'alosee.
Quant le conte l'entent s'en a joye menee,   6835
Ses enfans fit monter et sa gent honnouree.
S'est alé encontre eulz d'amoureuse pensee,
Noblement les festie par bon amour privee.
"Pere," dit Ciperis a la chiere membree,
"Bien soiez vous venus en icelle contree.   6840
Puis que je ne vous vi la chose est retournee,
Car le bon roy, vo frere, a la vie finee
Entre tant que j'estoie en Escosse la lee.
Print Ludovis le sacre a Rains la cité lee
Sans moy y appeller dont j'ay la chiere iree.   6845
Ce fist roy Theseüs de Coulongne la lee
Et son filz Gadifer, la chose m'est comptee.
Mais le conte de Flandres lui chaint premier l'espee
Et se lui fist hommage a Paris l'alosee,
Et pluisieurs aultres princes dont mie ne m'agree,   6850
Car ma femme est droit hoirs, c'est verité prouvee.
Et foy que doy a Dieu qui fist ciel et rousee,
Je garde a Ludovis une telle pensee
Dont il sera dolans ains qu'il passe l'annee."
"Beau filz," se dit Phillipe, "atrempés vo pensee.   6855
Se vos oncles vous a meffait nulle riens nee,

Amendé vous sera s'a Jhesus Christ agree."
"Sire," dit Ciperis, "n'en aiés chiere iree
Car ja paix n'en feray s'aray fait ma testee."

219.

Ainsi dit Ciperis que compté on vous a.	6860
Non obstant le sien pere noblement festia	
Et la noble rouÿne moult grant honneur porta.	
Richement a soupper celle nuit leur donna.	
La rouÿne Baudour a Ciperis pria	
Qu'il se voeulle appaisier au bon roy qu'elle ama,	6865
Et Ciperis lui dit, "Dame, n'en parlés ja.	
Car ja paix ny accord par moy fait n'en sera	
Se m'ara amendé tout ce que meffait m'a."	
Ainsi passa la nuit tant que jour esclaira,	
Et l'endemain matin vint une espie la.	6870
Tout ainsi que le conte de son lit se leva,	
Ou qu'il voit Ciperis tantost s'agenoulla	
Et lui a dit, "Chier sire, ne vous courouchiez ja.	
Je vous dirai tel chose qu'il vous anoiera.	
L'empereür est mort qui sa fille donna	6875
A Louïs vostre filz, que je voy par de la."	
Quant Ciperis l'entent tout le sang lui mua.	
"Saincte Marie, Dame," dit il, "qui s'avancha	
De tel fait entreprendre, merveilleux fait chi a?"	
"Sire," se dit l'espie, "mon corps le vous dira.	6880
Une dame paienne qui moult grant gent mena	
Du païs de Surie et de Grece de la.	
Aquillans fut son pere que li vo corps tua	
Au paÿs de Hongrie si qu'on lui recorda.	
Dont dedens Allemengne moult grant gens amena,	6885
Mais ains qu'elle y venist ou païs par de cha,	
Aragonde la belle d'un beau fil delivra.	
Si ques l'empereür ses serourges manda,	
Pour l'enfant baptisier et chascune vint la.	
Par dedens Convalence ou noble cité a,	6890
Quant l'enfant Aragonde en fons on baptisa	
Cesaire fut nommé, ainsi on l'appella.	
Mais ne demoura guairez que la cité assiega	
Salatrie o les poeuple qu'aveuc lui amena.	
La cité print par force, car les murs on mina.	6895
L'empereur fist morir, car on le decola.	

Lez sept rouÿnes print mais nulle mal n'y a,
Avoeucques lui lez tient, moult honnouré lez a.
Convalence la ville renforcher commanda,
S'est garnie de vivres qui le voir en dira   6900
Pour bien vivre trois ans ja de faulte n'ara."
Quant Ciperis l'ouÿ tout le sang lui mua,
Sa robe desvesti, au varlet le donna,
Et ung cheval de pris qui maint denier cousta.
Quant Phillippe de Hongrie ce parler escouta   6905
A Ciperis a dit, "Beau filz, entendez cha.
Se croirre me voulés on vous conseillera.
De vous et de vostre oncle bonne paix se fera
Par itel couvenant qu'aveuc vous ira
Par devant Convalence dont le mez parlé a.   6910
Et par itel couvent que il pocessera
Du royalme de France tant comme il vivera,
Et pour perdre tout homme aultrement n'en fera."
"Pere," dit Ciperis, "ne songniez de cela.
J'ay de gens a foison plus qu'il ne m'en faulra.   6915
Bataille voeul avoir a mon oncle de la
Qui a tort et sans cause la couronne prins a.
Et le droit que g'i ay, s'il plaist Dieu m'aidera."
Quant son pere l'ouÿ tout le sang lui mua
Car oncques pour ce fait il ne s'amollia.   6920

220.

Moult fut dolans au coeur Phillippe de Hongrie
Quant il voit que son filz en riens ne s'amollie.
Lors Baudour la rouÿne de France la garnie
S'est devant Ciperis tantost agenoullie
Et lui dit, "Gentilz homs plain de grant baronnie,   6925
Je vous requier, pour Dieu le Fil Saincte Marie,
Qu'apaisier vous voeulliez ou nom du Fruit de Vie,
Encontre Ludovis qui ja m'ot noephciie."
"Dame," dit Ciperis, "or ne vous anoie mie.
Se je faisoie paix a m'adverse partie   6930
Envers Dieu mesprendroie la ou du tout m'afie,
Et au baron Saint Pierre seroit ma foy mentie.
Car je vouay Saint Pierre voiant la baronnie,
Que Ludovis mon oncle aroit Franche guerpie
Et que lui osteroie toute sa seignourie   6935
Sans ce qu'en France eüst de terre une mallie."

"Chier sire," dit la dame qui depuis fut saintie,
"Pour faire bon ouvrage ne se parjure on mie.
Or voeulliez faire paix si que vous segniffie,
Et je vous ay couvent sur Dieu qu'on sacreffie   6940
Que pour vo serement sauver sans villonie
Ens ou nom de Saint Pierre de Romme la garnie,
A qui promis avez de faire la hachie,
Vouldray en ceste plache fonder une abbaÿe
De moisnez pour prier a la Vierge Marie   6945
Et Saint Pierre l'Apostle que pardon vous ottrie;
Pour quoy l'ame de vous en soit bien espurgie."
Quant Ciperis l'entent de ses beaux yeulz larmie,
Non pourquant d'acord faire empensé n'avoit mie
Jusqu'a tant qu'il aroit sa pensee acomplie.   6950
Mais n'est si fort courage qui ne mue a la fie.

221.

La rouïne nobile que Jhesus Christ amoit
Au conte Ciperis tant de beauz mos disoit
Et en humiliant tousjours lui prometoit
Qu'en l'honneur de Saint Pierre une abbaie feroit,   6955
Et qu'aprés Ludovis le royalme il aroit;
Et le Saint Esperit en ce fait se metoit,
Tant que le quens Ciperis celle paix accordoit.
Et chascun de ses filz aussi l'en surplioit,
De la noble rouÿne chascun pitié avoit,   6960
Par itel couvenant Ciperis l'ottrioit,
Que le roy Ludovis qui couronné estoit
Lui donroit la couronne et s'en depposeroit
Ung jour et une nuit et puis si le raroit.
Ensement fut juré, Ciperis l'acordoit.   6965
Adonc fut Ludovis mandé a grant exploit,
De Noyon a Corbie vint a noble conroit,
Encontre Ciperis la couronne livroit.
Ainsi que devisé dedens la paix estoit
Ung jour et une nuit le couronne perdoit.   6970
Quant vint a l'endemain Ciperis lui rendoit.
Ne sçay que le chanson on vous allongeroit.
Tous furent d'un acord, la gent que Dieu amoit,
D'aler a Convalence ou Salatrie estoit
Qui tint lez .vij. rouÿnes dont li coeur sont destroit. 6975
Le conte Ciperis toute sa gent mandoit,

Pour aler au chemin, aprester lez faisoit,
Vers Alemengne en vont ou on les conduisoit.
Tant estoient ensamble que trestous les nombroit,
A prés de deux cens mille nombrer on les pourroit. 6980
Or se gard Salatrie qu'a Convalence estoit,
Par temps voulroit bien estre en son paÿs tout droit,
Ainsi que vous orrés se Jhesus me pourvoit.

222.

Seigneurs, or entendés pour Dieu qui fit la mer.
Tant ala celle gent dont vous oés conter 6985
Qu'ilz virent Convalence la cité principer.
Tout autour l'assiegerent, leurs tentes fit lever.
Le roy de France y va Ciperis appeller,
"Ciperis," dit le roy Ludovis au coeur ber,
"Nous sommes cy venus pour vo corps amender 6990
Contre celle paienne qui vous a fait tourbler
Et qui a fait Oursaire l'empereür finer.
Se loeroie bien, s'on s'i voeult accorder,
C'on feïst ung message en la cité aler
Qui bien sceüst a lui desrenguier et parler, 6995
Et de l'estat de Dieu tout le fait recorder.
A tant qu'on peüst trieves envers lui impetrer,
Ad fin qu'a celle dame peussons parlementer,
A savoir son estat, son coeur, et son penser,
Ad fin s'on le povait a no loy retourner. 7000
Ou se jour de batille nous vouloit assigner
De gent encontre gent pour no forche esprouver,
Ou d'un homme contre ung sans tant faire finer."
"Par foy," dit Ciperis, "or vous os je parler.
Et s'on voeult le message dessus moy contourner 7005
Volentiers le feray, si m'en voeul presenter.
Car j'ay moult grant desir en coeur et en penser
De veoir celle dame qui coeur a de sengler.
Car puis ung peu de terme l'ay prins a en amer,
Ancoire sera ma fille, nulz ne m'en poeut oster, 7010
Qu'a l'un de mes enfans se vouldra adonner."

223.

"Beaulz oncles," dit li bers, "s'ainsi il vous plaisoit
A ce fait accorder que vo voulenté soit,
Par devers celle dame le mien corps en iroit

Pour faire le message et lui monstrer par droit. 7015
Et se me semble bien se mon corps y aloit
Que biens et grant honneur venir nous en pourroit."
"Par foy," se dit le roy," qui vous destourberoit
De faire ce message point ne vous ameroit.
Mais se vous y alés pour Dieu qui nous pourvoit 7020
Si soyés sur vo garde, car mon corps ne vouldroit
Avoir ancoire autant que Franche par an doibt
Et on vous y feïst nul mal par nul endroit,
Car mieulz vault bon amy que nul avoir qui soit."
"Par foy," dit Ciperis, "se le mien corps estoit 7025
Entre tous lez payens de le plus pute foit
Qui soient en ce monde le miens corps s'adonroit
De sagement parler tant qu'il eschaperoit.
Ce n'est mie science, nulz ne le me diroit,
De parler a volee mais sagement de droit, 7030
Qu'on puist son anemi mectre en si bel couroit
Qu'amollier se voeulle si qu'on n'ait nul destroit."
"C'est vray," dit Ludovis, a tant on acordoit
Que le quens Ciperis a Convalence iroit
Pour savoir de la belle ce qu'en pensé avoit. 7035

224.

Seigneurs, or escoutés le plus noble message
Qui oncques fut ouïs, par sens ne par folage.
Car se bers Ciperis a l'aduré courage
Desiroit a veoir la pucelle au corps saige,
Encoire plus le desire la dame de parage. 7040
Pour tant que on lui dit en Surie la large
Qu'il avoit engendré le plus noble maignage
Qui oncques furent nez en nesun heritage.
En lui meïsmez dit souvent en son courage
Qu'elle en ara ung pour le sien mariage, 7045
Et s'y regnoiera Mahommet et s'ymage,
Et cresra en Jhesus qui maint en hault estage,
Et que toutez ses gens seront mors a hontage
S'ilz ne font son vouloir sans querir avantage.
Or vous lairay ung peu de la dame au corps saige, 7050
Diray de Ciperis qui emprint le voyage
Pour aler a la belle raconter le message.

225.

Ly quens de Vignevaulx qui tant fit a prisier
Tost et appertement s'ala appareillier
Tout au plus bel qu'il poeut a loy de chevalier. 7055
Et puis isgnellement monta sur le destrier
Au roy et a son pere print congié sans targier
Et a tous sez enfans qu'il ama et tint chier.
Jusquez a Convalence ne se voult atargier,
Droit a la porte vint, s'appella le portier. 7060
Ceulz qui sont adz guarictes le voient aprochier,
Adonc lui escrierent, "Que voeulz tu, chevalier?"
"Seigneurs," dit Ciperis, "je suis ung messagier
Que le roy dez Franchois et Ciperis le fier
Ont chi fait envoier pour compter et nunchier 7065
Un message qu'i m'ont volu dire et chargier,
Que je doy a vo dame de bouche desrenguier."
Et cilz ont respondu, "Cy vous fault atargier.
Nous irons a no dame cel affaire acointier,
Et s'elle le command nous ferons abaissier 7070
Le pont et la grant porte et ouvrir tout arrier."
"C'est bien," dit Ciperis, "voeulliez vous avanchier,
Car de trop agarder me pourroit ennuier."

226.

Le conte Ciperis hors de la porte esta
Et li ung dez paiens a leur dame en ala. 7075
Lez paiens a sa dame tout l'afaire compta
Ainsi que le message a la porte jocqua
Que le bon roy de France, ce dit, envoyé a,
Et li quen Ciperis ou tant de fierté a.
Quant Salatrie ouÿ que Ciperis nomma, 7080
Sachiés tout de certain que le sang lui mua.
Car tant en ot ouÿ qu'elle le desira
Plus que homme de la terre mais briefment le verra.
"Or alés," dit la dame, "ne vous arrestez ja.
Faictez le moy venir, si orrons qu'il dira." 7085
Et cilz s'en sont tournés, le pont on avala,
Et puis oeuvrent la porte, Ciperis y entra.
Ou palais fu menés, bien fu qui l'adestra,
En la court du palais Ciperis deschent la.
Puis monta en la sale ou la dame trouva, 7090

Salatrie la belle qui adz eschés jua
A une dez rouïnes, Flourette on le nomma,
Dame de Noyrevuegue, Bouchiquaulz l'espousa.
Si tost que vit le conte tantost le ravisa,
Mais il lui a fait signe et d'un oeul lui clungna 7095
Ad fin qu'elle se taise et puis s'agenoulla.
Par devant Salatrie d'un genoul se flescha
Et dit, "Cil Dieu de gloire qui le monde crea,
Et qui pour pecheürs griefve mort endura,
Et aussi vraiement qu'au tiers jour suscita, 7100
Il gard le roy de France ou tant de puissance a,
Et le bon roy Phillippe de Hongrie de la,
Et le quens Ciperis et les enfans qu'il a,
Et tout l'aultre bernage qui chi envoié m'a.
Et vous, dame nobile, que je voy ester la, 7105
Le dieu que vous creés, se le povair en a,
Gard vo belle faiture car mon corps n'avisa
Long temps si belle dame, bien ait qui le porta."
Quant la dame l'ouÿ, tout le sang lui mua
Pour le noble salut dont il servie l'a. 7110

227.

Moult par fut bien aprins le conte au corps gent
Pour damez saluer et celle proprement.
Se leva de son ju et par la main le prent,
En le chambre l'em mainne moult gracieusement.
Car toutes lez rouïnes lui avoient souvent 7115
Du conte recordé l'estat et l'errement,
Et de tous ses enfans qui tant sont bel et gent,
Du bien et de l'honneur tant qu'elle proprement
Ne desiroit riens el qu'a veoir au present
Le conte Ciperis pour savoir son talent. 7120
Quant furrent en la chambre qui fut painte a argent,
Lez sept dames manda par ung sien chambreleng.
Ciperis fut assis sur ung lit noble et gent,
De lez lui la rouïne. Adoncques en present
Venir les .vij. rouÿnes ensemble simplement. 7125
En la chambre trouverrent Ciperis seulement
Et Salatrie o lui qui droit la lez atent.
Si tost que lez rouïnes voient le conte gent
Si lui ont dit, "Chier sire, bien vegniés vraiement.
Pour Dieu, comment vous est, ne le chelés nient." 7130

"Moult bien, belles," dist il, "par Dieu omnipotent.
Vos maris vous saluent de par moy liement."
Quant ce voit Salatrie si s'en rit coyement.
Ciperis l'aperchupt bien rire closement
Se lui a dit, "Ma dame, dictes nous en present 7135
Pour quoy souzriez vous ainsi couvertement?"
"Par foy," dit la pucelle, "nel vous cheleray nient.
C'est pour itant que vous m'avés dit plainement
Que le roy dez Franchois et Ciperis le gent
Vous ont chi envoiés pour savoir mon talent. 7140
Et c'estez vous meïsmes, je le voy clerement.
Car trestoutes lez dames que chi sont en present—
Et sont a vos enfans en droit mariement—
M'ont compté vostre estat et vostre ordonnement."
Quant Ciperis l'ouÿ se lui dist simplement, 7145
"Dame, c'est verité, par le mien serement,
Et ferai mon message sans nul atargement,
Et puis m'en partirai a vo commandement."

228.

"Dame," dit Ciperis, "ne vous voeulle anuier.
Mon message feray puis m'en iray arrier, 7150
Car de chi sejourner n'ay ore nul mestier.
On me attent en l'ost encontre le mengier."
"Sire," se dit la belle, "ja celer ne vous quier.
Vous ne povés ancoire a vos trez rapairier,
Car chi endroit ne sont mie mez conseillier 7155
Pour vous baillier response de retourner arrier.
Desplaire ne vous doit en ma chambre a or mier
Avoeuc vos .vij. filles que povés compaignier,
Femmes de vos enfans qui tant font a prisier.
Bien vous povés humais cheans sollacier, 7160
Vous n'y arés nul mal, anoy, ne encombrier;
Car j'ameroie mieulz mon corps veoir essillier
Que vous eüssiés chose qui vous deust ennoier
Tant que fussiés cheans venus comme messagier.
Et ancoire plus fort, s'estiés mon prisonnier, 7165
Tout a ma volenté sans raenchon paier,
Car je de vous ouÿ tant de biens retraitier
Que vo corps n'y aroit ja mal ny encombrier."
"Dame," dit Ciperis, "moult faictes a prisier.
Mon message diray se'l voulés octrier." 7170

"Ouÿ," dit la rouÿne, "je l'orray volentier."
"Dame, le roy de France m'a chi fait envoier
Pour prendre une journee de nos gens bateillier
A l'encontre du poeuple que debvés justicier
Pour no loy soustenir.   Se voeulent travillier   7175
De gent encontre gent, se le voulés ottrier,
Ou de cent contre cent adz champs dessus l'herbier,
Ou de .ij. champions l'un pour vous avanchier
Et ly aultre pour Dieu et sa loy exauchier."
Quant la dame l'ouÿ le chief ala hochier.   7180
Or oyés la response, j'ose bien tesmongnier
Qu'oncques nulle plus belle ne respondi moullier.
Mais ce fist Jhesus Chris pour sa loy avanchier
Que le Saint Esperit fist en lui envoier.

229.

Seigneurs, or entendés ou nom de Dieu puissant   7185
La response la dame que Jhesus ama tant
Qu'a sa loy voult atraire pour faire son command.
A Ciperis a dit qui lui fut au devant,
"Sire," se dit la belle, "alés moy escoutant.
Je vous di a briez mos, ja ne le seray celant,   7190
Que g'iray tout en l'hoeure sus ma mule montant,
Jusquez en l'ost du roy m'en iray chevauchant.
Se ne venront o moy chevalier ne sergant
Fors le mien chambreleng ou je me voy fiant,
Car c'est cil qui tout scet mon coeur et mon samblant. 7195
Mais vous m'arés couvent sur vo loy advenant
Que vous me ramemrés ains le solail couchant,
Sans faire villonnie ne qu'a vous sui faisant."
"Je l'otroy," dit li quens, "par Dieu le roy amant."
Dont commanda la belle qu'on lui voit ensellant   7200
Son bon mulet d'Arrable qui souëf va amblant.
Et on le fit ainsi qu'elle fut devisant.
Avoeucques Ciperis se va de la partant,
Qu'oncques n'y voult mener creature vivant
Fors le sien chambreleng dont je vous dis devant.   7205
Bellement vont le pas pluisieurs choses disant,
Jusquez en l'ost du roy ne s'i vont arrestant.

230.

Tant mena Ciperis la belle Salatrie
Qu'en l'ost sont deschendus lez la tente jolie

Du noble roy de France qui la estoit drechie. 7210
Si tost que le bon roy ot la belle choisie
Et Ciperis du lez, il ne s'atarga mie.
Encontre lui s'en vint a noble baronnie,
O lui fut roy Phillippe a la chiere hardie
Et lez filz Ciperis ou tant ot courtoisie. 7215
Quant la belle lez voit a Ciperis escrie,
"Ciperis, dictez moy et ne le celez mie,
Liquelz est roy de France, Ludovis chiere lie?"
Ciperis lui monstra et celle s'est vertie,
Le roy a enclinné, Ludovis l'a saisie, 7220
Entre lui et Phillippe qui lez Hongrois maistrie
L'ont jus de son mulet doulcement dessiegie.
Puis fut la dame assise sus le couche jolie,
Ciperis et les roix lui tindrent compaignie,
Et lez filx Ciperis chascun d'eulz le festie 7225
Pour l'amour de leurs femmes qu'elle ot en sa baillie.
"Ciperis," dit la dame, "monstrés moy vo maisnie."
"Dame," se dist li quens, "se Dieu me beneÿe,
Ce sont cil enfans la dont chascun a vestie
L'ensengne que il porte en bataille aramie." 7230
Et quant elle lez voit s'en mena chiere lie.

231.

Tant par fut Salatrie sousprise durement
Quant tous lez filz au conte vit devant lui present,
Qu'elle ne scet que dire, car Jhesus Christ l'esprent
Par divine maistrie si tres secretement 7235
Que tenir ne se pot ne desist coiement
Au bon conte en l'oreille, "Sire, certainement
Je voeul croire en Jhesus de coeur entierement.
Or suis chiens venue, j'en avoie talent.
Se vous prie qu'au roy m'acointiez justement, 7240
Tant que je puisse avoir le saint baptisement.
Et je vous renderay quicte sans nul tourment
Vos .vij. filles qui sont de moult noble jouvent."
Quant Ciperis l'ouÿ entre sez bras le prent
Et lui a dit, "Ma dame, je feray vo talent, 7245
Je ne fusse aussi liez pour plain ung val d'argent."

232.

"Sire," se dit la dame, "dit vous ay verité.
Fille fus Aquillant qui par vous fut finé,

Mais pour l'amour de Dieu ou j'ay mon corps voué
Vous sera bonnement cy endroit pardonné.   7250
Et tant vous diray bien, ne l'ay pas oublié,
L'empereür Oursaire qu'a la mort ay mené,
Ot occhis mon tayon qui m'avoit eslevé.
Or soit mort contre mort, se c'est vo volenté.
Mais que le roy et vous le m'aiez accordé,   7255
Je prenderay baptesme, car je l'ay desiré."
"Belle," dit Ciperis, "quite vous soit clamé.
Car belle est la vengance du Roy de magesté.
Soit le corps beneÿs qui ainsi a parlé."
Dont vint a Ludovis, l'estat lui a compté,   7260
Et au roy de Hongrie, Phillippe le doubté.
"Seigneurs," dit Salatrie au gent corps honnouré,
"A la foy Jhesus Chris et a vo volenté
Et du quen Ciperis soit mon corps commandé.
Et s'il advenoit chose que les Turcz desfaé   7265
Que j'ay aveucques moy grant plenté amené
Voulsissent aussi croirre au Roy de magesté,
Que ilz fussent rechups voulentiers et de gré.
Et s'ilz dient que non, je prie en charité
Qu'ilz s'en puissent du tout raler a sauveté.   7270
Et puis quant ilz seront au paÿs retourné
J'ay or fin et argent assés et a plenté.
Se prenderons gens d'armes qui bien seront armé,
En Surie en irons mectre Chrestienté.
Et tous ceulz qui adonc ilz l'aront reffusé   7275
Seront mis a l'espee et a le mort livré.
Mais amenez lez ay, ce serait faulseté
S'ainsi les trahissoie hors de leur hireté.
Car pour la mienne amour se sont chi amasé."
Lors respondi le roy, "Nous vous avons juré   7280
Qu'o vous nous en irons en la Saincte Cité
Ou Jhesus rechupt mort pour nostre sauveté."
"Par foy," ce dit la dame, "ce me vient bien a gré.
Dez chi me recommande a Dieu de magesté."
La fut grande la joye que les princes ont mené.   7285
"Or advisons nous tous qui sommes assamblé
Comment de gent paienne ferons no volenté."
Adonc parla li quens, Ciperis fut nommé.
"Seigneurs barons," dist il, "s'il vous venoit a gré

Voulentiers je diroie ce que j'ay empensé."
"Or dictes de par Dieu, gentil conte sené."

233.

"Seigneurs," se dit le conte, "or oiés mon talent,
Et ne vous anoie mie, je vous diray comment
Entre moy et la dame et le sien chambreleng
Irons en la cité tost et hastivement. 7295
Et se dirons adz Turcz se ilz ont le talent
De prendre ung champion dez plus fors de leurs gent
Qui en champ de bataille fera tournoiement
Encontre ung Chrestien par itel couvenant,
Que se le Turcq poeut estre maté honteusement 7300
Que tous cresront en Dieu de coeur devotement,
Et se ne perderont ne or fin ne argent,
Et pourront demourer ou paÿs franchement
Aveucques leur rouÿne qui tant a d'enscient,
Qui gardera la terre qu'a concquis bonnement. 7305
Et se no champion est vaincu nullement,
Nous cresrons Mahommet a leur devisement.
Et je sçay bien qu'ilz sont creans si fermement
En leur dieu Mahommet qu'il le feront briefment."
"Voire," se dist le roy, "mais on ne scet comment 7310
Lez adventures viennent assés soudainement.
S'il advenoit ainsi qu'on voit venir souvent
Que le nostre fut vaincus et mis a finement,
Voulriés vous rellenquir Jhesus du firmament
Pour croirre en leurs ydoles qui sont d'or et d'argent?" 7315
"Comment," dit Ciperis, "creés vous tellement
Que Dieu laissast sa loy amenrir nullement?
Il est du tout puissant pour faire son talent."
"Je croy bien," dit le roy, "ne le souffriroit nient.
Or en faictez vo gré car mon corps s'i assent." 7320

234.

Le quens de Vignevaux ne s'i vault arrester,
Et la belle rouÿne Salatrie au vis cler
Au roy prindrent congié et s'en vont retourner
Arriere en Convalence pour le fait atourner.
Quant en la cité vindrent ou il ot maint Escler 7325
Salatrie lez fist par devant lui mander.

Et leur a dit, "Seigneurs, je ne vous doy celer,
Je viens de l'ost de Franche pour savoir leur penser.
Il m'ont dit d'un enscient que se je voeul livrer
Ung de mez Sarrasins qu'on fera bien armer 7330
Qui se voeulle combatre corps a corps, per a per,
Encontre ung Chrestien qu'on voulra ordonner,
Se le no champion povait le leur mater
Tous cresront en Mahom et voulront aourer.
Et se le Chrestien poeut le nostre sourmonter, 7335
Nous cresrons en leur Dieu sans en riens arguer.
Et Mahom est puissans qui tous nous poet sauver.
Or en die chascun son coeur et son penser,
Car s'il n'est ainsi fait que vous m'oés compter
Chrestiens nous voulront ychi si enserrer 7340
Que chiens de tous poins nous voulront affamer.
Et demain doibvent faire les grans engins lever,
Pour abatre les murs et pour nous affoler,
Et s'a forche nous prengnent, ilz nous feront finer.
Si quez je loeroie ce fait a accorder." 7345
Dont respondent payens, "Bien le voulons greer.
A demain au matin voeulliés le jour donner."
"Par foy," dit Salatrie, "Mahom vous fist parler."
Adont voult Ciperis en leur ost retourner,
La rouïne lui dit, "Or pensés du haster 7350
Si ques demain matin on se puist descombrer."
"Dame," dit Ciperis, "plus ne voeul arrester."
Adonc se part le conte qui tant fist a loer
Car moult avoit desir de ce fait par oultrer.

235.

Or s'en va Ciperis de la sale partant, 7355
Salatrie le va longuement convoyant
Tant qu'il fut hors dez portes puis ala retournant.
Puis a dit a ses hommes, "Or querés ung sergant
Qui pour Mahom sera a demain combatant."
Quant payens l'entendirent n'y a cil qui se vant 7360
Ne mais qu'entre les aultres avoit ung amirant
Qui fut sire de Nicquez le royalme tenant.
Par devant la rouïne se va tost pouroffrant,
La dame le rechupt de coeur lié et joyant.
Payens en mainnent joye car il n'ot tel tirant 7365
En trestoute leur ost, ce sambloit ung gaiant.

Fiers estoit et des pis et de hardi semblant.
Or vous lairay de lui se vous iray comptant
De Ciperis le conte qui ala recordant
Au bon roy Ludovis l'ordonnance du champ. 7370
Et lui a dit, "Chier sire, or alons avisant
Qui fera la bataille a l'encontre ung Persant."
Si tost que Franchois l'oent ilz sallirent avant,
Plus de cent s'escrierrent a Ludovis esrant,
"Sire, pour Dieu, que j'aie cel estour souffisant." 7375
"Seigneurs," se dist le roix, "faisons par avenant.
La chose trop hastee n'est mie souffisant."

236.

Grande fut la requeste que firent lez baron
Pour faire la bataille en l'honneur de Jhesom.
Car tels se presenta cellui jour en fachon 7380
Se ce fust pour argent n'y mesist le talon.
Ainsi comme il estoient a cel oppinion
S'en vint devant le roy geter a genoullon
L'un des filz Ciperis qui fut bel dansillon.
Ce fut tout le maisné, Ciperis ot a nom. 7385
Ou que il voit le roy se lui dit a hault son,
"Sire," se dist l'enfant, "en l'honneur de Jhesom,
Que de ceste bataille je puisse avoir le don.
Mais qu'il plaise a mon pere aultrement n'y voulon."
Quant Ciperis l'ouÿ ains tel joye n'ot hom, 7390
Se courut acoler a deux bras l'enfanchon.
Et dit, "Tu es mon filz, bien amer te doibt on.
Tu feras la bataille encontre l'Esclavon.
Je prie a Jhesus Chris qui souffri passion
Qu'il te voeulle garder de mort et de prison, 7395
Qu'essauchier la loy Dieu puisses et le sien nom."
"Sire," se dist l'enfant, "je l'en prie de coeur bon."
Ce jour furent lez princes en consolacion
Et la nuit ensement en suppliant Jhesom
Qu'au dansel doint victoire encontre l'Esclavon. 7400
Car il ara a faire a cruelle parchon,
Se Dieu n'y fait miracle, ja n'ara garison.

237.

Or sont les champions esleüx de tous lez
Pour faire la bataille, le jour fut assignés.

Quant ce vint au matin que solail fut levés 7405
Le jone Ciperis fut moult bien adoubés,
Puis fut sus un destrier incontinent montés.
Le conte Ciperis et le roy couronnés
Chevaucherent o lui, d'eulz .ij. fu adestrés.
Et ses freres le sievent qui moult sont allosés, 7410
En la place l'em mainnent ou le champ fut fermés,
De cordes et de liches fut moult bien estorés.
Ciperis se seigna ains qu'il y soit entrés,
Puis entra ens ou champ a Dieu s'est commandés.
A pié est deschendus a genous s'est getés 7415
Et dit une orison dont il fut escolés,
Puis a fait croix a terre, se le baisa aprés.
"Biau Sire Dieu," dist il, "qui en croix fut penés,
Je suis vo champion, soiés mez advouez.
Car de chi en avant je me suis adonnés 7420
A soustenir vo loy contre Turcz deffaés.
Ja mais n'aront repos tant que j'aye santez."
Quant lez barons l'ouïrent si en ont ris assés
Et dient l'un a l'aultre, "Ja ne m'en mescreés,
Se cil vit longuement qui est si beaux armés 7425
Il passera trestous les siens freres charnelz."

238.

Or fut dedens le champ le noble dansillon
Actendant l'amiral qui estoit Esclavon.
Armés fut ly paiens dez Turcz qui sont felon
Et richement monté, bon fut son arragon. 7430
Convoié fut dez Turcz ly amiral felon,
Au champ fut amenés, riche fut sez blasons.
A guise du paÿs y estoit paint Mahoms.
Salatrie monta au chastel qui fut bon
Pour veoir la bataille dez nobles champions. 7435
O lui sont lez .vij. dames qui les crins orent blons.
Pour Ciperis prierent en grans devocions,
Car bien le recongnurent et ce fut bien raison.

239.

La belle Salatrie dont je fay parlement
Fut dessus les crestiaux montee noblement 7440
Pour veoir la bataille dez .ij. vassaux present.
O lui lez .vij. roüines furent tant seulement

Et lez payens estoient en sus d'elle gringnant.
Salatrie appella les dames doulcement
En disant, "Dictez moy, je vous prie humblement, 7445
Qui est ce chevalier que la voy en present
Qui se doibt hui combatre pour vo loy plainement?
Moult par est bel en armes, bel sont son parement."
"Dame," se dit Hermine d'Engleterre au corps gent,
"Ne vous en poeut chaloir qui il soit nullement." 7450
"Pour quoy?" dit Salatrie, "Ne le me chelés nient,
Car je crois Jhesus Chris qui ne fault ne ne ment.
Et se me dit le coeur tout affieement
Que ce gentil vassal que je voy la present
Vainquira l'amiral de Nicques proprement. 7455
Et j'em prie a Jhesus a qui le monde apent
Que soions convertis entre moy et ma gent."
Quant Hermine l'ouÿ se lui dit doulchement,
"Or est il bien raison qu'on vous die comment
Cil chevalier a nom qui pour Dieu entreprent 7460
A faire la bataille et le tournoiement
Encontre l'amiral qui Mahommet deffent."

240.

"Dame," se dit Hermine, "par Dieu et par son nom.
Verité vous diray car il est bien raison.
Cil chevalier qui est a Jhesus champion, 7465
Il est fil Ciperis, et Ciperis a nom.
Ilz sont .xvij. freres d'unne engenracion
D'un pere et d'unne mere sans vilain occoison,
Dont les sept en sont roix tenans grant region.
Ce sont nos sept maris a le loy de Jhesom. 7470
Cilz est tous le maisnez des enfans de regnom."
Quant Salatrie l'ot ains tel joye n'ot hom,
Se dit devant les dames, "Je prie Dieu et son nom,
Que il puist l'amiral mectre a destruction.
Se lui feroie roy, ainsi le promet on, 7475
Car il a moult d'honneur en son pere de nom,
Et aussi a il voir en son extracion."
Ainsi dit Salatrie adz dames de regnom.
Or en lairay ester car il en est saison,
Se vous diray du champ trestoute la fachon. 7480
Quant le Turc fut entré ou champ sur le sablon
Ciperis l'appela et lui a dit, "Glouton,

Ja mais ne rentrerés en vostre region.
Car je vous monstreray d'espee ou de baton
Que Dieu est plus puissant que ne soit vo Mahom, 7485
Ne tous ceulz qui le croient ne valent ung bouton.
Ch'a esté grant dompmage et persecucion
Que vo dame y a mis tant son intencion.
Mais plus ne le cresra, car nous l'en geteron,
Baptisier le feron si plaist Dieu et son nom." 7490
Et quant ly amiral ouÿ ceste raison
Se dist a Ciperis, le noble dansillon,
"Vassal, par Mahommet en qui croirre doibt on,
Trop en avés parlé, vous arés la tenchon."
Adonc se sont tenus sans plus dire o ne non, 7495
Fors qu'ilz se deffierent comme bon champion,
Puis vinrent l'un vers l'aultre par grant aïrison.
Ciperis abaissa la lance o le penom,
L'amiral a feru sans plus dire o ne non.
Tellement l'assena du premier horion 7500
Que du cheval par forche lui fist vuidier l'archon.
Quant Ciperis le voit si en loa Jhesom.
Puis dit a l'amiral tout hault en sa raison,
"Je vous feray morir sans nulle raenchon,
Ne vous garandira Tervagant ne Mahom." 7505
Et l'amiral sault sus qui ot grant marison
Pour l'amour Salatrie la rouÿne au crin blon.
Car il ot a son coeur adonc intencion
S'il vainquoit la bataille qu'il seroit son baron;
Mais je croy qu'aultrement en ira la fachon, 7510
Se Dieu saulve l'enfant qui Ciperis a nom,
Ainsi que vous orrés avant en la canchon.

241.

Moult fut cest amiral fel et desmesurés,
Il ot bien de haulteur .xij. piez mesurés,
Et se fut josnez homs en ses premiers aez. 7515
Mais pour ce qu'est cheü a peu n'est foursennés,
Mais trestous ses couroulz ne lui vauldra .ij. dés.
Car il se combatoit pour ses dieuz deffaez.
Ly enfant Ciperis s'i est abandonnés.
Du fourrel trait l'espee qui lui pendoit au lés, 7520
Vers l'amiral s'en vint qui estoit rellevez.
Et li hault amiral est contre lui allés

CIPERIS DE VIGNEVAUX 199

Et dit, "Par Mahommet, se vous ne deschendés,
Je vous ay en couvent, vo cheval perderés,
Car mon corps l'ochira, si qu'a terre querrés." 7525
Et Ciperis respond, "Payen, or atendés,
Et je deschenderay puis que dit le m'avés."
Lors deschent Ciperis qu'il n'y est arrestés.
Puis s'en est vistement vers l'amiral alés,
L'espee ens ou poing destre dont ly brant fut lettrés. 7530
Mais l'amiral se haste, si est avant passés,
Ciperis va ferir car moult fut aïrés.
Par dessus le healme fut si bien assenés,
Mais ly achiers estoit si durement temprés
C'oncquez ne l'empira .ij. deniers monnoiés. 7535
Ciperis sent le coup, ung peu s'est destournés,
Le paien referi tout par mi les costés
Pour ce que il n'estoit si grant de lui assés.
Plaine paume en la char ly est le branc entrés.
Quant l'amiral le sent a peu n'est forsenés, 7540
A Ciperis a dit, "Par toy suis mal menés.
Oncques mais le mien sang ne vi en mon aés,
Et s'ay fait trois batilles et tous les champs oultrés."
"Voire," dit Ciperis, "est il donc verités
Que tu as Chrestiens aultres fois tant grevés? 7545
Par le foy que je doy a Dieu qui fut penés,
Ja mais a nesun jour Chrestien ne ferrés
Qu'il ne vous en souvienne quant de moy partirés.
Car vous serés par moy en ce jour d'hui tués."
Dont a haulchié le brant Ciperis l'alosés 7550
Si en feri le Turc ung coup desmesurés.
La teste lui trencha voiant tous lez barnés.

242.

Or fut ly amiraulz mis a son finement
Par l'enfant Ciperis le vassal de jouvent.
Adont dit il au roy qui la vint en present 7555
Et a son gentil pere, "Est il a vo talent?"
"Ouïl," dient lez princes, "Dieu vous gard de tourment."
Adonc trestous ensamble si ont fait partement,
Et Ciperis leur pere et les roix ensement
Vindrent devant la porte ou sont paienne gent. 7560
Salatrie fut la montee haultement.
Nos barons s'escrierrent, "Tenés nous vo couvent.

Mors est vo champion, vous le veés clerement,
Mahom n'a nul povair, tout cilz sont innocent
Qui en telz dieux se fient, ilz font leur dampnement. 7565
Mais creés en Jhesus dont on fait sacrement,
Faictez ce que debvés tost et delivrement."
Et les payens respondent, "Ne vous doubtés noient.
Car nous voions tous bien a nos yeulz clerement
Que se vo Dieu n'y eust ouvré tout plainement 7570
Par sa grande vertu, on scet certainement
Que ja no champion n'eüst prins finement.
Mais de quancques nous sommes, tenrons nous serement,
Et s'il en y a nulz, hault ne bas ensement,
Qui faiche le contraire, mis est a finement. 7575
Ou despit dez faulz dieux prendrons baptisement,
Se cresrons en vos Dieux qui conforte sa gent.
En tel Dieu fait bon croirre." Or oiés ja comment
Sarrasins s'atournerent par tel ordonnement.
Salatrie premier et ses hommes et sa gent 7580
Trestous se despoullerent et par l'henortement
De leur bonne rouïne qui tant ot d'enscient
En pur leurs linges draps en issi largement.
Plus de .l. mille, ce vit on clerement,
N'est homs si les veïst venir si faictement 7585
Qui n'en eüst pitié de leur contenement.
Tous crioient baptesme ou nom du Sapient,
Oncques mais a ung jour, sachiés certainement,
Ne fut fait de paiens plus bel contenement
Pour venir a le foy de Dieu omnipotent. 7590
Et les gentilz rouÿnes toutes .vij. proprement
Tenoient a .ij. lés Salatrie au corps gent.
Jusquez devant le roy vindrent si faictement,
Et le roy en plourant les rechupt liement.
De joye et de pitié plourerrent plus de cent, 7595
En la cité entrerrent, le clergié fut present.
Te deum laudamus chantoient haultement,
Et *veni creator* ou nom du Sapient.
Les paiens s'esmaierent de leur ordonnement.
On fist aprester cuves et emplir vistement, 7600
Baptisié fut le poeuple moult debonnairement.
En mains de .xv. jours fut fais delivrement,
Car enluminés furent du divin sacrement.

Depuis ce jour y crurent moult bien et fermement,
S'en orent en la fin de Dieu bon paiement. 7605

243.

Or furent Sarrasins baptisiés et levés,
Pour l'amour de leur dame si sont tous adonné,
Et par le Saint Esprit qui les ot inspiré,
Et pour l'amour de ce, leur dame de bonté
Leur donna tant d'avoir qu'estre ne pot nombré. 7610
Le noble roy de France et son frere honnouré
Et trestoutes lez dames dont j'ay devant parlé
Ont mené Salatrie o le corps achesmé
Jusqu'a la maistre eglise pour avoir espousé
Ciperis qui avoit le paien concquesté, 7615
Car elle ne vault aultre avoir par verité.
Quant le service fu parfait et ordonné
Vers le palais retournent en grant nobilité.
Que vous aroie jou longuement devisé?
Tous furent lez .viij. roix au palais painturé. 7620
Car Ciperis qui ot l'amiral concquesté
Fut le .viij.e roy en ce jour couronné,
Et s'avoit Salatrie a moullier espousé.
Dont fut grande la joie et la solemnité.
Riches furent les noepces, maint don y ot donné, 7625
Et mainte grant noblesse y ot ce jour monstré.
De joustes de behours se sont aventuré,
Jusqu'a tant qu'il fut hoeure qu'on deut avoir souppé.
Aprés mengier en sont tous reposer alé.
Salatrie la belle ont les dames mené 7630
En la chambre nobile ou le lit fut paré,
Et puis s'en departirent, a Dieu l'ont commandé.
Adoncques Ciperis dez freres le maisné
O s'amie coucha, car moult l'ot desiré,
Et se fit de la belle toute sa voulenté. 7635
Et l'endemain matin que parut la clarté,
Quant lez barons se sont par la sale levé,
Ciperis se leva, si a son corps paré.
Congié print a la belle, se le baisa souëf.
Et celle liement l'a a Dieu commandé. 7640
Si tost que ly bers fu de la chambre sevré
Vindrent lez .vij. rouïnes par droit fait advisé.

Car Ciperis cuidoient avoir au lit trouvé.
Salatrie salluent de Dieu de magesté,
Et elle lez rechupt de lie volenté. 7645
Que vous aroye jou le chanson demené?
Ung mois dura la feste par dedens la cité,
Adonc fut le paÿs trestout en amisté.
Tous furent baptisiés de par le Trinité.

244.

Seigneurs, a icel temps dont je vous ay parlé, 7650
Ralerrent lez rouïnes chascune en son resgné
Et furent convoiés a moult riche barné.
Et les seigneurs avoient adonc parlementé
Qu'ilz iroient oultre mer ou temple regnommé
Pour concquerre Surie s'ilz en ont poesté. 7655
Dont firent une armee moult noble en verité,
Ains plus belle ne vit ne roy ne amiré.
Car maint noble princhier de haultain parenté
Alerent aveuc eulx, s'en furent conforté.
Salatrie y menerent au gent corps honnouré, 7660
Et Ludovis revint en France le resgné.
Mais puis ne vesqui guaires, de mal fut agrevé,
Ne Baudour la rouÿne au gentil corps molé.
Car ains que l'abbaïe dont je vous ay parlé—
De Saint Pierre a Corbie que Baudour ot fondé— 7665
Ains qu'elle fut parfaicte furent ilz trespassé.
Et le quens Ciperis quant revint au resgné
Fist parfaire l'abbye Saint Pierre en charité.
Moult y a noble eglise, car puis par leur bonté
Y ont maint noble prinche beaulz joyaux apporté 7670
D'oultre mer et d'ailleurs, qui ont grant dignité.
Et les sains peres aussi qui no loy ont gardé
Y ont si grans pardons par leur grace donné
En confermant l'un l'aultre de degré en degré
Qu'il n'est clerc qui les biens peüst avoir nombré. 7675
Si bien y est servi le Roy de magesté
Que trestous Chrestiens qui Dieu ont aouré
Doibvent prier pour ceulz qui le lieu ont fondé,
Que Dieu en ait lez ames aveuc lui hostellé.

245.

Seigneurs, or entendés pour Dieu le Roy amant. 7680
Ludovis le bon roy revint en France esrant

Avoeuc lui grant barnage que il fut ramenant.
Et li quen Ciperis et tout ses nobles enfant
Et trestout le barnage qu'il ot a son command
Alerent en Surie et en Cipre le grant,   7685
S'em menerrent tous ceulz qu'on y fut baptisant.
Et ly bon charbonniers ne leur fut point faillant
Que moult bien leur ayda tant come il fut vivant,
Et en pluisieurs batailles se fut aventurant,
Combien que de ses fais me suis passé a tant   7690
Car vous sçavez tousjours vont les plus grans devant.
Aveucques Ciperis fut ce jour dont je chant,
Et avoeuc les enfans que tousjours fut servant.
Si en ot en la fin paiement deduisant.
Et on dit ung parler c'on est ramentevant,   7695
Cil qui sert bon seigneur, n'en empirie noient,
Mais de servir malvais est on peu amendant.
Pour Hellie le di le charbonnier vaillant
Qui en toutes besongnes va son seigneur servant.
Tant firent qu'ilz passerent oultre la mer bruiant.   7700
Mais besoing ne leur fu, ce sachiés, tant ne quant
De vestir armeüres ne haubert jaserant,
Car en toute Surie dont je vous sui parlant
Ne trouverent personne qui leur fu au devant
Pour eulz livrer bataille ne nul estour pesant.   7705
Ainchois quant ilz ouïrent la nouvelle apparant
Que leur dame revint et est en Dieu creant
Et trestout le grant poeuple qu'elle fut gouvernant,
Moult en orent grant joye le petit et le grant.
Et pour l'amour de lui se furent baptisant.   7710
Car oncques femme nulle en ce siecle vivant
Si ne fut mieulx amee que celle dont je chant,
Par le sens et l'honneur qui en lui avoit tant.
Car elle donnoit moult au petit et au grant,
Et vous sçavés que dons vont graces impetrant.   7715

246.

Seigneurs, a icel jour dont je vous sui comptant
Par trestoute Surie furent en Dieu creant.
Et ce fut bien raison, pour vray le suis contant,
Car ja dis y avoient esté obaïssant,
Si ques a leur nature se furent retraiant.   7720
C'est pitié pour nous tous que la loy mescreant
Y est si augmentee ou temps de maintenant,

Car c'est la Saincte Terre ou Jhesus fut naissant.
Or y sont maintenant Sarrasin le plus grant.
Or diray dez barons dont j'ay parlé devant   7725
Qui en Jherusalem estoient habitant
Ou la bonne gent furent leur dame rechepvant.
Les princes et barons dont il y avoit tant
Le petit Ciperis alerrent couronnant,
Du resgné de Surie fut la terre tenant,   7730
Et du digne Sepulchre et du temple plaisant.
Contre lez Sarrasins fut moult puis estrivant,
Pour la terre deffendre rechupt paine moult grant.
Car le Soudan de Mesquez, quant on lui fu comptant
L'estat de la rouÿne qui en Dieu fut creant,   7735
Et qu'elle ot regnié Mahom et Tervagant,
Il fit une assamblee de sa gent combatant
Pour la dame destruire et estre en fu ardant.
De .xv. roix paiens fut l'empire avironnant
Devant Jherusalem la cité deduisant.   7740
Mais par la vertu Dieu, le Pere tout puissant,
Et par la grant bonté de Ciperis l'enfant
A qui Dieu a ung jour ala grace faisant
A ses benois corps sains qui lui fut envoians
Tant que tous s'en fuirent les payens non sachant   7745
Fors que ceulz qui tuerent nos barons combatant.
Or en lairai ester se vous iray comptant
Des nobiles barons qui furent reparant.
Ciperis et son pere et ses freres vaillant
Au josne roy ont prins le congié en plourant,   7750
Et lui dient moult bien que riens ne soit doubtant
Et que s'il a besoing qu'i lui seront garant,
Et encontre tous hommes le seront confortant.
Le sien pere baisa le vassal combatant
Et lui a dit, "Chier pere, je vous voy suppliant   7755
Ou nom de Jhesus Chris, le Pere Roy amant,
Que vous me salués ma mere au corps plaisant.
Car plus ne le verray, tel est mon enscient."
"Si ferés, se Dieu plest," dit le pere en plourant.
A tant s'en departirent les barons dont je chant   7760
Et la josne rouÿne fut au paÿs manant
Aveucques Ciperis son seigneur advenant.
Bien deffendi la terre contre gent mescreant
Et nos barons se mirent dedens la mer singlant.

Mais au tiers jour ala ung orage levant 7765
Qui lez faisoit aler arriere plus avant,
Tant qu'au gré Jhesus Chris, le Pere tout puissant,
Passa le grant tourmente qui moult lez fut grevant.
S'en vinrent arriver en Espaigne le grant.

247.

Seigneurs, droit en Espaigne le nobile royon 7770
Arriva le navire entre le gent Mahom.
Terre prinrent par forche la y eust grant tenchon,
Car les Sarrasins furent en leur lieu moult felon.
Et nos gens s'i estoient a Dieu vrais champion
Si ques moult y perdirent de chascunne parchon. 7775
Et toutes fois nos gens passerent habandon
Tout jusquez en Navarre mirent tout en charbon.
Mais je ne vous dis mie, ne n'est m'intencion,
Qu'ilz fussent de tous maistres de chastiaux et dongon.
Mais le paÿs metoient en grant destruction. 7780
En Navare trouverent peu de gens, se dist on,
Pour maintenir contre eulz bataille ne tenchon.
Ilz saisirent chastiaux et cités environ,
Se tuerent le roy qui creoit en Mahom.
Gallehault couronnerrent de celle region 7785
L'un dez filz Ciperis qui coeur ot de lyon.
Quant vindrent en Gascongne o leur establison
Tant ilz firent lez princes au voloir de Jhesom
Que le paÿs conquirent, s'en firent roy Sanson.
Mais de ce vous feray petit de mencion, 7790
Car pluisieurs desiroient raler en leur royon.
Si quez tous d'un accord partirent lez baron
Et revinrent en France le paÿs qui fut bon.
Point de roy n'y trouverent a icelle saison
Car mort fut Ludovis que Dieu fache pardon, 7795
Et Baudour la rouÿne ot prins definison.
On dit qu'elle morut de doeul pour son baron,
Si ques lez pers de France regarderrent raison.
Ciperis couronnerrent par l'accord Phillippon,
Le bon roy de Hongrie, le pere du baron. 7800
Et fut sacré a Rains ou feste lui fist on,
Puis revint a Paris en sa pocession.
.vij. ans tint le royalme illec ou environ,
Et Phillippe rala dedens sa region

Ou resgné de Hongrie, la print definison. 7805
Et pour tant m'en tenray en icelle saison.
Dieu lui fache merchi, car moult estoit preud'hom.

248.

Seigneurs, or entendés pour Dieu et pour son nom.
De Ciperis diray qu'en sa regnacion
Gouverna le royalme par point et par raison. 7810
En son temps ne resgna Sarrasin ly felon
Qui osast dedens France venir mouvoir tenchon
Pour lui et pour sez filz qui tant orent regnom.
Moult furent redoubtés car ilz furent baron,
Chascun d'eulz fut amés des gens de son royon. 7815
Mais ad fin, beaux seigneurs, que nulle abusion
Vous ne puissiez avoir en la nostre chanson
Pour ce que Sarrasins qui par tant sont felon
Tindrent puis de ces terres une grande parchon,
Cilz maintinrent lez barons en leur regnacion. 7820
S'eurent lez uns enfans, et telz y ot que non.
Et quant ilz furrent mors, pour certain vous dison,
Lez payens reconcquirent de cez terres foison,
Et devers Alemengne et ou paÿs frison,
Noirevuegue et Navarre et Gascongne environ, 7825
Danemarce et Yrlande et la terre habandon.
Puis lez tinrent grant temps tant qu'il plot a Jhesom
Qui fist naistre en ce monde trois princes de regnom
Pour sa loy recouvrer qui en perdicion
Aloit moult en ce temps en mainte region. 7830
Mais puis le compererent, les Sarrasin felon.
Car les princes nobiles en leur regnacion
En destruisoient moult par leur pocession,
Et remirrent no loy en grant audicion.
Ce furent lez trois gestez ou il ot maint baron, 7835
Ainsi qu'en mainte hystoire on vous fait mencion.

249.

Or est drois que dez princes je vous dye le nom.
La premeraine fu Charles qui de France ot le don,
Ce fut le droit estoc dez entes de regnom;
Garins fu le second qui moult estoit preud'hom; 7840
Et le tiers de cez princes on l'appella Doön,
De Maience fut sire en sa regnacion,

Et si ot .xij. filz qui moult orent grant nom.
De ces trois souverains que chi rementevon
Issirent lez lignies qui grant destruction 7845
Firent puis dez paiens au command de Jhesom.
Car chascun s'esprouva a guise de baron.
Charles concquist Espengne et la terre environ,
Sansonne et Allemengne la plus grande parchon.
Et Doön et sa geste ou il ot maint baron, 7850
Conquirent Danemarce et aveuc Roussillon.
Et Garins et les siens conquirent habandon
Prouvence et Lombardie et mainte region
Qu'oncquez puis ne lez tindrent lez Sarrasin glouton.
De telz gens doibt on faire bien augmentacion 7855
Et prier pour les ames qu'elles aient pardon.

250.

Or voeul a ma matere faire reparison
De Ciperis qu'en France resgna longue saison.
En paix maintint la terre sept ans ou environ.
Quant il fut trespassés, Thierri couronna on. 7860
Cilz estoit ly aisnés dez freres, ce scet on.
Or n'ot il nulz enfans. S'ot aprés lui le don
Du royalme nobile Clovis le bon baron.
Ces .ij. dont je vous fay chi l'augmentacion,
Ilz parfirent Saint Vaast, l'abbaÿe de nom, 7865
En la ville d'Arras ou moisnes a foison
Layens sont enterrés, leurs tombes y voit on.
Et quant Thierri fut roy, Artois donna en don
A Allart le sien frere qui resgna comme preud'hom.
Louÿs ot Vignevaux, la terre de regnom, 7870
Et de Flandres saisi le sien frere Sanson,
A Amadas donna le conté de Noyon,
Ferrans si ot Bretengne, la le maria on
A la fille du roy qui ot nom Salemon.
Morans aveuc le roy print conversacion, 7875
Oncques ne voult avoir contree en sa parchon,
Ains par l'accord du roy et par le bien foison
Dont en Hellie avoient trouvé tant de saison
Leur donnerrent lez princes toute la region
De toute Normendie et le pocession. 7880
De quoy puis par envie en morut ly preud'hom.
Mais point dez nobles freres n'en vint celle occoison,

Ainchois fut per venin qu'il print conclusion,
Pour ce qu'on couvoitoit sa noble region.
Clovis fut long temps roy de France le royon. 7885
Or furent assenés trestous lez haulz baron,
Chascun tint son paÿs en paix et sans tenchon,
Car nulz ne leur meffait le monte d'un bouton
Qu'il ne fut amendé en leur regnacion.
Ychi fine l'hystoire et la bonne chanson. 7890
Tous ceulz qui l'ont ouÿe fache Dieu vray pardon,
Et celui qui l'escript c'om nomme Brienchon,
En la fin a eulz tous leur doint salvacion.

Amen

Explicit le livre de Ciperis de Vignevaulz
Et de sez .xvij. filz qui furent bons vassaulz. 7895

NOTES

115	The manuscript reads *contremande* for *contremandent*.
201	The manuscript reads *pouee* for *prouee*.
250–51	Lacuna. Evidently the attack on England planned by Galadre (105–18) as vengeance for the death of his brother has taken place. All English ports are captured and the return of Guillame and Hermine is thus prevented.
342	The name Galadre has been used here by mistake. Someone else is talking to Galadre (344, 361).
370	The manuscript reads *escrpt* for *escript*.
409	The manuscript reads *entre* for *entrer*.
419	The manuscript reads *tant qu'il ait atrappé*.
443	The manuscript reads *chastiein*.
542	The manuscript reads *taoirs* for *verois*.
583	The manuscript reads *Indois* for *Judois*.
684	The manuscript reads *pbre* for *prestre*.
711	The manuscript reads *ont* for *out*.
772	The manuscript reads *esmervellierrrent* for *esmervellierrent*.
1014	The manuscript reads *so* for *se*.
1118	The manuscript reads *ostoit* for *estoit*.
1338	The manuscript reads *.ij. les les partist on*.
1510	The manuscript reads *car petit* for *par petit*.
1571	The manuscript reads *qui et lui*.
1689	The letter after *ju* is illegible in the manuscript.
1888	The manuscript reads *noy foy* for *no foy*.
1973	The manuscript reads *llassambler*.
2077	The manuscript reads *gette et mort* for *gette a mort*.
2301	The manuscript reads *a a la pucelle*.
2472	The manuscript reads *qu'il abati*.
2539	The manuscript reads *qui* for *que*.
2823	Lacuna. The king of Navarre is defeated and a celebration is in progress.
2865	Does this indicate a break in the reading and a second sitting by the audience?
3027	The manuscript reads *qui lez ouy*.
3052	The manuscript reads *qui le fit*.
3072	The manuscript reads *qui n'eust*.
3332–33	Lacuna. Marcus speaks.
3532	The manuscript reads *durant* for *durast*.
3736	The manuscript reads *lafist* for *l'asist*.
3822	The manuscript reads *sourfait* for *fourfait*.
3920	The manuscript reads *encombment* for *encombrement*.
3970–71	The sense indicates a lacuna here.
4120	The manuscript reads *lui* for *lut*.
4735	The manuscript reads *scest* for *s'est*.
4922	The manuscript reads *espoictie* for *esploictie*.
4948	The manuscript reads *regarda* for *regardé*.
4991	The manuscript reads *le* for *ne*.
5442	The manuscript reads *entendus* for *entendés*.

5534	The manuscript reads *penans* for *prenans*.
5664–65	The sense indicates a lacuna here.
5673	Scribal error. Aquillant is king of Cipre.
5749	The manuscript reads *ou qui* for *ou qu'il*.
5919	Does this indicate another break and a third sitting of the audience?
6211	The manuscript reads *voie* for *voire*.
6397	The manuscript reads *scay* for *s'ay*.
6550	The manuscript reads *linsi* for *ainsi*.
6617	The manuscript reads *avoit* for *aveuc*.
6821	The manuscript reads *qui* for *qu'il*.
6989	The manuscript reads *le roy au Ludovis* for *le roy Ludovis*.
7055	The manuscript reads *qui* for *qu'il*.
7119	The manuscript reads *riens quel* for *riens el*.
7162	The manuscript reads *vir* for *veoir*.

TABLE OF PROPER NAMES

Acherres	Persian knight 5990; Acherre 5992
Achoppart	Pagan people 5429
Acre	The port of Acre 6711
Aelys	Daughter of Charles of Hungary, wife of Phillippe 2641
Aeslis	Princess of Ireland, wife of Amaurris 1314; Aellys 2161; Aliz 6739
Alemans	German 180; Alemant 734; Allemans 245, 1953, 2010; Allemant 6762
Alemengne	Germany 220, 427, 469, etc.; Allemengne 522; Allemaigne 1270; a war cry 2465
Alexandre	Alexander the Great 583
Alge	City in Norway 1685
Allars	Son of Ciperis 833; Allart 7869
Amadis	Son of Ciperis 833; Amadas 7872
Amandis	French knight 5424
Amaurry	Son of Ciperis 831, 1071; Amaurris 1314; Amaurri 2161
Amiens	Amiens 6811
Ammarie	Saracen kingdom 5518, 5522, 5543; Aumarie 5572
Andrieu	King of Scotland 1283, 1287, 1290, etc.
Angevins	Angevines 573
Angou	Anjou 4741; Anjou 4758; Angiou 6001
Anthioce	Antioch 5989, 5991, 5993
Appollin	Pagan God 6709
Aquillant	King of Cyprus 5124, 5135, 5146, etc.; Aquillis 5291; Aquillan 5214; Aquillans 5529; Acquillant 5673
Aragonde	Daughter of Oursaire, wife of Louis 2552, 2978, 6684, etc.
Ardenois	People of the Ardenne 576
Ardoufle	King of Germany 523
Arrabis	Saracens 4892; Arrabi 5463
Arrable	Arabia 7201
Arragon	Arragon 3192
Arras	Arras 6206, 6353, 6468; Ahrras 6196
Artois	Artois 6083, 6113, 6117
Aspredamme	City in Scotland 1280, 1284, 1328
Aumarle	Castle in France 2886, 2927, 2934, etc.
Austerice	Austria 1905; Austeriche 1996
Austerisois	Austrian 1906; Austerichois 2017, 2104
Auvergne	Auvergne 3198, 5117
Avalois	Inhabitants of the land of Aval 572
Avice	Daughter of Count Thierri of Holland, wife of Enguerran 2216, 2227, 2275
Avignon	Avignon 5896

B

Baionnois	People from Bayonne 666
Barrois	Inhabitants of Berri 576
Bassee, la	Town in Northern France 6200, 5205

212   CIPERIS DE VIGNEVAUX

Baudour	Daughter of the king of Cologne, wife of Ludovis 5904, 5909, 5911, etc.; Saincte Baudour 5911
Bavier	Bavarian 180; Baviere 735, 2036
Bazemport	Sea port 5596
Beauvais	Beauvais 121, 124, 142, etc.; Beaulvais 128
Behengne	Bohemia 2554, 6674; Behaigne 3951
Berard	French knight 4734, 4759, 4766
Berart	Danish knight 5437
Berevuic	Berwick in Scotland 5936, 5937
Berri	Berri 574, 3199
Bordelois	People of Bordeaux 667
Bouchiquaux	Son of Ciperis 1678, 1689; Bouchiquaut 1070; Bouchiquault 831; Bouciquault 3652; Bouchicquaux 527; Bouchiquaulz 7092
Boulongne-sur-Mer	Sea port (formerly called Haulteville) 27
Bourguignons	Burgundians 575; Bourguegnon 6300
Bourguongne	Burgundy 2084, 3197, 3379; Bourgnongne 4735
Bretaigne	Brittany 503, 749, 2383, etc.; Bretengne 2082
Bretons	Bretons 572; Breton 798
Brie	Brie 4491, 6289
Brienchon	The scribe of the poem 7892
Bruges	Bruges 6160, 6192, 6227, etc.

C

Calvaire	Calvary 5396
Cantorbie	Canterbury 281, 974, 977, etc.
Cesaire	Son of Aragonde and Louis, king of Rome 6752, 6892
Champaigne	Champagne 762, 6271
Champenois	People from Champagne 575
Charles	King of Hungary, father of Aelys, brother of Oursaire 2640
Charles	King of France (Charlemagne) 7838, 7848
Chisteauz	Cîteaux 4481, 4593; Chisteaulz 4493; Cistiaux 4498; Chistiaux 4557
Ciperis	Hero of the poem, Lord of Vignevaux, husband of Orable, father of the seventeen heroes 21, 24, 44, etc.
Ciperis	Youngest son of Ciperis 834, 7385, 7406, etc.
Cipre	Cyprus 2644, 2778, 3059, etc.; battle cry 5495; Cypre 5432
Clacquedent	King of Orbrie 5746
Claires	French knight 5424
Clarisse	Mother of Ciperis 2749, 2756, 3845, etc.
Clocestre	Gloucester 1199
Clotaire	Father of Dagoubert and Phillippe 4015
Clovis	Son of Ciperis 50, 830, 7863, etc.
Compiengne	Compiègne 6519, 6531, 6537, etc.
Constantinnoble	Constantinople 5995
Convalence	Coblenz 2345, 6725, 6742, etc.
Corbie	City and Abbey in the Somme 5910, 6812, 6813, etc.
Cornouaille	Cornwall 1201, 5409
Coulongne	Cologne 5903, 5947, 6677, etc.

PROPER NAMES 213

D

Dagoubert	King of France 17, 55, 69, etc.; Dangoubert 505; Dagoubers 141; Daugoubert 5142; Dagobert 5957
Damedieu	The Lord God 1619
Dan	Damme, former sea port 6110
Danemarce	Denmark 519, 528, 1264, etc; Danemarche 1354; Dannemarce 528
Danemon de Baviere	German soldier 735
Danois	Danes 256, 428, 470, etc.; Dannois 3656
Dieu	God 31, 45, 94, etc.
Digne Fruit de Vie	God 6236, 6481; Fruit de Vie 6927
Dompmartin	Dammartin 2811
Doön de Maience	Doön de Maience 7841, 7850
Douvres	Dover 1000, 1069, 1202, etc.

E

Engleterre	England 36, 102, 110, etc.; war cry 6281; Angleterre 349
Englois	The English 282, 428, 3481, etc.; Anglois 277
Enguerran	Son of Ciperis 529, 1710, 2240, etc.; Enguerram 2319
Ennevers	Inhabitants of the Hainaut 3617, 3620, 3621, etc.
Escale	City of Friesland 1733, 1761, 1833, etc.; Escalez 1728; Escales 2299
Esclavon	Slavs 7393, 7400, 7428, etc.
Esclavonnie	Land of the Slavs 5262
Escler	Slavs 2822, 7325
Escluse, l'	Town in Northern France 6110
Escochois	Scotch 3596
Escosse	Scotland 1278, 1282, 1292, etc.; Escoce 1294
Escripture	The Holy Scripture 538, 5055
Esmeré	Duke of Berri 3199
Esmeré	King of Prenoiron 6034, 6036, 6040; Esmerez 2335
Espaigne	Spain 7769, 7770; Espengne 7848
Estempes	Etampes 2085; Estampes 2142
Evreux	Evreux 2922, 3092, 3103, etc.
Evvangiles	The Gospels 3185

F

Ferrans	Son of Ciperis 830, 7873; Ferris 52
Feudri	Brother of the king of Norway 103, 348, 1602
Flamencgz	Flemish 6161
Flandres	Flandre 6082, 6115, 6117; Flandre 6112
Florens	Count of Beauvais 128
Flourent	German Count 2452, 2469
Flourent	Count of Soissons 6381
Flourente	Wife of Oursaire 2337
Flourette	Sister of Feudri and Galadre 1600, 1676, 1678, etc.
Foucardmont	Castle of Ciperis 33, 40, 66, etc.; Foucarmont 471; Foulcarmont 3688; Foucarmon 4620
France	France 44, 266, 418, etc.; Franche 17; war cry 3549

Franchois	French 571, 769, 798, etc.; Franchour 5358
Frise	Friesland 469, 520, 529, etc.
Frisons	Frieslanders 427, 1707, 1742, etc.; Fris 1898

G

Gadifer	Son of Theseus 5950, 5952, 5985
Galadre	King of Norway 106, 304, 338; etc.; Galadrez 796
Galehaux	Son of Ciperis 51, 788, 830, etc. Galehault 952; Gallehault 1006; Gallehaux 1008
Galilee	Galilee 862
Garins	Garin de Monglane 7840, 7852
Gasconge	Gascony 3193, 7787, 7825, etc.
Gascons	Gascons 577
Gasselin	Gasselin de Ponthieu 836, 1349, 5978
Gennevois	The people of Genoa 182, 577, 665, etc.; Genevois 1946
Gerard	Count of Dompmartin 2811, 2816
Gerard	Gerard de Mondidier 3603
Gouthequins	Son of Louis and Aragonde 2614, 2617
Graciens	Son of Ciperis 528, 831, 1072, etc.; Gracien 1266
Grece	Greece 5945, 6882
Gringnart	Gringnart 5428
Guillame	Son of Ciperis 22, 36, 102, etc.
Guillame	A Dane 973
Guillemer	Varlet of Ciperis 3024
Guillermon	Son of Ciperis 830
Guion	Count of Provence 4524, 4552, 4561, etc.; Guy 4456; Guis 4531; Guie 5264
Guy	Prince of Norway 1358, 1373, 1410; Guyon 1402; Guion 1480; Guis 1539

H

Haulteville	Former name for Boulogne-sur-Mer 28
Hellie	Former charcoal burner, now a French warrior 811, 816, 939, etc.; Hellies 821
Hennuiers	Inhabitants of the Hainaut 181
Henris	Lord of Holland 1907
Herembron	King of Tartare 5853
Hermine	Wife of Guillame of England 21, 35, 110, etc.
Hollande	Holland 1907, 2133, 2212, etc.; Holande 2018
Hollandois	The Hollanders 1935
Hongrie	Hungary 2630, 2638, 2640, etc.
Hongrois	Hungarians 5464, 5469, 5511
Huon	Irish count 1289
Hylaire	Son of Ciperis 834

I

Irlande	Ireland 1289, 1315, 3953, etc.; Yrlande 7826

PROPER NAMES 215

J

Jherusalem	Jerusalem 6645, 7726
Jhesus Christ	Jesus Christ 112, 634, 840; Jhesom 1346; Chris 2251
Josué	King of Gascony 3193
Josué	Saracen count 5462
Judas	Judas Maccabeus 583
Judois	Jew 583
Juifz	Jews 3764; jour dez Juifz Judgment Day 4899
Jupitel	Pagan God 3059
Juppin	Pagan God 5171, 6708

L

Lambert	Treacherous French duke 5970, 5973, 5980, etc.
Lenclastre	Lancaster 103, 1198
Lendit	The Lendit 597
Lens	Lens 6207, 6208, 6210
Lombardie	Lombardy 4069, 7853
Lombars	Lombards 183, 578, 1946, etc.
Londres	London 7, 15, 273, etc.
Longis	Centurion 3766
Longueville	Longueville 3093, 3149, 3155, etc.
Lorrains	People of Lorraine 576
Louÿs	Son of Ciperis 526, 2554, 2579; etc.; Louïs 1271
Louÿs	Son of Dagoubert 2836, 2841; etc.; Louïs 2856
Ludovis	Brother of Dagoubert 2813, 4451, 4482, etc.

M

Machabeus	Judas Maccabeus 584
Mahom	Mahomet 5145, 5150, 5170; Mahon 5164; Mahoms 7433
Mahommet	Mahomet 5138, 5198, 5557
Maience	Mayence 7842
Manssons	People of le Mans 573
Marbasenne	Castle in Denmark 1356, 1612
Marcus	Duke of Orleans 18, 126, 500, etc.
Marie	The Virgin Mary 473, 621, 1859, etc.
Marie	Daughter of Raoul of Flanders 6435, 6443, 6464
Maxime	Enemy king 2786
Meaulx	Meaux 4114
Mesquez	Mesquez 7734
Millon	Brother of Esmeré of Rome 2338
Mirgalie	Pagan king 6676
Missaudor	Horse of Bouciquaut 5381
Mompellier	Montpellier 2361
Mondidier	Montdidier 725, 837, 3603
Monjoye	War cry of the French 1171, 2821; Monjoie 3629
Monluchon	Montluçon 4782
Monmartre	Montmartre 2800
Mons	Mons 1977, 2117, 2132
Mont Belliart	Montbéliard 5436

Mont Laon	Mont Laon 3005, 3665, 5974
Morant	Son of Ciperis 833, 5437, 7875
Morons	City in Hungary 2643, 3061, 3900, etc.

N

Navarois	People of Navarre 2817
Navarre	Navarre 2675, 2802, 7777, etc.
Nerbonnois	People of Narbonne 668
Nicquez	Nicquez 7362, 7455
Noion	Noyon 6815, 6967
Normans	Normans 572
Normendie	Normandy 60, 3946, 4022, etc.
Nostre Dame	French war cry 3688, 5701
Noyrevuegue	Norway 278, 344, 369, etc.; Noirevuegue 104; Noyrevuee 468; Noyreivuee 482; Noirevueuee 1595
Nubie	African country 5747

O

Orable	Wife of Ciperis, daughter of Dagoubert 24, 77, 1231, etc.
Orbie	City of the Orient 5429, 5746
Orient	Orient 1139; 4248, 4252, etc.; Oriant 4065
Orliennois	People of Orleans 574
Orliens	Orleans 18, 126, 500, etc.
Oston	Oston de Vimeu 837
Oursaire	Emperor of Germany 2340, 2356, 2367, etc.

P

Paradis	Paradise 2652, 3772, 4632, etc.
Paris	The city of Paris 85, 143, 144, etc.
Paris	Son of Ciperis 832, 1319, 2163, etc.
Parisiens	Parisians 4752
Parse	Battle cry of the Saracens 5494
Pavie	Pavia 6447
Pentecouste	Pentecost 4084
Perche	Province of France 4733, 4757
Peronne	Peronne 6812
Persant	Persians 5784, 5989, 5992, etc.
Persie	Persia 5195, 5248, 5260, etc.
Phillippe	Father of Ciperis 2634, 2638, 2695, etc.: Phillipon 1305; Phillippon 5318; Phillippour 5359; Phillippes 5820
Picars	Picardians 181
Pierre	Pierre de Mondidier 725, 837
Pohiers	Picardians 572
Poitiers	Poitiers 4664
Pontieu	Ponthieu 19, 836, 2923, etc.
Pontoise	Pontoise 4868
Prenoiron	Gardens of Nero at Rome, Rome 6034
Prouvence	Provence 4431, 4441, 4524, etc.
Prouvenchaux	People of Provence 4751, 4792; Prouvensal 4710
Pullois	People of Apulia 666

R

Rains	Reims 3868, 5974, 6114, etc.
Raoul	Count of Flanders 6082, 6117, 6146, etc.
Regnier	Brother of the count of Anjou 4758
Rigault	Captain of the Frieslanders 2058
Rine	The Rhine 6723
Robert	Robert d'Aumarle 2898, 2901, 2909, etc.
Rommains	Romans 1944
Romme	Rome 2334, 2612, 2616, etc.
Rommenie	Rome 2336, 2611, 2620, etc.
Rommions	Romans 578
Rouen	Rouen 2896, 2924, 2925, etc.
Rouge Mer	The Red Sea 1159
Roussillon	Roussillon 7851

S

Saincte Cité	Jerusalem 7281
Saincte Marie	The Virgin Mary 2961, 3104, 3772, etc.
Saincte Marie	Chapel in Arras 6469
Saincte Terre	The Holy Land 7723
Saine	The Seine River 178
Saint Benoit	Order of Saint Benedict 6475
Saint Denis	The Abbey 3148; a war cry 2821; Saint Denis 530, 4895
Saint Esperit	The Holy Spirit 6957, 7184, 7608, etc.
Saint Gabriel	The Angel Gabriel 3063
Saint Germain des Prés	4610, 4835
Saint Guillemer	Saint Guillemer 5032
Saint Pierre	Saint Peter 6932, 6933, 6946, etc.; Abbey at Corbie 7665, 7668; Saint Peter's in Rome 6942
Saint Symon	Saint Simon 1300, 2983
Saint Vast	Benedictine monastery in Arras 6480, 7865, 7866, etc.
Saint Vincent	Saint Vincent 4528
Salatre	Pagan warrior 5428
Salatrie	Daughter of Aquillant 5203, 5271, 6678, etc.
Salemon	King of Brittany 2083, 2141, 2383, etc.
Salemon	Solomon 5872
Salemonde	Niece of Guy of Denmark 1535, 1546, 1550, etc.
Sandoine	Brother of Galadre 1052, 1095, 1104, etc.
Sanson	Son of Ciperis 832, 7789, 7871
Sansonne	Saxony 7849
Sapient	God 7587, 7598
Sarrasins	Saracens 2783, 5275, 5680, etc.
Savari de Bretaigne	749
Savary de Bourgogne	4437, 4476, 4735, etc.
Seigneur	The Lord 1189, 3142, 3817, etc.
Sens	Sens 6368
Sezillois	Sicilians 578, 666, 1945, etc.
Simon	Messenger from Rome 6035
Simonne	Princess of Scotland 1295, 2162; Symone 1320
Siresse	City in Holland 2227, 2228

Soissons	Soissons 6381
Surie	Syria 5204, 5272, 5574, etc.
Symon	Saint Simon 1300

T

Tamise	The Thames 1041, 1209
Tartare	Saracen land 5853
Tervagant	Pagan God 4066, 5171, 5304, etc.
Therri	Count of Holland 2211
Theseus	Emperor of Rome 2615, 2814, 5905, etc.
Thierri	Son of Ciperis 49, 6355, 6362
Tosquains	The Tuscans 578, 665
Toulousains	People of Toulouse 667
Touraine	Touraine 573
Tresport	Sea port 436, 438, 471, etc.
Trinité	The Trinity 2669, 4728
Turc	Turk 5383, 5395, 5653; Turcqs 5425; Turcz 7265

V

Vendome	Vendôme 4759
Vignevaux	Domain of Ciperis 32, 91, 413, etc.; Vignevaulz 208; Vignevaulx 7053; war cry 5704
Vimeu	Vimeux 837
Vinchensel	Winchester 966
Vuarvic	Warwick 1200

Y

Yrlandois	Irish 3650
Ysoré	Sire of Aumarle, father of Robert 2886, 2900

GLOSSARY

abateïs	combat 1974
abosmé	downcast 2685
acaria	hauled 3452
acata	reached 1510; acatés 2207
acliner	to bow, yield, pay hommage 3488
acointement	encounter 937, 5073
acointier	to approach, encounter, make known 1503, 5029, 5136, etc.; acointa 1014
actout	with 129
adez	continually 3351, 5044
advision	advice 1786; division 1340
advision	dream 2757
advoués	holder of a fief 661, 3194, 3526, etc.
aé	life 411, 422, 1090, etc.; aez 7515
afferant	fitting, suitable 341
allye	lote berry 639, 648, 2763, etc.
amulame	lord, ruler 5429
anchiserie	age 3101
anchison	old 121
anthie	old 1565, 2228, 2252, etc.
aquenté	approached 3426
aramés	anchored 674
arramie	battle, combat 1881; aramie; accusation 2232
arrouté	assembled, arranged 3429, 4675; arouté 602
asseir	to place 4750
assent	manner, opinion 1755, 1761, 1919, etc.
assis	fixed, appointed 4909; besieged 472, 977, 2642, etc.
atranez	conducted, led 444
audicion	favor, consideration 7834
auferrant	war horse 724, 733, 3702, etc.
augmentacion	praise 7855, 7864
autelz	likewise 2284
auÿ	heard 2341, 4948, 5863, etc.; auï 4026
avullés	corrupted 4466
ayaulz	help 788
aÿe	help 482, 487, 489, etc.

B

baaillier	to gasp 236; baille 5404
banerés	banneret 3761
barguengne	word, speech 748; anger 754
barguengne	en barguengne; in a fix 758
bartardie	illegitimacy 4631
batestal	struggle, uproar 4700
batillie	embattled 5247, 6196
baux	master, ruler 4087
behourda	jousted, fought 5669

behours	tourney, general melee 7627
bernage	retinue, knighthood, bravery 7104
bertauldé	crop haired 683
beubant	drink 3364
blangist	flattered 4562
boisdie	deceit 3795
boisier	to deceive, betray 4376
bonnier	portion of land 4381
bourdé	joked 6108
brasser	to brew 3201, 3039, 3041, etc.; brassa 2930
brehans	tent 5539
brester	to push about 2370
bruÿe	burned 6684

C

caché	chased 4438; cachiés 5431
cache	pursuit 5686
caille	pleases 5402
capillier	to strike 226
carengnon	see guaregnon
carriaux	cross bow arrows 4988
caux	quantity 4091—post verbal noun from chavoir (capēre)
chainde	girt 335; chaint 6848
champier	to fight 4260, 4279
chatiau	castle 3511
chembel	battle, attack 3058; chembiaux 778
chembier	battle 3519
chendal	light silk material 1082
cherga	loaded 6699
chez	these, those 338
chiens	herein 2973, 7239, 7341, etc.
chiertés	affection 55
choche	bell 375
clungna	winked, closed the eyes 7095
coi[n]te	a coi[n]te; spurring, pricking 1483
cois	opinion, choice 6134
colee	blow 1180
confanons	gonfalon 2346
conraee	fêted, cared for, supplied 857, 1705
conseillier	to reconcile, console 4820
consievoit	reached 3611
consolacion	ease 1285, 1329, 2173, etc.
conté	count 160
conté	county 2871, 6083, 6400, etc.
contemps	relating 591; comptant 90, 716
content	struggle 2027, 2441, 3270, etc.
conton	count 120
corps	the person designated by the accompanying possessive adjective: i.e. mon corps; I 75, 1406, 1518, etc.
courchaux	angry 4101

GLOSSARY 221

couron	news 6046
couron	current, tide 1354
cours	heart 593
cras	fertile 4882
cresra	will believe 5200, 7047, 7489, etc.; cresrons 7307 cresront 7301
crueux	cruel 1978; crueuse 481, 5703
cry	announcement of victor 2586, 2596
cuirie	stalks, attacks, surrounds 6442; cuiriant 6768
cuizenchon	opposition, trouble 3660; cuisenchon 4591, 6289

D

dampnement	damnation 7565
damps	lord 3807, 4537
dangier	sans dangier; without limit 1249; dangiers; opposition, ill treatment 3359
dansiaux	young man 2526, 6355
dansillon	young man 834, 2162, 4621, etc.
dé	god 5171
deffaee	faithless, terrible 870, 1094, 7421, etc.
delie	loose 2770
desbarté	put into disorder 2129
descliquie	let go 5755
desfrumer	to open 2808
desgoubillier	to cut the throat 3301
desguisés	misguided 4674
desjeuner	to give satisfaction to 2433
desloier	to untie 5779
desrenguier	to harangue 6995, 7067
destinee	destination 6830; destiny 536
devotion	desire 844
dezmanois	immediately 556
digner	dinner 43, 2304, 2309, etc.
dont	then 26, 65, 114, etc.
doy	dais 2309

E

effort	quantity, assembly 3455, 4574, 4579, etc.
effrois	boat 580 (could this word come from MLG vrecht < vracht?)
emblaiés	charged 4916
embucquier	to ambush 5640
emmennevis	alert 1902
en	one (indef.) 547, 940
encrachier	to fatten 3297
encroés	hanged 2038
enditer	to indicate, make known 2427
enfermerie	enclosed place 6229
enforchement	forces 142, 269
enforchiement	fiercely 2459, 2466, 3390, etc.
enforchier	to grow strong, fortify, continue 3502, 5912, 6489, etc.
enfremerie	enclosed place 6488

engaigne	sorrow, anger, tumult 752, 761; enguengne 759
engin	trickery 1045; engiens; engine 630, 3413, 3414, etc.
englesque	English 260
engressoient	pressed 245
enguengne	see engaigne
enguenné	deceived 4975
ennuier	to spend the night 4818
ennuit	last night 1957, 4867
enquergnant	encircling 6073
ensonnie	is busy 2937
ent	pronominal adverb 935, 1131, 1413, etc.
entengt	hears 1095, 6477, 6504, etc.; intends 1421
entreget	cross thrust 1509
entrepreseure	undertaking 542
envis	with difficulty 5828
envoiet	sent 3517
escharfault	scaffold 5086
eschart	scattering 1039
escoffa	burned 4340; escauffer 5014
esconsant	setting 4803
esleescha	rejoiced 2606; eslechier 3303, 5165
esme	helmet 4716
espicerie	spice 3089
esploictie	action, deed 4922
esramie	struggle 4924
esrant	immediately 2299, 2394, 2397, etc.; errant 1703
esraument	immediately, quickly 377, 916, 1226, etc.
esrer	to travel 1277; esré 3206
essondrés	spent, dissipated 4470
estache	railing 240
estriver	to quarrel, fight 3027, 3755, 7732, etc.
estuvés	"in hot water" 745
excusacion	excuse 4289
excusance	excuse 4296

F

faintie	pretense, dissimulation 2237
faintis	deceitful 4894
faitichement	carefully, properly 1937
falés	you lie 3807
fallison	want 6803
fermeté	stronghold 281
fevres	smith 5088
flastri	knocked down 5460
flatris	laid low 4897
fois	burden 547
foit	faith 7026
forcques	except 1781, 3012
fourcques	gallows 3036
fourdre	thunder 5697

fourfait	done wrong 3822
fourhostaga	lodged by force 2198
fourmé	well built 2892
fourment	seething 3686
fourriers	foraging expedition 304
fremerie	fortress 6201
fretés	citadel 2046
friente	tumult, uproar, difficult passage 5648
frumetez	citadels 351
fu	fire 1485, 6684, 7738, etc.
fuitis	a fuitis; hastily 4861

G

gaignart	grasping, rapacious 5435
gartier	to guard 4753
gensie	fair 3950
geron	moustache 5856
geudé	enrolled 4941
grangt	great 2498
grevis	oppressed, heavy 768
guaregnon	authenticated document 4565, 4569; quarengnon 1769; carengnon 1800
guencissent	dodge, turn aside 802

H

hachie	destruction, blow 1382, 5270, 5756, etc.; haschie 3769
haste	haste rostie; roast meat 2946
hatie	a hatie; with urgence 5238
haulchie	high 631
henortement	advice 7581
herdre	to harry 231
hideur	horror 5049
hontage	a hontage; shamefully 7048
horion	blow 3659, 3670, 6309, etc.
horribleté	horror 313
hotaulz	small containers (dim. of "hotte") 4093
hours	stand 187, 207, 212, etc.; hourt 5087
hucquié	summoned 6391
humais	henceforth 3173, 3833, 3837, etc.
hustinement	battle, noise 2020
hustruement	fight, battle 1926
hyraux	herald 2586

I

ignellement	quickly 1627, 1833, 4249, etc.
igniaux	quick 4109
impetrer	to obtain, procure 6997, 7715
innocent	ignorant, powerless 7564
isgnel	quick 6280

isgnellement	quickly 7056
isniaux	quick, furious 764

J

jesmé	gemmed 4716
jocquier	to wait, be idle 1932, 7077
jollie	festive 2939
jone	young 2890, 2997, 7406, etc.
josne	young 834, 2499, 2582, etc.
ju	game 7113
jua	played 7901

L

laigne	he plunges 750
laingne	wood 756
laiton	metal 2144
lentraigne	entrails 755
leups	wolves 6295; leu 3664
lezon	couch 5328
liches	thongs 7412
lités	ornamented 4444
los	I advise 1212, 5592
*lui	a person forming a given number with others: i.e.; lui xxme. he and nineteen others 385, 1066, 1072, etc.
luppars	leopards 2761; leuppars 3437; lieuppart 5421

M

maigniere	manner 1827, 3859, 5193, etc.
maillart	duck 5427
mains	less 262, 1739, 7602, etc.
mairien	wood 3412
mais	bad 5720
maleïs	cursed 5301
malleoit	cursed 4787
mallie	a half denier 6936
mallier	to hammer 227
manechié	threatened 425, 3028; manechant 3373
maree	flood, crowd, heap 874, 1186
marles	male 1649, 4486
mas	downcast 564
masiaux	club, axe 786
mehetés	scorn 1960
melodie	pleasurable experience 5743
merel	reward 3055
merencolie	grows sorrowful 4280
merlee	battle 713, 1599, 1609, etc.
merlés	mixed 2048
meseree	mistake 1215
mesfayee	did wrong to 3011
metz	messenger 2668; mez 1418; més 5998

ical # GLOSSARY 225

mez	more 5182
miedis	noon 4647, 4872
mis	mis soubz le drap; legitimized 5865
moilon	middle 2999
mon	very 6067
monder	to expiate 4484; to cleanse, heal 2915
moriaulz	black horse 773
mortalités	killing 2056, 2100, 2121, etc.
morté	mortal 2097
murdreur	murderer 1092

N

nacaires	musical instrument, oboe 4395
nacion	birth 3984
noirie	black 5279
nostrés	our, native, excellent 666, 1076
nottré	our, pleasant, native, excellent 321, 6103, 6374, etc.
nourrechon	offspring 1303; raising 3020

O

obanie	army 6195, 6654
oeuvrent	open 7087
on	we (treated as a first person plural pronoun) 1808
onnie	shameful 4930
oult	had 222, 1201
oseillon	bird 5340

P

pammia	manipulated, handled 1507
parchon	part, share 826, 1530, 1789, etc.
parctonnier	rascal 5153
pardon	pardon d'armes; tourney 156
parl'on	they speak 6806
pau	few, little 585, 2952, 4193, etc.
pauchon	post 1424
pautonnier	rascal 5612
pieur	worse 888
playés	wounded 3341, 3525, 3766, etc.
ploion	bow 2521
ploumjon	dipper 6812
plourison	weeping 6042
pocession	possession, wealth, land possessed, power, 2139, 7802, 7833, etc.
point	proposition, arrangement 1450
portee	offspring 3470
pourfita	profited 3981
prenans	heavy, thick 5534
prés	priest 4838
prosse	prowess 3239, 4713
prouee	prowess 201

prumier	first 2150
puissedi	since that day, after that day 2612, 3393

Q

quarengnon	message 1769, see guaregnon
quarrel	stone, tiling 3065
quayel	dog 3579
quoi[n]te	a quoi[n]te; spurring, pricking 237

R

ramemrés	will bring back 7197
ramp[r]onez	scoffed, derided 4687; remprona 6318
raquié	spit 5186
rellenquir	to abandon, betray 1178, 7314
rencarchier	to charge, recommend 3507
ressongner	to fear, think about 2378, 6217
reverend	to be feared, respected 1625, 6365
reviaux	rebels 767
revider	to attack 3444, 3484
ricullés	with a cowl 684
robés	robbed 4024
romps	broken 1990

S

sallant	leaping forth 1485
sauldee	reward, salary 1190, 1822, 1901, etc.
sault	save 2628, 2670, 4435, etc.
sens	judgment, intelligence 10, 4307, 4317, etc.
sergant	champion 7358; soldier of low rank 82
serourges	sisters-in-law 6888
sie	la sie; his, hers 6214
souppechon	anxiety 2504, 2511
subgis	subjects 1894, 3168, 4865, etc.
suppedités	subjugated, conquered 678
suroré	worked with gold 1082

T

tailliez	penalized 3748
tallie	cut, arranged 2256
tamer	to drag, soil 5011
templier	noise 4763
tempoire	times 5942
tés	par tés; similarly 563
testee	intention 521, 6859
timbres	tunic, crest 193, 2454
toudis	always 3166
tour	a tour; around 3396
tourblés	troubled 6276, 6991
turmelez	leg pieces 230; turmile 1127

GLOSSARY

V

vallandie	valor 1873
vegnier	to pursue 2398
ventrillon	a ventrillon; on his stomach 794
vernie	varnished 3784, 6438
verois	truly 542
veu	vow 554
vieument	in a evil manner 2353, 4208, 5898
vieuté	desecration 5186; a vieuté; evilly 2717
vignage	tax 5720
visité	tend to, helped 4720
vitart	rascal 5424
volour	wish 5355
voultés	you wanted 4210
vaugués	vacant 5958

Y

yaulz	them 4111

BIBLIOGRAPHY

Apperson, George L. *English Proverbs and Proverbial Phrases.* New York: E. P. Dutton and Co., 1929.
Bédier, Joseph. *Les Légendes épiques.* Paris: Champion, 1908.
Bellaguet, M. L. *Chronique du religieux de Saint-Denys.* Collection des documents inédits sur l'histoire de France. Paris: Crapelet, 1839-1852.
Cabrol, Rme dom Fernand and R. P. dom Henri Leclercq. *Dictionnaire d'archéologie chrétienne et de liturgie.* Paris: Letouzey et Ané, 1924-1938.
Chevalier, Ulysse. *Répertoire des sources historiques du moyen âge. Topo-Bibliographie.* Montbéliard: Société Anomyne d'Imprimerie Montbéliardaise, 1894-1899, 1900-1903.
Delisle, Léopold. *Rouleaux des morts du IXe au XVe siècle.* Paris: Renouard, 1866.
Enlart, Camille. *Le Costume.* Tome III. Manuel d'archéologie française. Paris: Picard, 1916.
Fauchet, Claude. *Recueil de l'origine de la langue et poésie françoise.* Paris: Patisson, 1581.
Gautier, Léon. *Les Epopées françaises.* Paris: Palmé, 1878-1882.
Gröber, Gustav. *Grundriss der romanischen philologie.* Strassburg: Trübner, 1902.
Holmes, Urban T., Jr. *A History of Old French Literature from the Origins to 1300.* New York: F. S. Crofts and Co., 1937.
Histoire Littéraire de la France. Vol. XXVI. Paris: Welter, 1898.
Krappe, A. H. "The Date of Ciperis de Vignevaux,"! *Modern Language Notes,* XLIX (1934), 255-260.
———. "The Date of Ciperis de Vignevaux," *Modern Language Notes,* L (1935), 343-344.
———. "Rejoinder," *Modern Language Notes,* L (1935) 345-346.
Langlois, Ernest. *Table des noms propres de toute nature compris dans les chansons de geste imprimées.* Paris: Bouillon, 1904.
Lavisse, Ernest. *Histoire de France depuis les origines jusqu'à la Révolution.* Paris: Hachette, 1904-1911.
Lebel, Germaine. *Histoire administrative, économique et financière de l'abbaye de Saint-Denis.* Publications de la Faculté des lettres d'Alger, Série II, t. VIII. Paris: Imprimerie administrative centrale, 1935.
Loisne, le Comte de. *Dictionnaire topographique du département du Pas-de-Calais.* Dictionnaire archéologique de la France. Paris: Imprimerie Nationale, 1907.
Machovich, V. *Ciperis de Vignevaux.* Bibl. de l'Institut français à l'Université de Budapest, Vol. VII. Budapest, 1928.
Mas-Latrie, Le Comte de. *Trésor de chronologie d'histoire et de géographie.* Paris: Palmé, 1889.
Molinier, Auguste E. L. M. *Les Sources de l'histoire de France des origines aux guerres d'Italie.* Paris: Picard, 1901-1906.
Morawski, Joseph de. *Proverbes français antérieurs au XVe siècle.* Paris: Champion, 1925.
Nyrop, K. *Storia dell'epopea francese del medio evo.* Florence: Carnesecchi, 1886.
Revue des Etudes Hongroises, XI (1933), 130.
Smith, William G. *The Oxford Dictionary of English Proverbs.* Oxford: Clarendon Press, 1935.

Steiner, A. "The Date of Composition of Ciperis de Vignevaux," *Modern Language Notes*, XLIX (1934), 559-561.
———. "Reply," *Modern Language Notes*, L (1935), 345.
Viard, Jules. *Les Grandes Chroniques de France*. Tome Deuxième. Paris: Société de l'histoire de France, 1922.
Voretzsch, Carl. *Einführung in das studium der altfranzösischen literatur*. Halle: Niemeyer, 1925.
Wright, John K. *The Geographical Lore of the Times of the Crusades*. New York: American Geographical Society, 1925.

www.ingramcontent.com/pod-product-compliance
Lightning Source LLC
Chambersburg PA
CBHW021840220426
43663CB00005B/327